KB264526

칼 마르크스의
노동과 권리의 정치이론

한국학술정보㈜

칼 마르크스의
노동과 권리의 정치이론

최 형 익 지음

한국학술정보㈜

추천의 글

　이 인상 깊은 박사학위논문의 문제제기 및 연구가설은 제1장과 제2장에 아주 명확하게 서술되어 있다. 최형익은 마르크스주의의 이론적 위기의 핵심이 정치이론의 부재에 있다는 일반적인 평가에 동조하면서도, 그 부재를 경제와 상대적으로 구분되는 자율적인 정치이론의 구축을 통해 극복하려는 다른 제반 시도들과는 달리 오히려 마르크스 사상 내에서 작동하는 '정치성'의 의미가 '정치의 전사회적 편재성'을 확인하는 데에 있다는 입장을 제시하고 있다. 이러한 관점에 서서 최형익은 마르크스가 자신의 독자적인 사상을 구축해 나가는 과정에서 (1) '노동의 인간학'에 기초하여 인간 일반의 소외를 파악하려 한 초기의 입장을 버리고, 근대부르주아사회라는 역사특수적인 사회에서의 노동의 지위 및 물질적 생활영역에서의 사회적 적대를 파악하는 입장으로 자신의 문제의식을 근본적으로 변화시켰다는 점, 그리고 (2) 근대 부르주아사회에서의 물질적 생활영역에서의 사회적 적대는 계급간의 '권리' 투쟁이라는 정치적 현상으로 출현할 수밖에 없음을 인식함으로써 자본주의사회에 대한 정치경제학적 연구에 착수하였다는 점을 밝히고 있다. 마르크스의 문제의식을 이렇게 이해할 경우 마르크스의 정치경제학 비판이 지닌 의미는 새로운 경제학을 구축했다는 데에 있는 것이 아니라, 근대 자본주의 경제체제 그 자체에 대한 '정치적' 독해를 행한 데에 있게 되는데, 최형익 논문의 전 내용은 마르크스가 파악한 바의 근대 자본주의 경제체제의 정치성이 지닌 내용이 무엇이며, 그리고 그 정치성이 왜, 그리고 어떻게 계급간의 권리투쟁으로 나타나는가를 해명하는 데로 향하고 있다.

　제3장에서 최형익은 마르크스의 초기 사상형성과정에서 위에서 언급한 그러한 권리정치 이론의 맹아가 어떻게 나타나고 있으며, 어떤 경로를 거

처 마르크스가 '노동의 인간학'으로부터 '근대부르주아사회의 역사 특수적인 사회적 적대의 파악'으로 자신의 문제설정을 변화시켰는가를 추적하고 있다.

제4장은 아마도 그의 논문 전체에서 가장 독창적이고 중요한 이론적 공헌을 행한 부분에 해당할 것이다. 이 장에서 최형익은 근대부르주아사회의 역사 특수적인 사회적 적대에 대한 마르크스 분석이 지닌 '과학적' 의의는 자본이 '사회적 시간'을 주제화 하는 시간기획을 통해 살아 있는 노동으로부터 잉여노동을 전유한다는 사실을 발견한 데에 있음을 구명하고 있다. 그리고 이로부터 근대부르주아 경제학의 최대의 이론적 성과이자 핵심적인 개념인 '가치법칙'이 단순히 경제적 영역에서의 사회적 노동과정에 관련되는 것이 아니라, 물질적인 대상적 실천으로서의 노동-생산활동을 통해 여타의 인간적인 사회적 삶과 활동을 지배-규율하는 자본의 '정치적' 시간기획과 관련된다는 점을 마르크스가 밝히고 있다는 중요한 결론을 이끌어 내고 있다.

이러한 파악에 기초하여 제5장에서 최형익은 직접적인 노동과정에 대한 분석을 통해 근대부르주아지의 사회적 시간기획이 실제로 관철되는 양상을 마르크스가 어떻게 분석하고 있는가를 구명하고 있다. 그리고 여기서 노자간의 대립이란 단지 노동이라는 사회적 생산활동에 포함된 영역에서 발생하는 것이 아니라, 노동과 기타 생활의 시간을 포괄하는 전사회적인 시간기획에서의 차이에 근거하고 있음을 입증하고 있다. 이로부터 그는 또한 근대부르주아사회 내에서 노동자계급의 사회적 권리의 기초는 노동과정을 통해서가 아니라, 오히려 그와는 반대로 사회적 생활의 욕구로부터 주어진다는 사실을 마르크스가 주장하고 있음을 밝히고 있다

끝으로 본론의 마지막부분에 해당하는 제6장에서 최형익은 마르크스의 주저라 할 수 있는 「자본」의 정치적 독해에 착수하여 그 저작이 자본과 노동자계급의 시간기획의 적대성을 어떻게 구명하고 있는 지를 밝히고 있다. 그리고 이러한 정치적 독해를 통해 그는 마르크스가 지시하는 정치이론 구

성의 기본방향이 '(사회적) 시간기획의 적대성'이 가져오는 부르주아와 노동자계급간의 '권리의 적대성'에 기초하는 것이야 한다는 점을, 그리고 부르주아지의 권리가 사물의 권리인 물권체계에 기반 해 있는 반면 노동자계급의 권리는 사회적 인간이 정상적인 삶을 영위하는 데에 요구되는 생존권과 생활권에 기반 해 있다는 점, 나아가 그러한 사회적 권리의 획득과정이 어째서 처음부터 정치적 성격을 띨 수밖에 없는가를 마르크스 민주주의론의 확대-심화란 관점과 관련시켜 논의하고 있다.

본 논문은 마르크스 사상의 재구성과 전화를 둘러싼 기존의 제반논의를 폭넓게 섭렵하고 비판적으로 평가하는 가운데 일관된 논리를 전개하면서 마르크스의 정치경제학비판을 '정치이론화'시키는 데에 성공한, 매우 우수한 박사학위 논문이라고 판단된다. 더욱이 이 논문은 - 한국에서의 마르크스 사상 연구가 그간 주로 경제학 연구의 일환으로 이루어지거나, (마르크스 자신이 탈피하고자 했던) '노동의 인간학'이라는 휴머니즘적 해석에 기초해 있었던 반면 - 마르크스의 정치경제학비판이 지닌 정치적 의미를 심도 깊게 밝히는 가운데 그 정치성이 사실은 마르크스 사상의 살아있는 혼임을 그간의 제반논의들과의 비판적 대결을 통해 설득력 있게 입증하고 있다. 이 점에서 본 논문은 한국에서의 마르크스 사상 연구에 새로운 이정표를 세웠다는 높은 평가를 받을 만하다.

김세균(서울대 교수, 정치학)

서 문

　마르크스의 사상 안에서 '정치이론'은 어떤 방식으로 그 모습을 드러내게 할 수 있을까? 지금까지 마르크스 사상에 관한 연구는 『자본』 등 정치경제학을 강조하는 입장과 『공산당선언』 등 혁명이론을 강조하는 입장으로 크게 대별되어 왔다. 그런데 대부분의 연구서들은 정치와 경제 혹은 토대와 상부구조의 이분법에 기초했다. 그러다보니 전자는 경제결정론에 경도되는 경향을 보였으며, 후자는 노동자 계급의 혁명의식을 강조하는 전위정당이론이나 이와는 반대의 편향으로 '정치적인 것'에 대한 문제의식 없이 대중의 자발적 실천 등을 우위에 놓는 식의 '이데올로기주의'적인 문제점을 드러냈다. 이 글의 주제는 이처럼 마르크스의 사상내부에서 상반된 것으로 인식되어온 마르크스의 정치경제학 비판과 혁명이론을 한데 결합시킬 수 있는 계기를 포착하여 정치이론을 재구성하고자 하는 것이다. 그 이론적 계기가 바로 노동과 시간, 그리고 권리이다.

　왜 노동, 시간, 권리가 문제인가. 무엇보다 마르크스가 이러한 개념들을 자신의 글 가운데서 많이 사용했기 때문에 중요하다고 할 수 있다. 이것은 단순한 발상 같지만 필자의 연구과정에서 매우 중요한 문제의식으로 작용했다. 마르크스의 사상에 관한 논문을 쓰려고 마음먹었을 때 가장 큰 고민은 무엇보다 마르크스의 사상에 '대한' 연구가 엄청나게 많더라는 것이었다. 내가 무언가 새로운 얘기를 할 게 있을까 하는 의구심이 든 것은 당연한 일이었다. 그래서 필자의 연구전략은 자연스레 기존의 마르크스 연구들에 대해서는 '거리두기'를, 이와 달리 그동안 별로 주목 받지 못했던 마르크스의 저작들, 가령 『라인신문』이나 마르크스의 박사학위논문인 『데모크리토스와 에피쿠로스의 자연철학의 차이』, 『신라인신문』, 『정치경제학 비판 요강』 등에 대해서는 '친해지기'를 시도하는, 일종의 '틈새전략'으로 모아졌다. 마르크스의 대부분 저작들을 '무조건' 읽어 내려갔고, 읽다보면 무언가 나오겠지 하는 막연한 기대가 앞으로 나아가게 하는 유일한 힘이 됐다.

연구전략은 다행히도 어느 정도 성공을 거둔 것으로 여겨진다. 마르크스의 저작들 속에서 노동과 시간, 그리고 권리에 대한 논의가 거듭해서, 게다가 풍부히 전개되고 있음을 발견할 수 있었기 때문이다. 마르크스 역시 일반사람들과 크게 다를 게 없다. 이러한 용어들을 많이 썼다면 뭔가 중요해서 쓰지 않았겠는가. 하지만 마르크스가 노동과 권리, 시간과 같은 용어들을 많이 사용한 것을 단지 드러내는 일만으로는 정치이론을 재구성한 것이라고 볼 수 없다. 관건은 이러한 개념들이 어째서 마르크스의 정치사상을 압축해서 설명해 줄 수 있는 이론적 실마리인가를 밝혀내는 작업이다.

마르크스는 노동, 사회적 시간, 권리를 근대사회를 구성하는 요체로 파악한 것으로 간주된다. 여기서 사회적 시간개념이 노동과 권리를 유기적으로 이어주는 연결고리의 역할을 한다. 인간의 노동을 사회적 시간을 통해 기획해낼 수 있음으로 해서 부르주아지는 새로운 사회구성 원리의 단초를 확보할 수 있었다. 근대부르주아사회의 역사 특수적인 사회적 적대에 대한 마르크스 분석이 지닌 이른바 '과학적' 의의란 자본이 '사회적 시간'을 주제화 하는 시간기획을 통해 살아 있는 노동으로부터 잉여노동을 추출할 수 있게 되었다는 발견에서 찾아져야 할 것이다. 이러한 견지에서 근대부르주아 사회 내에서 노동의 시간은 노동자에게 속한 것이 아니라, 자본에게 속한 '착취의 시간'이 되며, 이 점에서 물질적 생산 활동으로서의 노동규정과 노동자라는 사회적 주체규정을 엄밀하게 구분해야 할 이론적 필요성이 발생한다.

이 책의 독서 포인트는 노동과 노동자를 구분하는 일이다. 노동과 노동자를 구분해서 분석하는 작업은 마르크스의 사상을 정치적으로 독해하는데 있어 이론적으로 결정적 계기이다. 이러한 구분만이 우리에게 노동, 곧 자본이 주장하는 생산의 권리와 노동자가 주장하는 생존·생활의 권리사이의 적대성을 이해할 수 있는 이론적 단초를 제시해줄 것이기 때문이다.

노동의 눈으로 세계를 본다는 것은 무엇을 의미하는가. 그것은 무엇보다 생산의 시각, 곧 자본의 시선으로 세계를 대하는 것이다. 자본의 세계란 결국 노동생산물을 판매하고 양도·처분할 수 있는 권리를 기반으로 생산과정을 통해 타인의 삶의 시간들을 지배할 수 있는 권리, 즉 사적 소유권을 초역사적인 자연권의 형태로 확보하는 데 놓여진다.

노동자의 눈으로 세계를 본다는 것은 삶의 시간 속에서 세계를 대하는 것이다. 삶의 시선으로 세계를 본다면 자본의 세계와는 전혀 다른 세계가 펼쳐질 것이다. 그때는 정리해고 당해 거리를 배회하는 수많은 우리 이웃의 실업자와 비정규직 노동자, 단지 노동능력이 없다는 이유만으로 사회적으로 용도 폐기되어 폐품취급을 받는 노인들과 사회적으로 부당하게 대우받는 지체부자유자, 상품세계의 반역자로 급부상하는 농민, 도시빈민, 여성 등 자본에게 '노동부적격자'로 낙인찍힌, 셀 수 없이 많은 '사회적 권리주체들'이 시야에 들어올 것이다. 마르크스의 노동과 권리의 정치이론의 핵심은 '사회·경제적인 것'을 정치로 포괄하고, 그것을 생존·생활의 사회적 권리로 끊임없이 제기할 수 있게 하여 다종·다양한 인민, 대중주체의 민주주의적 '역능결집'을 시도하기 위함이다. 자신들의 독자적인 '권리의 정치'가 존재하지 않는다면, 노동자를 위시한 대중 주체들의 삶의 불안정성과 생존의 위기경향은 그들에게 몽마(夢魔)처럼 드리운 숙명으로 이해될 것이다.

마르크스의 '정치이론'을 다룬 이 연구는 거창하거나, 심오한 주장을 하려고 하지 않는다. 다만 우리들 삶의 과정에서 중요한 것임에도 너무 익숙하기 때문에 소홀히 했던 문제들을 마르크스가 끄집어내어 이론화했다는 것, 우리에게 익숙한 삶의 문제, 곧 '사회적인 것'들이 사실상 '정치적인 것'의 실제적 내용을 이룬다는 것을 소박하게 드러내고자 했을 따름이다..

이 책은 필자의 박사학위논문을 수정·보완하여 발간하는 것이다. 논문을 쓰고 책을 출간하는 과정에서 많은 분들의 도움을 받았다. 늦었지만 이 지면을 통해 깊은 감사의 뜻을 전한다. 그 누구보다 서울대 정치학과의 김세균 선생님께 감사드린다. 김세균 선생님은 대학원에서의 수업과 논문지도, 그리고 공·사석에서의 다양한 토론을 통해 논문의 방향을 잡고 내용을 완성하는데 많은 도움을 주셨을 뿐 아니라, 비판적 지식인의 삶의 전거를 실천해 보이심으로써 학문적 스승 이상의 가르침을 주셨다. 논문심사위원으로 참여해 주신 김홍우, 이성백, 유홍림, 이해영 네 분 선생님께도 감사드린다. 서울대 정치학과의 김홍우 선생님은 심사위원장을 흔쾌히 맡아주셨고, 난삽하기 그지없던 초고 일부를 세 번이나 교정해주는 수고를 마다하지 않으셨다. 서울시립대 철학과의 이성백 선생님은 현대 마르크스주의 사회철학 논쟁과 관련해서, 서울대 정치학과의 유홍림 선생님은 자유주의 철학과 마르크스 사상과의 상호 쟁점과 관련해서, 지금은 동료이기도 한 한신대 국제관계학부의 이해영 선생님은 현대 마르크스주의 정치이론의 현주소와 관련하여 유익한 조언을 해주심으로써 논문의 완성도를 높이는데 큰 도움을 주셨다.

　논문을 쓰면서도 느낀 일이지만, 책을 출간하기 위해 글을 다듬는 일은 정말이지 글 쓰는 일만큼 힘들었다. 필자의 무능력 탓일 게다. 독자 제현의 애정 어린 그러나 날카로운 비판을 바라마지 않는다.

2005년 12월

최 형 익

차 례

제1장

서 론

제1장 서   론

소련을 위시한 동유럽 현존 사회주의 국가체제가 붕괴된 것은 1990년대의 일이지만 사상적 또는 이론적인 의미의 마르크스주의의 적실성은 이미 1970년대 들어 의심받기 시작했다. 마르크스주의 연구자들 가운데 마르크스주의의 위기상황을 감지하고 가장 민감하게 대응한 학자가 바로 알뛰세였다.[1] 알뛰세가 말하고자 한 마르크스주의 위기론의 핵심은 그러한 위기가 일시적인 것이거나 부분적인 것이 아닌 "일반적 위기"[2]라는 것이다. 그것은 긴 시간에 걸쳐 부화되어온 것으로서, 기나긴 과정의 끝인 지금에 이르러서야 사람들의 눈에 드러나게 된 이른바 '봉쇄된 위기'이다.[3]

알뛰세는 일반적 위기의 주요원인을 '마르크스주의 정치이론의 부재'[4]에서 찾는다. 물론 알뛰세가 마르크스주의 내부의 이론적 난점을 정치이론의 부재에서 찾은 유일한 경우는 아니었다. 페리앤더슨이 『서구 마르크스주의 연구』에서 제기한 주장과 1970년대 말에 마르크스주의 내부의 정치이론의 존재여부를 둘러싸고 전개된 이태리 국가논쟁[5] 역시 위에서 살펴본 알뛰세의 문제의식과 그 궤를 같이한다.

---

1) 알뛰세가 서구 마르크스주의를 위기로 진단하고, 자신의 이론적−0000정세적 개입을 설명하는 내용으로는 L. Althusser (1977) "To My English Readers", *For Marx*, London: NLB, pp. 10ff. 참조.

2) L. Althusser (1990) "Marxism Today," *Philosophy and the Spontaneous Philosophy of the Scientists*, London: Verso, p. 279.

3) L Althusser (1992) 「마침내 마르크스주의의 위기가」, 이병천/박형준 編, 『마르크스주의의 위기와 포스트 마르크스주의 Ⅰ』, 의암출판, 참조

4) L. Althusser (1990) "Marxism Today," *Philosophy and the Spontaneous Philosophy of the Scientists*, London: Verso, pp. 275ff. 참조.

5) 이태리의 국가론논쟁은 1975년 무렵에 전개된 소위 '보비오' 논쟁을 일컫는 것이다. '보비오 논쟁'에 대해서는 구갑우/김영순 (1992) 「서장: 보비오 논쟁 해제」, 구갑우/김영순 編, 『마르크스주의 국가이론은 존재하는가: 보비오 논쟁』, 의암출판, 참조.

페리 앤더슨은 마르크스주의 정치이론의 부재원인을 마르크스에게 직접 소급해서 찾고 있다. 그에 따르면 마르크스는 "『자본』을 통해 자본주의적 생산을 분석하고 설명하는 일관되고 발전된 경제이론은 남겨놓았지만 그에 비견될 만한 부르주아 국가구조나 노동자 계급의 정당이 그 구조를 타도하기 위해 필요한 혁명적 사회주의 투쟁의 전략 및 전술에 대한 정치이론은 마련하지 못했으며"[6], 따라서 이러한 정치이론의 결여는 마르크스 후기사상의 핵심을 '경제적 파국주의', 또는 경제결정론의 형태로 귀결짓게 한다는 것이다.

> 후기의 마르크스에 있어서 고유한 정치이론이 결여되어 있다는 바로 그 사실은 마르크스 경제이론의 잠재적 파국주의(catastrophism)와 논리적으로 관련되는 것인데 파국주의가 전제되면 정치이론의 발전은 필요없게 된다.[7]

여기서, 현대 마르크스주의자들간에 마르크스주의의 내부에 정치이론이 존재하는가의 문제를 둘러싸고 논쟁이 활발히 전개됐다. 만약 정치이론이 부재하다면 어떻게 이를 구성할 것인가, 그리고 이러한 정치이론의 구성을 통해 다양한 본질주의적 해석, 즉 경제결정론이나 경제환원론, 또는 인간주의적 해석을 어떤 방식으로 극복할 것인가 등의 문제가 논쟁적으로 부각되었다. 사실상 경제결정론의 극복과 정치이론의 구축은 표리관계에 있는 것으로 인식되어 왔으며, 사실상 현대 마르크스주의 논쟁의 교착지점이라 할 수 있다.[8] 이 글의 주제는 바로 마르크스주의의 가장 큰 공백이라 할 수 있는 마르크스의 정치이론에 대한 연구로서, 특히 칼 마르크스의 사상 자

---

6) P. Anderson (1979) *Considerations on Western Marxism*, London:Verso, p. 4.
7) P. Anderson, *ibid.*, p. 116.
8) 현대 마르크스주의 논쟁의 교착상태가 정치와 경제의 '이원주의'에서 비롯된 것이며, 이러한 딜레마의 원인이 이미 마르크스의 사상 그 자체에 내재된 것으로 간주하는 글로는 A. Gouldner (1980) *The Two Marxisms: Contradictions and Anomalies in the Development of Theory*, New York: Oxford University Press, 참조.

체에 작동하는 고유한 정치적 문제의식을 발견하는 데 초점을 맞춘다.

그런데 여기서 주의해야 할 점은 이태리 국가논쟁과 페리 앤더슨의 주장에서 전형적으로 드러나듯이, 서구 마르크스주의자들이 공유해온 마르크스 사상을 경제이론과 정치이론으로 분리하는 방식[9]으로는 마르크스의 정치적 문제의식을 제대로 드러내기 어렵다는 점이다.[10] 물론 마르크스의 정치이론을 재구성하는 방법은 다양한 모습을 띨 수 있으며, 특히 경제적인 것 혹은 사회적인 것과 대비되는 의미에서 '국가론'과 같은 정치이론의 구성 역시 가능하다. 그러나 이 글은 이러한 분리의 관점보다는 마르크스에게 '정치적인 것'의 의미를 사회-경제적인 것과의 유기적 연관성속에서, 즉 '정치의 전 사회적 편재성'이라는 관점에서 포착한다.[11] 부연하면, 마르크스에게 '정치적인 것'(the Political)의 의미와 그것을 파악하는 관점이 어떤 변화양상을 보이는가를 중심으로, 이 글은 마르크스가 '사회적인 것'(the Social)의 내용을 자신의 정치이론 안으로 포섭해내는 계기를 규명하고자 한다.

이와 같은 문제의식은 흔히 알려진 마르크스 사상의 원천이나 구성부분을 묻는 것과는 다른 질문이다. 지금까지 소위 '정통마르크스' 진영에서 마르크스 사상과 관련하여 논쟁을 지배해 온 것은 그것의 기원 또는 원천에 대한 물음이었고, 또한 그러한 논의를 엥겔스나 레닌 등이 주도함으로써 그 권위

---

9) 정치와 경제의 분리의 관점을 취하는 대표적 견해로는 N. Bobbio (1992b) 「사회주의적 민주주의」, 구갑우/김영순 編, 『마르크스주의 국가이론은 존재하는가: 보비오 논쟁』, 의암출판, 1992, 27~28쪽. 참조.
10) 해리 클리버는 마르크스의 『자본』을 독해하는 다양한 방식들 가운데 주류적 입장이라 할 수 있는 정치경제학적 해석을 비판하며, 이러한 해석의 특징이 경제학과 정치학을 단호히 구분하는 것에 있다고 파악한다. 해리 클리버의 비판에 대해서는 H. Cleaver (1986) 『자본론의 정치적 해석』, 권만학 譯, 풀빛, pp. 29ff. 참조.
11) 밀리반드는 마르크스주의 내부에서 정치적인 것의 이해가 '정치의 전사회적 편재성' 주장과 '정치영역의 특수성' 주장이라는 두 개의 문제틀로 주제화되어왔다는 점을 지적한다. R. Miliband (1977) *Marxism and Politics*, Oxford: Oxford University Press, 참조.

를 인정받아온 것 또한 사실이다.[12] 그러나 마르크스 사상의 원천에 대한 논의는 마르크스의 정치이론을 구성해내는 것과는 별개의 문제라 할 수 있다.[13]

마르크스 사상이 헤겔의 논리학을 위시한 독일의 관념론과 아담스미스, 리카아도 등으로 대표되는 영국의 고전경제학, 그리고 프랑스의 공상적 사회주의라는 서유럽의 세 가지 지적 전통에 그 기원을 두고 있다는 주장과는 달리, 이 글이 주장하는 마르크스 정치사상의 유기적 구성은 세 가지의 구성인자, 즉 경제적 착취이론과 노동이론, 그리고 권리의 정치이론의 요소를 지닌다. 앞의 두 가지 구성물은 흔히 알려진 대로 형식적으로는 정치경제학 비판의 내용과 유사하며, 세 번째 요소는 국가론 등 마르크스 정치이론을 구성하는 방식과 유사하다. 하지만 형식의 유사성에도 불구하고 그 내용에는 차이가 있다. 특히 마르크스의 정치경제학 비판에 대한 기존의 해석이 사회적 노동을 통해 형성되는 자본주의의 내적 운동법칙을 규명하여 비판하는 식의 경제학적 관점을 주로 취해왔다면, 이 글은 그러한 마르크스의 정치경제학 비판의 내용을 정치적으로 해석한다. 다시 말해서 시장을 매개로 하는 근대부르주아의 경제활동 그 자체에 이미 권력관계가 내장되어 있으며, 근대적 부르주아지의 경제활동은 사적 소유의 권리를 통해 실현된다는 식의 정치적 독해를 통해 마르크스의 정치이론을 재구성하고자

---

12) 마르크스 사상의 세 가지 원천과 그것의 구성부분에 대한 고전적 논의로는 F. Engels, "Socialism: Utopian and Scientific"(*CW24:281ff.*), V. I. Lenin (1966) "The Three Sources and Three Component Parts of Marxism," *Selected Works*, Vol. I, Moscow: Progress Publisher, 참조. 한편 릭비의 경우 마르크스주의의 원천과 구성부분을 둘러싼 엥겔스와 레닌의 논의가 생산력우위론에 입각한 경제결정론과 연관된 문제의식이라는 점을 잘 보여준다. S. H. Rigby(1987) *Marxism and History: A Critical Introduction*, Manchester: Manchester University Press, pp. 68ff. 참조.

13) 마르크스사상의 세 가지 원천설 또는 기원설 등으로 마르크스 사상을 이해하려는 기존해석이 어떤 결과를 낳게 되었는가에 대한 알뛰세의 비판으로는 L. Althusser (1990) "Marxism Today," *Philosophy and the Spontaneous Philosophy of the Scientists*, London: Verso, pp. 271ff. 참조.

하는 것이다.

마르크스에게 역사적 형태로서의 근대부르주아사회란 사회를 노동의 체계로 조직하고자 하는 부르주아 계급의 근대 프로젝트의 산물이상도 그 이하도 아니다. 마르크스는 사적 소유제-물권을 통해 다수대중에 대한 자본의 경제적 착취를 실현하려는 일련의 정치기획을 부르주아지의 근대 프로젝트로, 그리고 이에 반하는 노동자의 권리 프로젝트를 생존-생활권 기획으로 설정하고, 다시 이러한 적대하는 계급간의 권리투쟁의 핵심적 내용을 사회적 시간을 어떻게 조직할 것인가라는 '사회적 시간기획[14]'의 문제틀로 재구성한다. 마르크스의 권리의 정치이론이란 자본의 착취권과 적대하는 상황속에서 노동양식의 변화양상에 따라, 자본주의 사회의 근저로부터 변화해나가는 노동자 계급의 사회적 권리의 정치적 구성과정을 독해해내는 입장이라 할 수 있다.

이 글은 마르크스를 근대부르주아 경제관계에 대해 정치적 독해를 실행한 이론가로 이해함으로써 그동안 현대 마르크스주의의 최대의 이론적 난점으로 지적돼온 정치이론의 부재를 해소해 보고자 하는데 그 연구목적이 있다. 이러한 문제의식에 입각하여 구성될 본문의 내용은 다음과 같다.

제2장에서는 정치와 경제의 동학과 관련된 주요 마르크스주의 이론가들의 논의에 대한 비판적 검토를 통해 '경제결정론'의 문제가 마르크스 사상의 정치적 특성을 파악하는데 있어 어떤 난점을 노정해왔는지를 고찰함으로써 이 글의 문제의식을 한층 정교화하는 계기를 마련한다.

제3장에서는 마르크스 정치사상의 형성과정을 초기의 저작을 중심으로 살펴본다. 특히 〈라인신문〉에서의 활동이 마르크스의 권리정치의 이론 형성에

---

14) 마르크스는 『자본』등의 저작에서 자본주의 사회내의 계급간의 권리정치의 맥락을 자본의 착취프로젝트로서 잉여가치가 구성되는 '필요노동시간'과 '잉여노동시간'간의 함수관계인 사회적 노동기획과 '사회적 노동시간'과 '자유시간' 또는 '가처분시간'간의 함수관계인 노동자계급의 생활기획간의 대립으로 설정하고, 그리고 탈(脫)자본주의적 전망을 갖는 이행의 프로젝트를 '필연의 왕국'과 '자유의 왕국'등과 같이 시간을 주제화 하는 논의로 재구성한다.

끼친 충격과 함께 이를 바탕으로 근대부르주아사회에 대한 문제설정에 도달하게 되는 일련의 과정이 그의 연구자서전이라 할 수 있는 1859년 「정치경제학비판 서문」에 근거하여 고찰된다.

제4장에서는 마르크스의 근대부르주아사회에 대한 문제설정, 다시 말해서 마르크스가 이해하는 소위 근대 프로젝트의 핵심이 무엇인지가 분석된다. 이러한 분석을 통해 근대부르주아사회란 인간의 사회적 실천이 잉여가치−이윤이라는 물적 가치로 현상하는 노동−생산의 사회적 시간기획이라는 것, 나아가 마르크스의 정치경제학 논의에 담긴 과학적 특성이란 역사유물론체계에 있는 것이 아니라, 근대사회를 구성하는 특정요소인 사회적 시간차원을 주제화한 그의 이론적 성찰에 있음을 확인한다.

제5장에서는 근대부르주아지의 사회적 노동시간기획이 실제로 어떤 형태를 통해 관철되는가를 마르크스의 노동과정에 대한 연구를 통해 살펴본다. 기존의 대부분의 마르크스주의 노동과정 연구가 가치증식과정은 자본의 영역으로, 그리고 직접적 노동과정의 경우 노동자의 유적 본질인 사회적 노동이 실현되는 사용가치창출과정으로 대립시켜 설명하고 있는 반면, 이 글은 사회적 노동이 실현되는, 즉 사용가치를 창출하는 직접적 노동양식 또한 이미 그 자체로 자본의 가치증식과정이라는 시간기획에 포섭된 것임을 주장한다. 나아가 노동자의 정치적 실천의 주요 근거가 노동이라는 생산활동을 통해서 설정되는 것이 아니라, 노동과 기타 사회적 실천 모두를 포괄하는 사회적 시간전체를 대상으로 기획되는 것임을 고찰한다.

제6장에서는 자본과 노동자 계급의 시간기획의 적대성이라는 지점이 정치적으로 어떻게 의미지워질 수 있는지가 마르크스의 주저라 할 수 있는 『자본』에 대한 정치적 독해를 통해 고찰된다. 『자본』의 정치적 독해를 통해서 이 글은 마르크스가 지시하는 정치이론의 기초가 근대사회의 양대 계급인 부르주아와 노동자 계급사이의 권리의 적대성에 놓여 있음을 발견한다. 특히 사회적 노동과정의 시간기획을 통해 형성되는 부르주아사회의 사물의 권리인 물권체계와는 달리 노동자계급의 권리체계는 사회적 인간이 정상적

인 삶을 영위하기 위해 필요한 생존권과 생활권의 실현이라는 정치적 기획을 통해 비롯된다는 사실, 이러한 이유에서 사회적 권리획득의 실천이 어째서 그 시작부터 정치적 성격을 띨 수밖에 없는가의 문제가 사회적 권리의 구조변동이라는 형식을 통해 탐색되며, 이를 마르크스의 민주주의 이론의 확대·심화라는 관점에서 논의한다.

제7장 '결론'에서는 본문의 핵심적 주장에 대해 다시 한번 요약한다.

마르크스주의 논쟁의 주요 쟁점

: 경제결정론과 역사유물론

제2장 마르크스주의 논쟁의 주요 쟁점: 경제결정론과 역사유물론

마르크스주의 위기가 본격적으로 회자되기 시작한 20세기 후반에 이르게 되면, 그동안 마르크스 사상의 핵심으로 간주되었던 역사유물론에 대해 비판이 제기되며, 이와 관련하여 경제결정론의 문제가 쟁점으로 부각된다.[1] 본 절에서는 바로 경제결정론과 사회적 노동행위를 인간의 유적 본질로 간주하는 그러한 유(類)의 역사유물론을 둘러싸고 전개된 마르크스주의내의 주요 논쟁을 살펴봄으로서 이러한 문제들이 마르크스의 정치이론을 산출하는데 어떤 걸림돌로 작용했는가를 고찰하고자 한다.

마르크스의 사상은 '경제결정론'일 수밖에 없다는 비판에 직면하여 처음으로 정치와 경제의 동태적 관계에 대해서 언급한 사람은 바로 엥겔스였다. 그러나 엥겔스의 대응은 정치와 경제는 상호 연관되어 있다는 지적이외에, 그것이 어떤 방식으로 유기적 연관을 맺는지에 대해서는 별다른 이론적 해명을 제시하지 못한데서 문제해결을 더욱 어렵게 만들었다. 더구나 그러한 상호연관에도 불구하고 최종적으로 경제가 결정한다는 뉘앙스를 내포한 엥겔스의 주장은 "최종심급에서의 경제에 의한 결정"테제로 정식화되어 마르크스의 이론을 경제결정론의 비판으로부터 구출해내기 보다는 오히려 경제결정론의 혐의를 더욱 짙게 한 측면이 있다.[2]

---

1) 경제결정론의 문제가 여전히 그리고 아직도 현대 마르크스주의 논쟁의 최대 쟁점임을 소위 '포스트-모던 마르크스주의자'들의 최근 연구가 잘 입증해준다. 이에 대해서는 S. A. Resnick & R. D. Wolff (1987) *Knowledge and Class: A Marxian Critique of Political Economy*, Chicago: University of Chicago Press, p. 39ff. A. Callari & D. F. Ruccio (1996) "Introdu- ction," in A. Callari & D. F. Ruccio(eds.), *Postmodern Materialism and the Future of Marxist Theory*, Hanover and London: Wesleyan University Press, 1996, 참조.
2) 엥겔스는 이러한 혐의에 대한 책임의 일부가 마르크스와 자신에게 있음을 인정

엥겔스는 마르크스 사후 1895년에 쓰여진 『프랑스에서의 계급투쟁 '서론'』
에서 '정치와 경제의 관계'에 대해 다시 언급할 기회를 갖게 되었다. 그런데
그는 여기서 상반된 두 가지 주장을 동시에 하고 있다. 그 것들 가운데 하나
는 '정치적 사건들을, 궁극적으로는 경제적 요인의 제 결과로 소급하여 해석'
하는 식의 경제결정론의 문제틀이다. 다른 하나는 경제를 "당대의 역사에서
는 가장 결정적 요소를 불변의 것으로 취급하는 것, 관련된 시기의 초기에
존재한 경제적 상황을 전체시기에 대해 주어진 것이나 바뀌어질 수 없는 것
으로 취급"(CW27:506)함으로써, 사실상 경제영역을 고정변수로 놓고 정치
의 자율성, 즉 정치영역과 경제영역이 별개의 것임을 주장하는 것이며, 이럴
경우 엥겔스의 언급은 흔히 계급투쟁을 강조하는 것으로 이해되는 입장이
된다. 엥겔스의 상반된 분석은 이후 서구 마르크스주의를 베른슈타인, 카우
츠키, 플레하노프 등의 생산력주의와 경제결정론을 주요 입론으로 하는 소
위 '개량주의' 진영3)과 정치투쟁을 강조하는 레닌과 로자룩셈부르크, 그람시
를 위시한 혁명주의 진영으로 양분하는데 결정적 계기로 작용했다.

레닌의 경우, 마르크스주의의 일반적인 분석틀이라는 의미에서 정치와
경제의 관계를 공식적으로 다룬 일은 없지만, 양 영역의 엄격한 분리를 통
한 각각의 분석과 그 가운데 정치영역의 독자적 분석에 방점을 찍고 있다.
특히 레닌은 경제의 정치에 대한 규정성과 상부구조의 조응테제를 무비판

한다. "청년들이 때때로 경제적 측면에 두어야 할 것 이상으로 무게를 두는 것
에 대해서 부분적으로는 마르크스와 나 자신이 책임을 져야 합니다"(F. Engels
(1997) 「엥겔스가 쾨니스베르크의 요제프 블로흐에게 보낸 서한(1890년 9월 21
일)」 『칼 마르크스-프리드리히 엥겔스 저작선집』, 제6권, 박종철 출판사, p.
510).

3) 릭비는 제2인터내셔날의 주요이론가인 카우츠키나 플레하노프가 모두 엥겔스의
해석 중 경제결정론 또는 생산력 결정이론을 지지한 원인이 단지 우연의 일치가
아니라 마르크스와 엥겔스의 일부 저작들 가운데 이러한 해석이 가능할 수 있는
근거가 있었음을 보여준다. S. H. Rigby (1987) *Marxism and History: A
Critical Introduction*, Manchester: Manchester University Press, pp. 60ff.
참조. 플레하노프의 생산력주의적 입장에서의 마르크스의 역사이론에 대한 해석
으로는 G. V. Plehanov (1972) *The Development of the Monist Conception
of History*, Moscow: Progress Publishers, 참조.

적으로 받아들여 자본주의 경제하에서는 민족자결권이나 민주주의에 대한 요구 등 그 어떤 정치적 권리투쟁도 무의미 할 것이라는 주장을 '제국주의적 경제주의'라고 비판한다.[4]

그럼에도 불구하고 레닌에게 정치와 경제의 분리를 통해 분석하는 관점과는 다른 이론적 문제의식을 발견할 수 있는데, 그것은 레닌이 경제영역을 두 가지 관점에서 사고하고 있다는 사실이다. 그 중 하나는 생산력 발전이라는 함의를 내포하는 일반적 의미의 경제, 다시말해서 '경제적 혁명'으로 표현되고 있는 관점이며, 다른 하나는 경제를 '금융자본의 지배'로 파악하는 입장이다. 경제에 대한 이러한 두 가지 정식은 상반된 규정으로 이것은 아래의 인용을 통해 확인할 수 있다.

> 경제적 혁명은 정치적 억압의 모든 유형들을 폐지하기 위해 필요한 도구들을 창출할 것이다. 그러나 엄밀히 말해서 단지 그러한 이유때문에 모든 것을 경제적 혁명에 전가시킨다는 것은 비논리적이며 부정확한 것이다. 왜냐하면 문제는 어떻게 민족적 억압을 폐지시키는가에 있기 때문이다. 물론 그것은 경제적 혁명 없이는 제거될 수 없다. 그것은 명백한 것이다. 그러나 그것에 우리를 제한한다는 것은 불합리하고 보잘것없는 제국주의적 경제주의로 타락시키는 결과만을 낳을 것이다.[5]

> 금융자본의 지배, 일반적인 자본의 지배는 정치적 민주주의의 영역의 어떠한 개혁으로도 철폐될 수도 없다. 또 민족자결은 전적으로 이 영역(정치적 민주주의 영역)의 문제이다. 그러나 금융자본의 이러한 지배는 더욱 자유롭고, 더욱 확대되며, 더욱 선명한 계급억압과 계급투쟁의 형태로서 정치적 민주주의의 중요성을 조금도 부정하지 못한다.[6]

레닌이 "경제적 혁명"을 "정치적 억압의 모든 유형들을 폐지하기 위해

---

4) V. I. Lenin (1989) 「마르크스주의의 희화화와 제국주의적 경제주의」, 편집부 譯, 『마르크스-레닌주의 민족이론』, 나라사랑, 271~272쪽. 참조.
5) V. I. Lenin, 같은 글, p. 307.
6) V. I. Lenin (1989) 「사회주의 혁명과 민족자결권」, 같은 책, p. 201.

필요한 도구들을 창출"하는 것의 의미로 정의할 때 이때의 경제의 의미는 엥겔스가 경제영역을 상대적으로 고정된 객관적 법칙이 작동하는 영역으로 설정하는 문제의식과 유사한 것으로, 이때의 '경제혁명'은 탈자본주의 사회의 물적토대가 된다는 소위 생산력발전론에 입각한 관점이다. 그러나 경제영역이 정치적 민주주의의 영역의 그 어떤 개혁으로도 철폐될 수 없다는 의미에서 '금융자본의 지배'를 언급할 때 경제의 의미는 경제영역에 대한 정치적 독해의 입장이다. 왜냐하면 금융자본의 지배를 새로운 사회의 물적 토대인 사회적 생산력의 발전을 위해 필요한 의미에서 앞에서 언급한 '경제혁명'과 동일한 것으로 주장할 사람은 아무도 없기 때문이다. 그러나 이 새로운 사회의 물적 토대의 의미를 지니는 생산력발전이 자본주의 사회의 경제영역을 통해 형성되는 것 역시 사실이므로, 경제적 혁명과 금융자본의 지배라는 경제에 대한 모순된 언급을 '자본주의 사회내에서의 사회적 생산력발전을 의미하는 경제혁명은 금융자본의 지배를 통해서 관철된다'라는 정식으로 통일시킬 수 있으며, 이러한 방식으로 근대부르주아 경제체제를 파악하는 것은 정치적 관점에서 경제행위를 이해하는 것이다.[7]

자본주의 사회의 경제영역과 정치영역의 유기적 관련성에 대해서 언급하는 가운데, 주로 정치적 영역에서 전개되는 사회적 실천의 지형을 분석한 현대 마르크스주의 정치이론가로 그람시를 꼽을 수 있다.[8] 그람시는 『옥중수고』의 '자율적 학문으로서의 정치학'(politics as an autonomous science)이라는 절에서 다음과 같이 말한다.

정치는 경제와 동일화되는 한에서만 영속적인 행동으로 되며, 따라서 영속

---

7) 사실상 경제를 금융자본의 지배라는 정치적 의미로 파악하는 레닌의 관점은 제2인터내셔날의 마르크스주의 이론가들의 경제에 대한 파악에 비해 진일보한 것이었다. 하지만 문맥으로 볼 때 레닌은 '경제적 혁명'과 '금융자본의 지배'라는 경제에 대한 두 정식을 동등하게 취급한 것으로 생각된다.
8) 그람시는 경제영역을 인간의 의지와는 독립된 사물의 운동영역이라는 의미에서 '구조'(structure)라고 부른다. A. Gramsci (1971) *Selections from the Prison Notebook*, New York: International Publishers, pp. 180ff. 참조.

적인 조직체를 창출하게 된다. 그러나 또한 정치는 경제와는 다르다. 우리
가 정치와 경제를 분리해서 이야기하는 것도 그 때문이며 행동에의 직접적
인 충동으로서의 '정치적 정열'을 운위하는 것도 그 때문이다. 이 정치적 정
열은 '영속적이고 유기적인' 경제생활의 지형위에서 생겨나면서도 그 지반
을 초월하여 감정과 열망을 가동시키는데, 그 작열하는 듯한 정치적 공기
속에서는 인간개개의 삶에 대한 고려조차도 개별적 이윤 따위의 그러한 법
칙들과는 다른 법칙에 복종한다.9)

이처럼 정치와 경제를 분리하여 그 비조응과 정치의 독자적 행위유형을
분석한 것은 그람시에게는 『옥중수고』를 서술하기 전부터 배태(胚胎)된 문
제의식으로서, 그람시는 러시아 혁명에 대한 분석인 「자본론'에 반하는 혁
명」이라는 글에서 다음과 같이 쓰고 있다.

볼셰비키 혁명은 칼 마르크스의 『자본』에 반하는 혁명이다. 러시아에서, 마
르크스의 『자본』은 프롤레타리아트의 것이라기 보다는 부르주아지의 책이
었다. 그것의 핵심적 주장은 어떻게 사건들이 미리 예정된 경로를 따라야만
하는가를, 다시 말해서 러시아에서 부르주아지들이 어떻게 발전해야만 하는
가, 그리고 자본주의적 시기는 서구형태의 문명화를 갖추기 위해 어떻게 개
시돼야만 하는 가를 보여준 이후에야 비로소 프롤레타리아들은 자신의 이
익의 관점에서 혁명을, 그리고 계급적 요구를, 그리고 자신들의 봉기를 꿈
꾸는 것이 가능할 수 있는 책으로 간주되었다. 그러나 사건이 이데올로기를
넘어섰다. 실제의 사건들이 러시아 역사는 어떻게 역사적 유물론의 논법에
따라 전개될 것인가를 결정하는 식의 공론을 날려버렸다. 볼셰비키들은 칼
마르크스를 거부했으며, 그들의 명백한 행위와 승리는 역사유물론의 규범이
생각해왔던 것보다, 혹은 생각함직한 것보다 그다지 경직된 것이 아님을 보
여주기에 충분했다.10)

---

9) A. Gramsci, *ibid.*, pp. 139-140..

10) A. Gramsci (1977) "The Revolution against 'Capital'," *Selections from
Political Writings 1910-1920*, New York: International Publishers, p.
34.

그람시의 경우, 이처럼 정치와 경제의 동학이라는 측면에 대해서 직접적으로 언급하기보다는 이 두가지의 사회적 계기를 엄밀히 구분함으로써 사실상 경제결정론의 문제를 우회한 것으로 간주할 수 있다. 그러나 다른 측면에서 오히려 그람시의 이러한 이론적 우회가 정치현상의 문제를 부각시키고 그것을 사회적 실천의 시각에서 분석함으로써 다른 어떤 정치이론보다 적실성 있는 정치영역에 대한 연구방향을 제시했다고 평가되기도 한다.[11]

지금까지 정리한 그람시와 레닌에게 있어서 마르크스의 사상에 대한 접근은 주로 정치실천적인 관점에서 표명된 것이었는데, 이러한 정치적 관심은 알뛰세에 이르러 소위 '이론적 실천'이라는 명목 하에 마르크스 철학의 발견이라는 인식론적 관심으로 전환되는 중대한 전기를 맞게 된다.

알뛰세의 정치와 경제사이의 관계에 대한 파악에서 두드러지는 점은 '지질학적 접근방식과 종합적 정향'(synthetic orientation)을 특징으로 하는 구조주의적 방법을 마르크스주의적 문제틀내로 투사(投射)하는 방식에 있다. 그것은 사회의 제 영역을 서로 다른 세 가지의 구조적 층위, 즉 경제와 정치, 그리고 이데올로기(또는 이론적 심급)라는 세 층위로 구분하고, 각 층위간의 상대적 자율성(지질학적 접근방식)[12]을 강조하면서, 동시에 최종심급에서의 경제결정(종합적 정향)을 함께 주장한다.[13] 그러나 알뛰세의 의

---

11) 그람시를 정치적 행위의 자율성이라는 사회실천론적 관점에서 '시민사회와 헤게모니이론'등을 정초한 사상가로 보는 대표적인 글로는 이해영(1997) 「'포스트모더니즘 시대'에 보는 그람시의 역사주의」, 『역사비평』, 제36호, 봄, 참조. 그람시를 마르크스주의 정치학이라는 긍정적 발견법(positive heuristic)을 통해 마르크스 사상에 대한 지평을 확대시킨 거의 유일한 마르크스주의적 정치이론가로 간주하는 주장으로는 M. Burawoy (1990) "Marxism as Science: Historical Challenges and Theoretical Growth," *American Sociology Review*, No. 55, Dec. 참조.

12) 알뛰세는 '사회'를 구조적 인과성에 의해 결정되는 '복합적인 구조적 통일체'(a complex structural unity)로 이해하며, 구조적 인과성의 두 가지 원리로 제 심급간의 상대적 자율성에 의한 중층결정과 최종심급에서의 경제결정을 든다. L. Althusser & E. Balibar (1970) *Reading Capital*, London: NLB, pp. 97ff. 참조.

도가 생산력주의로 대표되는 경제결정론 또는 기술적 경제주의에 대한 비판을 겨냥하고 있고, "처음부터 끝까지 최종심급이라는 고독한 시간은 결코 오지 않는다"14)는 주장으로 미루어 볼 때 '최종심급에서의 경제결정' 규정은 마르크스주의의 외양을 띠기 위한 하나의 립-서비스(lip-service)에 지나지 않는 것으로 여겨진다.15)

그렇다면 알뛰세 주장의 핵심이 최종심급에서의 경제결정이 결코 도래하지 않는 가운데 전개되는 다양한 구조적 층위간의 중층결정이라 했을 때, 사회적 구조의 제 층위, 또는 제 심급들은 등가의 비중을 지닌, 따라서 공시적 총체성이라는 '불변의 구조'로 바뀌며, 이럴 경우 제 심급이 표방하는 다양한 경제적, 정치적, 이데올로기적 실천양식 역시 초역사적인 다층적 사회구조의 형식을 띠게 된다. 더구나 알뛰세식으로 사회를 각각의 사회적 심급으로 나뉘어진 성층적 구조로 이해하게 되면, 근대부르주아 사회 그 자체, 즉 경제행위가 정치관계적 특성을 띤 채 편재화 되어있다는 식의 역사 특수적 파악에 대해서는 어떤 실마리도 찾을 수 없는 채 미궁(迷宮)에 빠져들게 된다.16) 따라서 알뛰세가 말하는 사회구조란 사실상 추상적인 역

---

13) 알뛰세르와 프랑스 구조주의간의, 특히 레비스트로스와의 근친성에 대해 논하고 있는 글로는 M. Glucksman (1983)『구조주의와 현대마르크시즘』, 정수복 譯, 한울, 232~233쪽 참조.

14) L. Althusser (1977) *For Marx*, London: NLB, p. 113.

15) 이와 관련하여 김세균은 알뛰세르가 '최종심급에서의 결정'에 대해 말하면서 동시에 '그러한 결정의 고독한 시간은 찾아오지 않는다.'고 말하고 있는 것은 논리적으로 모순적인 두 개의 사실을 언급하는 것이며, 따라서 '중층결정'을 인정하는 이상 '어느 하나에 의한 최종적 결정'은 성립될 수 없는 것으로 파악한다. 김세균 (1997a) 「오늘의 마르크스주의-재구성을 위한 하나의 시도」, 『이론』제17호 여름, 111~112쪽 참조.

16) "경제결정론과 기술결정론이라는 골치 아픈 문제의 해결을 위해 알뛰세는 다만 프로이트로부터 과잉결정의 개념과 모택동으로부터 상부구조의 '상대적 자율성'을 차용했을 뿐이다. 결과는 결국 뒤범벅으로 여러 '결정인자'를 인정하면서도 궁극에 가서는 (그 의미도 명확히 규정되지 않은) 결정권을 경제에 돌린다. 이러한 이론은, 마르크스주의가 여전히 경제 분석을 담당하고 레닌주의가 마르크스가 하지 못했던 정치영역의 분석을 제공한다는 마르크스레닌주의에 약간 더 교묘한 합리화를 가져다주는 것에 그친다."(H. Cleaver (1986)『자본론

34

사일반과 동의어인 셈이며, 그런 한에서 그의 중충결정론은 정치와 경제의 역동적 관계를 드러내기보다는 오히려 봉쇄하는 악무한의 이론이다.[17]

알뛰세는 사회구성체를 구성하는 세 가지 또는 네 가지 실천(생산과정들 또는 변형)으로서 경제적, 정치적 그리고 이데올로기적, 이론적 실천을 구분 짓는데, 이러한 네 가지의 이론적 실천유형은 다시 각각의 생산양식을 구성한다. 알뛰세는 물질적 생산과정의 요소들을 특수한 생산관계속에서 결합시키는 '경제적 생산양식'[18]뿐 만 아니라, 예컨대 '이론적 생산양식' 혹은 '지식의 생산양식'[19] 그리고 '이데올로기적 생산양식'[20]이라는 개념들도 함께 언급한다. 알뛰세가 이처럼 마르크스의 생산양식론이 근대부르주아사회를 '역사특수화'할 때만 적실성을 지닌다는 사실[21]을 무시한 채, 정치적, 혹은 이데올로기적 생산양식이라는 형태로 경제적 실천의 논리를 사회적 실천영역으로 무차별하게 확장하거나 환원시킨 것은 그만큼 서구 마르크스주의자들조차 부르주아적 경제관계를 객관적 법칙이 지배하는 물질적 생산영역으로 역설이게도 그만큼 '사물화'(reification)[22]해왔다는 것을 반증한다.

마르크스주의의 위기를 극복하고자 하는 문제의식에도 불구하고, 알뛰세가 마르크스의 사상의 재해석을 시도한 방향은 그다지 긍정적 기여를 했다

의 정치적 해석』, 권만학 譯, 풀빛, p. 63).

17) 마르크스 사상의 구조주의적 해석에 대한 주된 비판은 알뛰세의 '구조'가 갖는 불가해성과 형이상학적 성질에 대해 집중돼왔음을 알 수 있다. 이러한 비판으로는 A. Glucksmann (1972) "A Ventriloquist Structuralism," *New Left Review*, No. 72, 이해영 (1997a) 「포스트모더니즘 시대'에 보는 그람시의 역사주의」, 『역사비평』, 제36호, 봄, 299~300쪽 참조.

18) 경제적 생산양식에 대해서는 L. Althusser & E. Balibar (1970) *Reading Capital*, London: NLB, pp. 170-177 참조.

19) L. Althusser & E. Balibar, *ibid.*, pp. 27, f.n.9, 41

20) L. Althusser & E. Balibar, *ibid.*, p. 52.

21) "모든 생산단계에는 공통의 제 규정이 존재하여 그것들은 사유에 의하여 일반적인 것으로 고정된다. 그러나 이른바 모든 생산의 일반적 제 조건이란 이러한 추상적 제 계기에 다름 아니며 이것을 가지고서는 어떠한 현실의 역사적 생산제단계도 이해할 수 없다"(*CW*28:26).

22) '사물화'에 대해서는 G. Lukacs (1971) *History and Class Consciousness*, Cambridge: The MIT Press, pp. 83ff. 참조.

고 볼 수 없다. 그 이유는 알뛰세가 마르크스의 사회적 실천관을 생산과 노동이라는 물질적 실천으로만 편협하게 이해했기 때문이다. 알뛰세가 이해하는 마르크스의 사회적 실천이론은 생산의 유물론, 즉 인간노동에 의한 자연의 사회적 사물로의 변형으로 이해되는 경제적 실천으로, 알뛰세는 이러한 경제적 실천의 상을 그의 독특한 이론적 실천의 생산과정에 적용한다. 알뛰세는 사회적 실천의 다양성과 그 차이를 무시한 채, 사회적 존재의 상이한 수준들이 그들의 구체적 차이들이 무엇이든 간에 모두 마찬가지로 실천이라고 할 수 있는 근거인 '실천의 일반적 본질'(the general essence of practice)[23]을 끌어내면서 그것을 생산적 실천인 노동과 등치시킨다.

> 내가 말하는 '실천' 일반이란 일정하게 주어진 원재료가 일정한 '생산물'로 변형되는 과정, 즉 일정한 생산도구를 사용해서 일정한 인간의 노동에 의해서 이루어지는 변형되는 전 과정을 의미한다. 이런 의미의 실천과정내에서 '결정'계기(혹은 요소)는 원료도 아니고 생산물도 아니며 좁은 의미에서의 실천이다. 즉, 어떤 특수한 구조속에서 인간 및 수단 그리고 그 수단을 이용하는 기술적 방법을 작동시키는 '변형작업으로서의 노동' 그 자체라는 계기이다.[24]

다시 말해서, 알뛰세는 마르크스 사상의 핵심을 '노동과 생산의 유물론'으로 규정함으로써 오히려 경제결정론을 더욱 극단화하는 결과를 가져왔다.[25] 따라서 사회주의권과 서구의 좌파가 동반몰락조짐을 보이기 시작하는 1980년대 중반의 시기에 접어들면서 마르크스주의 논쟁은 생산과 노동

---

23) L. Althusser (1977) *For Marx*, London: NLB, pp. 169; 188, f.n. 26
24) L. Althusser, *ibid.*, pp. 166-167. 이상훈은 마르크스 실천관에 대한 알뛰세식 해석을 "실천의 산업적 모델"로 정의한다. 이상훈 (1994) 「실천적 역사유물론의 옹호」, 한국철학사상연구회, 『시대와 철학』 제8호, 13~14쪽 참조.
25) A. 그뤽스만은 알뛰세의 이론이 '칸트의 선험적 인식론의 현대적 번역'으로서, 구조와 주체의 관계에서 볼 때 알뛰세의 마르크스주의는 '복화술적'인바, '이론이라는 인형에 대해 하나의 목소리 곧 세계의 총감독관 '생산이라는 공통의 본질'만이 발언하는 것으로 비판한다. A. Glucksmann (1972) "A Ventriloquist Stru- cturalism," *New Left Review*, No. 72, pp. 275ff. 참조.

36

의 역사적 발전과 자기전개로 이해돼온 마르크스의 사상 그 자체에 회의를 제기하는 위기논쟁이 가열된 것은 당연한 이론적 귀결이며, 위기논쟁의 한 가운데 바로 '역사유물론 전화논쟁'이 자리 잡고 있다.[26]

그렇다면 먼저 마르크스주의내에서 이해돼온 역사유물론의 내용은 무엇인가? 역사유물론의 의미에 대해서는 논자마다 의견이 분분할 수 있지만 적어도 그것이 하나의 체계적인 역사이론이라는 사실에는 대개가 동의할 수 있을 것으로 여겨진다.[27] 페리 앤더슨의 경우 사적유물론의 핵심적 내용을 '모든 사회주의자들이 준거하는 중심'이자 '전체로서의 사회발전의 독특한 동학에 관한 이론'(a theory of the distinctive dynamics of social development as a whole)[28], 다시 말해서 인류사를 전체 포괄하여 해석해 낼 수 있는 발전이론으로 간주한다.

---

26) 역사유물론논쟁에 불을 지핀 장본인은 아이러니컬하게도 역시 알뛰세였다. 알뛰세는 역사유물론을 엄밀한 과학체계로 정립하려 했던 과거의 이론적 개입방식과 극적으로 결별하고, 이러한 역사유물론적으로 이해되는 마르크스주의 내부에 치유할 수 없는 근본결함이라는, 다시 말해서 마르크스의 사상 그 자체에 문제를 제기하고 나섰다. L. Althusser (1990) "Marxism Today," *Philosophy and the Spontaneous Philosophy of the Scientists*, London: Verso, pp. 274 ff. 참조.

27) 역사유물론에 대해 긍정적이든 아니면 부정적 입장을 견지하든 혹은 역사유물론을 '역사이론'이나 '역사발전의 일반모델'로 바꾸어 부르든지 간에 국내외 대다수의 학자들이 역사유물론을 마르크스주의의 핵심체계로 이해해왔다는 점은 분명한 사실이다. 명시적으로 역사유물론을 마르크스사상의 핵심으로 간주하는 대표적 저작들로는 김창호 (1991) 『마르크스의 역사적 유물론과 인간관』, 죽산; 이기홍 (1992) 『마르크스의 역사적 유물론의 과학적 방법과 구조에 관한 일고찰』, 서울대학교 사회학과 박사논문; 진석용 (1991) 『칼마르크스의 역사이론: 사적 유물론의 형성 과정과 이론구조』, 서울대 정치학과 박사논문; Balibar, E. (1989) 『역사유물론 연구』, 이해민 譯, 푸른산; A. Giddens (1981) *A Contemporary Critique of Historical Materialism*, London: Macmillan; E. Hobsbaum (1984) "Marx and History," *New Left Review*, Vol. 143; Howard & King (1985) *The Political Economy of Marx*, London: Longman; J. Larrain (1990) 『역사유물론의 재구성』, 정성철 譯, 인간사랑; G. Lukacs (1971) *History and Class Consciousness*, Cambridge: The MIT Press등 참조.

28) P. Anderson (1983) *In the Tracks of Historical Materialism*, London: Verso, p. 105.

원시사회로부터 현대의 문명사회에 이르는 세기들을 가로지르는 인류의 발
전을 총체적으로 설명한 이론은 단지 하나만이 존재한다. 그것은 역사유물
론이다. 다른 모든 부분적인 해석들은 이와 대조적으로 파생물들이거나 파
편들일 뿐이다. 오직 마르크스주의만이 연속적인 역사적 진화의 시대들과
그에 특징적인 사회-경제구조들을 지적인 담화로 통합가능한 충분히 일반
적이면서도 충분히 차별적인 분석적 도구들을 생산해 냈다.[29]

위와 같은 언급은 서구 마르크스주의의 역사유물론 역시 소련의 공식
이데올로기---역사유물론을 '사회적 생산력 발전을 통해 전개되는 진화적
역사이론'이란 관점을 채택한 스탈린주의적 국가교의[30]---와 하등 다를 바
없다는 점을 자인한 것이나 마찬가지이다. 이러한 이유에서 소련 등 구사
회주의권의 붕괴는 동시에 상술한 형태의 역사유물론의 붕괴과정이었으며,
이미 이론적-실천적 적실성을 상실한 과거형태의 역사유물론을 새로운 각
도에서 재구성하거나 다른 내용으로 외삽하려는 시도가 출현한 것은 당연
한 일이었다.

역사유물론에 대한 문제제기 가운데 두 가지의 주요한 이론적 시도로서 발
리바르가 제기한 '역사유물론의 전화' 프로젝트와 하버마스에 의해 제기된
'역사유물론의 재구성' 논의를 들 수 있다. 발리바르와 하버마스가 공통적으
로 수렴되는 지점은 마르크스사상의 핵심을 바로 노동의 인간학
(anthropology)[31], 혹은 노동의 변증법 또는 사회적 노동의 자기전개에 의해

---

29) P. Anderson, *ibid.*, p. 86.
30) 라라인은 스탈린에 의해 확립된 역사일반이론으로서의 사적 유물론 테제를 그
    핵심으로 하는 소련 공식 이데올로기의 내용을 다음과 같이 요약한다. "역사
    유물론은 변증법적 유물론의 원리들의 사회 및 역사에 대한 연구에로의 확대
    적용이다(……)생산력은 역사를 통해 발전하는 경향이 있으며, 그것은 경제구
    조에서의 변화와 그 변화를 통한 사회의 나머지 부분에서의 변화의 주요한 규
    정요인이다(……)역사는 불가피하게 인류를 무계급사회로 이르게 하는 자연사
    적 법칙의 진행논리에 따라 보편적이고 필연적인 단계들을 거쳐 발전한다."(J.
    Larrain (1990) 『역사유물론의 재구성』, 정성철 譯, 인간사랑, pp. 46-47).
31) E. Balibar (1993) 「육체노동과 지적 노동의 분할에 대하여」, 서관모 編, 『역사
    유물론의 전화』, 민맥, p. 194.

구축되는 '생산의 유물론'[32]에서 찾는다는 사실이다. 우리는 여기서 마르크스 정치사상에 대한 재구성논의가 노동이론과 연계되어 진행되고 있음을 알 수 있다. 이러한 관점은 다음과 같은 하버마스와 발리바르의 주장을 통해 잘 확인된다.

> 우선 나는 역사유물론의 기본개념과 기본전제라 할 수 있는(……)마르크스의 '사회적 노동'의 개념과 '유적 역사'의 개념, 그리고 역사유물론의 세 가지 기본전제들을 비판적으로 고찰하고자 한다.[33]

> 마르크스와 그의 노동의 인간학(……)은 먼저 그것은 명시적으로 철학적 인간학으로 귀착되는데, 거기서 모든 인간학의 불변항인 '인간의 본질'은 노동에 의해, 곧 인간은 본질적으로 '노동하는 존재'라는 사실, 또는 정확히 하자면 인간의 본질적 활동은 노동이라는 사실에 의해, 정의된다.[34]

역사유물론의 재구성 방향과 관련하여 하버마스와 발리바르가 비판적으로 이해한 마르크스의 노동관은 마르크스의 것이라기보다는 헤겔의 견해, 즉 헤겔이 근대부르주아사회의 실제적 토대로 간주하는 노동에 대한 인간학적 관점에 가까운 것이다. 따라서 마르크스의 '사회적 노동'개념이 사실상 헤겔에게 연유한 것임을 파악하지 못한데 그들 논의의 한계가 있다.[35]

---

32) J. Habermas (1986) 『이론과 실천』, 홍윤기, 이정원 譯, 종로서적, p. 252. 역사유물론을 재구성하기 위해 하버마스가 이해하는 마르크스의 이론은 가장 속류적 형태의 유물론인 생산주의적 진화론에 다름 아니다. 하버마스는 마르크스 사상의 핵심을 인간을 노동의 선험적 주체로 파악하여, 자연과 인간의 물질적 신진대사 활동, 즉 생산의 자기전개에 입각한 사회와 역사의 진화론으로 이해한다. J. Habermas (1979) "Toward a Reconstruction of Historical Materialism," in *Communication and the Evolution of Society*, Boston: Beacon Press, 1979, pp. 130ff. 참조.
33) J. Habermas, *ibid.*, p. 131.
34) E. Balibar (1993) 「육체노동과 지적 노동의 분할에 대하여」, 서관모 編, 『역사유물론의 전화』, 민맥, p. 194.
35) 헤겔은 사회적 노동의 성격은 물론 그러한 실천으로부터 야기된 경제적 활동이 근대부르주아지의 존재양식임을 올바르게 파악했다. "나의 소유와 재산이

또한 사회적 노동에 대한 관점만 가지고는 마르크스와 헤겔 사상의 차이를 구분하기 힘들다는게 필자의 생각이다.

이 글은 노동과 권리라는 두 가지 화두를 근대사회의 정치성을 가장 잘 압축해서 표현하는 개념으로 간주한다. 왜냐하면 노동과 권리를 통한 근대 부르주아사회에 대한 설정방식의 차이가 19세기의 위대한 두 명의 정치사상 가인 헤겔과 마르크스를 갈라서게 한 지점으로 파악될 수 있기 때문이다.

헤겔에게 있어 인간의 진정한 자유란 사회적 노동에 입각한 사적 소유제를 통해서만 현실화[36]되는 것이며, 따라서 사물의 영유와 양도와 관련한 사적 소유의 물권체계를 불가침의 천부인권으로 승인한 근대부르주아 사회야말로 헤겔의 오랜 이론활동의 결과로 파악된 정신철학의 완성태이자, '역사의 종언'이었던 셈이다. 헤겔은 자신의 마지막 주저인 『법철학』(1821년)에서 이러한 문제의식을 '미네르바의 부엉이는 황혼이 깃들 무렵에야 비로소 나래를 편다'는 유명한 경구를 통해 상징적으로 표현했다.[37]

헤겔 역사철학의 대미를 장식하는 근대부르주아사회에 대한 문제설정[38]

노동과 교환을 통해 정립될 뿐만 아니라, 나의 인격 또는 나의 현존재 전체가 자리잡게 되는 명예와 삶이 정립된다"(G. W. F. Hegel (1969) *Jenenser Realphilosophie Ⅱ*, hrsg. von J. Hoffmeister, Hamburg: Verlag von Felix Meiner, p.221). 사회적 노동개념을 헤겔과 마르크스를 연결짓는 주요한 이론적 고리로 파악하는 루카치에게 헤겔은 이미 '사적 유물론의 선구자'였다. G. Lukacs (1986) 『청년헤겔 1』, 서유석, 이춘길 譯, 동녘, p.163.

36) "헤겔에 있어서 자유는 노동이 자연의 예속상태에서 인간을 자유롭게 한다는 의미에서 노동과 깊은 관계가 있다. 이와 같은 결론은 사회적 노동으로부터 생겨난다. 즉 사회적 노동은--노동이라는 의미에서--개개인이 자유로운 존재라는 것을 전제하고 있다. 왜냐하면 개개인들이 자기 자신의 사적 이해안에서 자기자신을 위해 자유인으로 분업적 생산과정안에 들어감으로써 비로소 사회적 노동이 성립하기 때문이다. 그러므로 자유는 사회적 노동의 원리로서 간주되어야 한다"(J. Ritter (1983) 『헤겔과 프랑스 혁명』, 김재현 譯, 한울, p.62).

37) "세계의 사상으로서의 철학은 현실이 그의 형성과정을 완성하여 스스로를 마무리하고 난 다음에라야 비로소 시간속에서 현상화된다"(G. W. H. Hegel (1942) *Philosophy of Right*, Oxford: The Clarendon Press, p. 12).

38) "헤겔은 프랑스 혁명과 나폴레옹 시대의 본질에 대해 독일에서 가장 정확한 최상의 통찰력을 지녔던 학자였을 뿐만 아니라(……)당대의 자본주의적 현실의 내적구조와 현실적인 추동력을 사상적으로 포착하고자 분투하였으며, 그 운동

이 마르크스에게는 반대로 자신의 정치이론의 전제이자 출발점[39]이었다. 마르크스는 자신의 정치활동 초창기인 〈라인신문〉에서의 언론활동을 통해 두 가지의 실정적 권리, 즉 사적소유권과 민중의 관습법적 생존권이 충돌하는 사태를 목격한다. 그러나 그는 〈라인신문〉의 시기에서는 그러한 권리의 충돌이 지니는 의미에 대해서 파악할 수 없었고, 헤겔과 마찬가지로 근대부르주아 정치경제학에 대한 면밀한 연구[40]를 통해서만 근대시민사회의 원리에 대한 이해에 도달할 수 있었다. 그러나 마르크스가 헤겔과 다른 점은 헤겔에게는 사회적 노동과 권리의 화두가 근대사회의 합리적 기초를 해명하는데 주된 연구방향이 놓여졌다면, 마르크스에게는 근대부르주아사회를 넘어서려는 '정치적 관심'에 그 역점이 두어졌다. 따라서 마르크스의 '정치경제적 비판' 연구가 지닌 진정한 의의란 그의 정치이론 형성에 있어 결정적 전환의 계기, 다시 말해서 마르크스가 이해하는 '정치적인 것'(The Political)의 의미가 질적으로 변화되고, 초기의 정치적 공화파로서의 마르크스에 비해 민주

의 변증법을 정초하고자 시도하였다"(G. Lukacs (1986) 『청년헤겔 1』, 서유석, 이춘길 譯, 동녘, p. 26).

39) "생산이라고 말할 때는 언제나 특정한 사회적 발전단계에서의 사회적 개인들에 의한 생산을 말하는 것이다. 따라서, 일반적으로 생산에 대해서 말하기 위해서는 역사적 발전과정의 다양한 국면들을 추적해야 한다거나 혹은 우리가 취급하고 있는 것은 특정한 역사적 시기라는 것, 예컨대 실재로 우리의 본래적 주제인 현대의 부르주아적 생산이라는 것을 애초부터 언명해 두어야 한다고 생각될 수 있다"(*CW*28:23).

40) 특히 헤겔의 경우 당시의 고전적 정치경제학에 대해 초기의 프랑크푸르트 시대와 예나시대를 거치면서 자기의 것으로 흡수하였고, 『법철학』에서는 정치경제학을 '학문의 영예'라고 칭송했다. G. W. H. Hegel (1942) *Philosophy of Right*, Oxford: The Clarendon Press *Philosophy of Right*, Oxford: The Clarendon Press, pp. 268ff. 참조 . 리델은 헤겔이 이미 예나시절에 정치경제학에 대해서 상당히 정통하게 되었음을 잘 보여준다. M. Riedel (1983) 『헤겔의 사회철학』, 황태연 譯, 한울, 81~82쪽 참조. 우리는 여기서 헤겔과 마르크스의 근대정치경제학 연구와 관련하여 흥미로운 사실을 발견할 수 있다. 그것은 두 사람 모두 제임스 스튜어트의 『정치경제학의 제원리에 대한 연구』의 대한 주석노트를 저술했다는 사실이다. 마르크스의 스튜어트에 대한 연구로는 『제임스 밀의 '정치경제학의 원리'에 대한 평주(Comments on James Mill, Elemens D'Economie Politique)』(*CW*3:211-228) 참조.

주의를 국가라는 정치영역만이 아닌 사회일반영역으로 확장시키고, 풍부하
게 하는 이론적 계기를 마련해 준 데서 찾아져야 할 것이다.

제3장

마르크스 정치이론의 형성과정

: 정치경제학 비판과 권리정치이론의 마주침

제3장 마르크스 정치이론의 형성과정: 정치경제학 비판과 권리정치이론의 마주침

1. 들어가며

마르크스의 사상형성을 이해하는데 있어서 소위 '인간주의'적 입장에 기반하여 『파리경제학-철학수고』등 초기저작을 강조하는 '청년 마르크스(Young Marx)'의 입장과 과학적 사회주의 이론을 정초한 『자본』등의 저작을 강조하는 '후기 마르크스(Old Marx)'의 입장이 대별되어 서구 마르크스주의를 양분해왔다는 점은 잘 알려진 일이다.[1] 이러한 양분된 입장을 좀더 세분해서 들여다보면 마르크스의 이론형성과정에 대해서, 특히 그의 초기 저작을 둘러싸고 크게 세가지의 상이한 견해가 제시되어 왔다는 것을 확인 할 수 있다.

첫번째는 과거 소련 등 사회주의권의 공식적 입장으로서 마르크스의 정치적 입장의 변화과정을 중시하는 견해이다. 이러한 주장은 대개 마르크스의 사상이 '혁명적-민주주의적 입장으로부터 과학적인 철학적-공산주의적 세계관에로 발전'했다는 식의 단선적 형태의 진화적 발전과정을 취한다.[2] 두 번째는 마르크스 초기사상에 나타나는 휴머니즘적 요소를 마르크스 사상 전체의 핵심으로 파악하는 견해이다. 노동의 인간학을 통한 소외론을 마르크스사상의 핵심으로 간주한다는 점이 주요한 특징으로서 대체로

---

1) 마르크스의 사상에 대해서 초기저작을 강조하는 인본주의적 해석과 후기저작을 강조하는 과학적 해석의 관점에 대한 자세한 소개와 그러한 분류에 대한 문제점에 대해서는 진석용 (1991)『칼마르크스의 역사이론: 사적 유물론의 형성 과정과 이론구조』, 서울대 정치학과 박사논문, 참조.

2) T. I. Oizerman (1981) *The Making of The Marxist Philosophy*, Moscow: Progress Publishers, pp. 15. ff. 및 P. N. Fedoseyev (et als.) (1989)『칼 마르크스 전기』, 김라합 譯, 소나무, 참조.

46

서구의 비판적 마르크시즘이 이러한 생각을 대변한다.[3] 세 번째는 마르크스의 초기저작과 후기저작의 인식론적 단절을 강조하는 알뛰세 등의 구조주의적 마르크스주의의 견해가 있다.[4]

그러나 마르크스의 사상형성에 있어 초기 저작의 지위는 전기와 후기의 대립, 또는 단순히 진화적인 발전으로 이해되어서는 안되고, 그 연속성은 무엇이며, 단절성은 무엇인가, 그리고 그 연속과 단절사이에 놓여진 이론적 긴장을 규명하는 가운데 구체적으로 고찰될 때만 올바르게 이해될 수 있다.[5] 또한 위의 제 견해들의 경우 어떤 특정 저작만을 마르크스 사상의 핵심인양 특화시키는 문제점을 드러내고 있으며, 특히 마르크스의 정치사상 형성에 있어서 결정적으로 중요한 계기라 할 수 있는 〈라인신문〉에서의 정치활동 등은 이상하게도 취급되고 있지 않다.[6] 이러한 이유로 마르크스주의 연구에서 초창기 저작을 다룬 연구들에 있어서 발생하는 두 가지 문제점, 즉 "첫째는 마르크스가 초창기때 관념론자며 헤겔리안, 또는 철학자였다는 사실에는 대개가 동의함에도 불구하고, 정작 헤겔리안이라는 호칭이 갖는 특징에 대해 정확히 성격규정 하거나, 또는 정의하려는 시도가 거의

---

3) G. Lukacs (1971) "Preface to the Second Edition," *History and Class Consciousness*, Cambridge: The MIT Press 및 E. Fromm (1983) 「마르크스의 인간개념」, 김창호 譯, 『마르크스의 인간관』, 동녘, 참조.

4) '인식론적 단절'에 대한 알뛰세의 주장으로는 L. Althusser (1977) "Marxism and Humanism," For Marx, London: NLB, pp. 227ff. 참조.

5) 마르크스의 초기이론형성과정과 관련하여 김세균은 초기 저작과 『자본』등 '후기'저작들과의 '단절'의 계기를 승인한다. 김세균은 그러나 그 '단절'이 알뛰세가 말한 것처럼 그 이전의 이론발전과는 무관한 어떤 새로운 요소가 갑자기 등장한 것이 아니라, 이론형성과정의 다양한 방향들이 하나로 묶어져 그 이전의 이론적 경향들을 결론지음으로써 이를 토대로 문제제기가 새롭게 행해진 것으로 이해되어야 하는 것으로 파악한다. 김세균 (1989) 「마르크스의 국가관」, 『哲學』 제31집, 한국철학회, 51~52쪽 참조.

6) 정문길은 마르크스가 〈라인신문〉을 통해 청년헤겔진영, 특히 바우어와의 차별점이 더욱 두드러지게 나타났으며, 정치와 사회에 대한 새로운 안목을 지니게 되었다는 사실을 강조한다. 정문길 (1984) 「마르크스의 초기사상형성에 미친 청년헤겔파의 영향」, 이홍구 編, 『마르크시즘 100년: 사상과 흐름』, 문학과 지성사, 참조.

없다는 점, 둘째는 마르크스가 이러한 초창기의 입장으로부터 후기의 '성숙한' 또는 '과학적인 입장'으로 전화했다는 사실에는 마찬가지로 대부분이 동의함에도 불구하고, 그러한 이론적 전환의 성격에 대해서는 별다른 토론이 없다"[7]는 G. 티플의 언급은 상당히 설득력 있는 지적이다.

이 글은 마르크스 정치사상의 핵심을 적출(摘出)하기 위해 그 자신의 육성, 특히 그가 직접 기술한 개인적 연구사를 먼저 면밀히 분석하는 것에서부터 시작하고자 한다. 그런데 이러한 연구사는 마르크스의 전 저작을 통틀어 오직 1859년 「정치경제학 비판 서문」(이하 「서문」)에만 기록되어 있다. 여기서 그는 자신에게 정치경제학에 대한 연구의 단초를 제공한 계기가 「서문」이 발간된 1859년보다 훨씬 전인 1842/43경이었다는 사실을 적시한다. 「서문」에서의 이러한 서술내용이 이 글의 문제의식에 비추어 중요한 것은 이처럼 마르크스 스스로 자신의 정치경제학 연구에 대한 동인이 이미 1842/43년 『라인신문』 활동을 통해 마련되었다고 언급한 사실 때문이다. 마르크스는 이미 자신의 정치활동 초창기에 근대부르주아 사회에 대한 정확한 독해의 필요성을 체험했다. 요컨대, 1842/43년 〈라인신문〉의 활동은 마르크스에게 이후 자신의 정치사상의 전 범위를 규정지을 만한 주요한 이론적 동인을 한꺼번에 제기한 셈이다.[8]

1842년 〈라인신문〉에서의 활동을 통해 부딪쳤던 정치경제학 연구에 대한 실제적 동인들, 다시 말해서 이미 〈라인신문〉시절부터 소위 '물질적 이해관계'에 맞물린 문제들에 대한 마르크스의 정치적 논의를 정확히 규명하는 것이 이후의 마르크스의 사상형성과정을 이해하는데 있어 대단히 중요하다. 마르크스의 사상형성과정에 있어서 〈라인신문〉에서의 활동과 같이

---

7) G. Teeple (1984) *Marx's Critique of Politics* 1842-1847, Toronto: University of Toronto Press, p. 5.

8) 엥겔스는 훗날 마르크스가 〈라인신문〉에서 활동을 통해, 즉 삼림도벌법과 모젤 농민들의 상태에 관한 문제들에 손을 대면서 단순한 정치적 관심에서 경제관계로 옮아가게 되었으며, 따라서 사회주의로 향하게 되었다고 말하는 것을 종종 들은 것으로 회상했다. P. N. Fedoseyev Fedoseyev, P. N. (et als.) (1989) 『칼 마르크스 전기』, 김라합 譯, 소나무, 62.~63쪽 참조.

경제적 연구와 정치적 연구사이의 마주침의 계기가 여러 번 존재하는데, 그러한 마주침이 소위 '경제적 현상에 대한 정치적 독해'라는 통일된 관점으로 훗날 집약되는 대표적 저작이 『자본』이라고 할 수 있다.

마르크스 사상의 전 범위와 발전의 궤적을 돌아볼 때, 이처럼 경제적 연구와 정치적 연구사이의 마주침을 통해 마르크스의 사상내에서 상당한 이론적 긴장이 발생함을 확인할 수 있다. 이 글은 이러한 이론적 긴장을 오히려 정당한 것으로 취급한다. 정작 중요한 문제는 마르크스가 그 이론적 긴장을 해소해나가는 방식이다. 마르크스의 다양한 이론, 특히 경제이론과 정치이론이 서로 환원 혹은 종속되지 않는 가운데서도 어떤 유기적 관련성을 맺고 있는가, 그러한 유기적 관련성을 어떻게 이론적으로 개념화 할 수 있는가, 그리고 이러한 유기적 관련성이 발생하게된 주요한 이론적 계기란 무엇인가를 마르크스 초기 저작의 독해를 통해 규명하려는 것이 이 장의 주된 목적이다.

2. 1842/43년 <라인신문 *Rheinische Zeitung*>에서의 활동: '권리의 정치이론' 형성을 위한 최초의 충격

마르크스는 1842년 2월초에 쓰여진 「최근의 프로이센 검열훈령에 대한 논평 Comments on the Latest Prussian Censorship Instruction」이라는 글을 통해 자신의 첫 정치활동을 개시하지만, 본격적인 활동은 〈라인신문〉에의 기고를 통해서 이루어진다. 〈라인신문〉의 편집장 일을 맡아보면서, 마르크스는 대략 24편의 글을 기고했는데, 그 중 본 기사가 20편, 4편은 편집자 주(註)의 형식을 띠고 있다.

기사의 내용은 주의회 의사록 공개를 둘러싸고 의회에서 전개된 논쟁, 주의회 내에서 도벌에 관한 법령의 입법을 두고 각 신분 - 계급대표들간에 전개된 논쟁, 모젤지방의 포도재배농민과 주정부간의 분쟁 및 자유무역과 관련된 사안을 다룬 기사, 그리고 그밖에 이혼법 등 정부의 정책을 비판한 기사와 정치적 사안에 대해 여타 신문들과 벌인 논쟁 등이 주종을 이룬다. 이 가운데 본 글에서는 마르크스가 언론자유를 비롯한 도벌법 논쟁에서 민중들의 권익을 처음으로 대변하기 시작한 「제6차 라인주의회 의사록 - 제1논설: 언론자유와 주(州) 신분의회 의사록의 공표에 대한 토론 Proceedings of the Sixth Rheine Province Assembly: First Article. Debates on Freedom of the Press and Publication of the Proceedings of the Assembly of the Estates」과 「제6차 라인주의회 의사록 - 제3논설: 도벌법에 관한 논쟁 Proceedings of the Sixth Rheine Province Assembly: Third Article Debates on the Law on Thefts of Wood」, 「모젤지방통신원에 대한 변호 Justification of the Correspondent from the Mosel」 등의 글과 그리고 프랑스나 영국 등 자본주의가 급속히 발전해 나가던 그러한 나라들에서 발생하기 시작한 초기 원시적 공산주의 운동에 대해 관심을 표명한 「공산주의와 아우크스부르크 〈알게마이네짜이퉁〉」이라는 기사를 중심으로, 이들이 훗날 그의 사상형성에 끼친 정치적 충격의 관점에서 고찰하도록 하겠다.

먼저 1859년 「서문」에서 마르크스는 자신이 물질적 이해관계에 대해서 한마디 해야만 했으며, 이처럼 한마디 해야만 했던 상황이 자신의 경제학 연구의 첫 계기가 되었다고 밝히고 있다. 물론 나중에야 이러한 발언의 기회가 경제학 연구의 첫 출발점으로 회고될 수 있을 지 모르지만, 당시 〈라인신문〉에서의 마르크스의 논설은 일련의 대담한 정치적 발언이었다. 이러한 정치적 발언은 프로이센 검열당국의 심기를 몹시 불편하게 했고, 결국 〈라인신문〉에 대한 검열사태가 급기야 나중에 그를 공적 무대에서 퇴장하게 만드는 결정적 계기로 작용했다. 이러한 일련의 과정에 대해 마르크스는 「서문」에서 다음과 같이 적고 있다.

나의 전공은 법학이었으나, 나는 그것을 단지 철학 및 역사를 연구하는 외에 부차적 학과로서 연구하였을 뿐이다. 1842/43년에 처음으로 나는 〈라인

신문〉의 편집자로서 이른바 물질적 이해에 대해 한 마디 해야만 하는 곤란
에 처하게 되었다. 삼림도벌과 토지소유의 분할에 관한 라인주의회의 의사
록, 그 당시 라인지방의 주지사였던 폰 샤퍼씨가 모젤 지방 농민들의 상태
에 대해 〈라인신문〉과 벌였던 공적인 논쟁, 그리고 마지막으로 자유무역과
보호관세에 대한 토론 등이 내게 경제문제들에 관심을 기울이는데 최초의
동인을 제공하였다(*CW*29:262).

그렇다면, 전공이 법학임에도 그것보다 오히려 철학 및 역사에 대해 지
대한 관심을 기울이던 〈라인신문〉의 젊은 편집자 마르크스를 곤혹스럽게
했던 논쟁에 대해서 살펴보도록 하자.

마르크스는 '물질적 이해에 대해 한 마디'하기 전에 이미 〈라인신문〉에
기고한 몇 편의 기사로 프로이센 검열당국과 심각한 긴장관계에 돌입해 있
었다. 그의 본격적인 기고활동은 1842년 5월19일, 「제6차 라인주의회의사록
─제1 논설: 언론자유와 주 신분의회 의사록의 공표에 대한 토론」에 관한
기사가 그 신문에 인쇄되면서 시작되었다. 같은 기사에서 마르크스는 프로
이센 국가의 시대착오적 '검열훈령'에 대해 격렬히 비판했다. 그는 '언론의
자유'야말로 자유의 척도이며, 그 시대의 인민의 상태와 권리의 향유수준을
나타내는 것이라고 주장했다.

마르크스가 언론의 자유라는 정치적 권리옹호를 자신의 정치활동의 제1
성(第一聲)으로 터트렸다는 사실은 정치는 권리로 형상화된다라는 훗날의
권리정치이론에 일관되게 흐르는 문제의식의 일단을 드러낸 것이라 할 수
있다. 이 논설에서 마르크스는 언론의 자유가 신분제적 프로이센 국가의 권
리, 사실상의 특권인 검열의 권리가 인민의 일반적, 보편적 권리인 언론의
자유에 반하는 것임을 그리고 원리적으로 이러한 "검열이라는 부자유가 언
론의 자유보다 우선할 수 없다"(*CW*1:145)라고 주장한다. 나아가 진정한 검
열의 자격은 국가의 독단적, 행정적 개입이 아니라 오직 언론의 자유로운
'비판'9)에 의해 공개적으로 다루어 질 때 획득될 수 있는 것임을 역설한다.

---

9) "검열은 투쟁을 없애는 것이 아니라 그것을 일면적으로 만들며, 공개적인 투쟁

신분의회 의사록의 **공표**(publication)는 그것이 '공적 사실'로 다루어 질 때, 다시 말하면 언론의 대상이 될 때 비로소 하나의 진리가 된다 (*CW*1:136).

마르크스는 언론자유가 무제한적으로 보장되어야하는 자유일반의 상태이자 그것의 본성으로 간주하며 그 일반적 원리가 **"완전 공개"**(*CW*1:149)의 원칙에 있음을 주장한다. 그러나 정작 언론의 자유뿐 아니라, 그러한 정치적 자유의 형식을 빌어 무엇을 말할 것인가라는 정치적 내용의 문제가 제기될 때, 이제는 단지 언론의 자유 그 자체가 아니라 그러한 자유를 통해 어떤 정치적 입장, 정확히 누구의 권익을 옹호할 것인가가 보다 주요한 쟁점으로 부각된다. 언론의 자유의 문제 역시 이제 이념적 차원에서가 아니라 사회적, 정치적 판단의 차원에서 그 시험대에 오른다. 이러한 문제제기는 언론의 자유를 '망원경'에 비유한 다음과 같은 마르크스의 독특한 표현을 통해 설명될 수 있다.

마르크스는 「제6차 라인주의회회의사록. 제1 논설 언론자유와 주 신분의회 의사록의 공표에 대한 토론」에 실린 「언론의 자유에 관한 첫 번째 논설」에서 도시신분출신의 연사가 "만일 저 나라(프랑스를 가리킨다)에서 볼 수 있는 영원히 변화무쌍한 현실이나 불안스런 미래의 불확실성이 헌법 및 언론자유와 어떻게 관련되어 있는 가를 안다면, 그러한 헌법과 헌법자유에 대한 공감은 필연적으로 약화될 것이 틀림없다"라고 발언한 것에 대해 다음과 같이 논평한다.

천문학자의 망원경이 끊임없는 천체의 운동에 아무런 책임이 없는 것과 마찬가지로 언론의 자유가 '변화무쌍한 현실'을 만들어 내는 것은 아니다. 나쁜 천문학 같으니라구!(*CW*1:170)

을 은밀한 투쟁으로 전환시킬 뿐 더러, 원칙들간의 투쟁을 힘없는 원칙과 원칙없는 힘과의 투쟁으로 변질시킨다. 언론자유의 본질자체에 근거한 진정한 검열은 비판(criticism)이다. 비판은 자기자신이 스스로 행하는 재판이다. 검열은 정부의 독점으로서 비판이다"(*CW*1:159).

바로 도벌법과 토지분할 문제를 둘러싼 주의회의 논쟁은 마르크스에게 이제 단지 '망원경'의 문제가 아니라 그가 위에서 말한대로 소위 '변화무쌍한 현실'문제에 개입하도록 만들었다. 마르크스는 〈라인신문〉에 기고한 「제6차 라인주의회의사록 제3논설: '도벌법'에 관한 논쟁」에서 처음으로 물질적 이해관계를 둘러싸고 전개되는 상이한 사회계급들간의 갈등이 권리투쟁으로 현상하게 되는 그러한 사태를 목격한다. 여기서 갈등하는 권리의 내용이란 하나는 산림소유자들의 '영업권'이며 다른 하나는 도벌자(盜伐者)인 빈한한 농민들의 '생존권'이다.

마르크스는 라인주의회가 도벌꾼을 처벌하는 법령의 제정과정에 산림소유자들의 탐욕과 사적 이기심이 어떻게 반영되는지에 대해서 자세히 고찰한다. 마르크스에 따르면 도벌법에 "목재절도"라는 표제가 붙게 되면 "살아있는 푸른 목재를 훔치는" 본래적 의미의 도벌만이 아니라 "**떨어진 나뭇가지를 좀도둑질**하거나 또는 마른 목재를 주워 모으는 것조차 절도라는 이름아래 포함되고 그것과 마찬가지로 중죄로 처벌"(*CW*1:225)받게 된다는 것이다. 마르크스는 먼저 살아있는 푸른 나무의 도벌과 나뭇가지를 주워 모으는 것을 동시에 불법화하는 '도벌법'은 법리적으로 잘못된 것임을 두 행위의 차이를 통해 지적한다.

> 마른 나뭇가지 주워 모으기와 본래적 의미의 도벌! 하나의 규정이 둘 모두에 공통된다. 타인의 목재를 자기 것으로 만든다는 것이 바로 그것이다. 따라서 둘 다 모두 절도이다. 그 다음은 방금 법률들을 제정하였던 현명한 논리가 요약해 준다. 그러므로 우선 차이에 대해 주의를 환기시켜 보자. 두 행위가 그 본질에 있어서 상이한 것으로 인정된다면, 그 두 가지 행위가 법률적 견지에서 동일한 것이라고 주장해서는 안될 것이다. 자라나는 목재를 자기 것으로 하기 위해서는 목재를 그것의 유기적 연관으로부터 강제로 분리시켜야 한다. 이것이 나무에 대한 명백한 유린행위인 것과 마찬가지로 그것은 나무소유주에 대해서도 분명한 범법행위이다(……)따라서 벌채된, 다시 말해서 가공된 목재를 훔치는 사람은 재산을 훔치는 것이다. 그것에 반

해 나뭇가지를 주워 모으는 것에서는 아무 것도 재산으로부터 분리되지 않는다. 소유로부터 분리될 수 있는 것이란 단지 소유물로부터 진작에 분리된 것일 뿐이다(……)이러한 본질적인 차이들을 무시하고 당신들은 그 양자를 절도라고 명명하고 양자를 절도로 처벌한다. 사실상, 당신들은 나뭇가지 주워 모으기를 도벌보다 더 중죄로 처벌한다. 왜냐하면 당신들은 나뭇가지 주워 모으기를 하나의 절도(theft)로 공언함으로써 이미 그것을 처벌하기 때문인데, 이러한 절도규정은 당신들이 도벌 자체에 대해서조차 공개적으로 내리지 않았던 처벌이다. 당신들은 도벌을 목재살해라고 명명하고 그것을 살해행위로 처벌해야 할 것이다(*CW*1:226-227).

따라서 마르크스에게는 '단순한 나뭇가지 줍기'까지 절도죄로 처벌하는 그러한 '도벌법'이야말로 삼림소유자의 극도의 탐욕과 사적 이기심의 발로라는 것이외에는 달리 설명할 방도가 없다. 삼림소유자들은 '나뭇가지 줍기'라는 도벌행위(?)에 대한 단순배상에 더해 그것의 판매로부터 파생될 수익까지 계산하여 도벌자인 빈한한 농민들에게 4배, 6배 또는 8배의 벌금, 거기에다가 특별한 손해배상금까지 청구하고, 나아가 이들의 인신구속권까지 요구한다. 한마디로 삼림소유자에게 '도벌법'은 목재 뿐만 아니라 목재장사까지 보증해 주어야 하는 것이다.

목재절도범은 삼림소유자에게서 목재를 훔쳤지만, 삼림소유자는 목재절도범을 이용하여 **국가자체**를 훔친다. 이것이 문자 그대로 얼마나 진실인가를 동법 제19조(條)는 잘 증명해 주고 있다. 즉 사람들은 벌금을 요구하는데서 그치지 않고 피고의 **육체와 생명**까지 요구한다. 제19조에 따르면 도벌자는 삼림소유자를 위해 수행되어야 할 **삼림노동**을 통해 완전히 삼림소유자의 수중에 놓이게 된다(*CW*1:253).
단순가치와 손해배상을 요구할 권리는 삼림소유자에게 도벌자에 대한 **사적 청구**만을 부여한다는 것은 명백한 일이며, 따라서 그 청구의 실현을 위한 민사법정의 문이 그에게는 활짝 열려있다. 도벌자가 지불할 수 없다면 삼림소유자는 지불불능의 채무자를 갖고 있으며, 따라서 잘 알려진 바와 같이 그는 채무자에게 강제노역, 부역을 통한 봉사, 한마디로 **일시적인 농노상태**

를 요구할 아무런 권리도 부여되지 않는다. 그렇다면 무엇이 삼림소유자에게 이와 같은 요구권을 부여하는가? 그것은 **벌금**이다(……)삼림소유자는 벌금에 의해, **도벌자의 인신**까지도 사취한다(*CW*1:255).

결론적으로

삼림소유자의 의지는, 편의대로 그리고 자신의 성미에 가장 맞고 가장 비용이 들지 않는 방식으로 도벌자를 마음대로 다룰 수 있는 자유를 요구하며, 이러한 의지는 국가가 범법자를 삼림소유자의 재량에 맡기기를 원한다. 그 의지는 **전권**을 요구한다(*CW*1:244).

반면에 나뭇가지를 줍는 사람들, 라인주의회가 제정하려는 도벌법에 따르면 목재절도자로 분류되는 그러한 농민들의 목재채취권은 어디에서 비롯되는가. 그것은 공동체의 권리이자 과거 역사로부터 농민의 정당한 권리로 인정되어온 관습법에서 나오는 것이다. 채취한 목재가 농민들의 땔감, 즉 연료로 쓰인다는 것을 감안할 때 이러한 목재채취권은 농민들의 생존권을 구성하는 정당한 관습적 요구였다. 독일내에서의 공동체와 그것의 관습적 권리에 관한 역사적 연구는 훗날 엥겔스의 마르크공동체에 대한 연구로 더욱 구체화됨과 동시에 새로운 지반 위에서 고찰되는데, 여기서 게르만 공동체인 마르크 구성원들인 농민들의 권리는 이러한 목재채취권보다 훨씬 광범위하고 풍부한 것이었다. 마르크스는 이러한 권리를 "다양한 **게르만**의 권리들이 그것을 구성하는 가장 비옥한 원천으로 간주될 수 있는 **빈민들의 관습권**으로서의 인민적인 관습적 권리(popular customary rights)"(*CW*1:235)로 규정한다.

우리들 비영리적인 사람들은 가난하고 정치, 사회적으로 가진 것이 없는 대중을 위해서(……)관습권리들을 요구한다. 그것도 한 지역에 국한되지 않는 관습권, 모든 나라에서 빈민의 관습권리인 그러한 **관습적 권리**들을 요구한다. 우리는 더 나아가서 관습권리는 **오직** 그 본성상 이러한 최하층의, 기층의 무산자 대중의 권리일 수 있을 뿐이라고 주장한다(*CW*1:230).

지금까지의 논의를 통해 마르크스가 자신의 정치활동 초창기부터 기층민중의 권리를 옹호하고 있으며 이것을 사적 이해의 추구를 자신의 목적으로 하는 상업신분 및 지주귀족의 이익과 대비시켰음을 알 수 있다. 다시 말해서 권리정치이론의 맹아가 싹 트고 있는 것이다. 하지만 그는 사적 소유의 권리야 말로 근대부르주아 사회의 태반에서 그 자체로 자라난 '실정적 권리'(Real Rights)임을 아직 명료하게 파악하고 있지 못하다. 왜냐하면 "인간의 권리를 어린 나무의 권리 앞에 무릎꿇게"(*CW*1:226)만들고, "목재를 라인주민들의 물신"(*CW*1:263)으로 만든 그러한 상황이란 라인주만의 특수사례가 아니었기 때문이다. 오히려 사적 이해라는 특수이익에 의해 근대사회의 일반이익체인 국가가 조직되고 있음을, 따라서 사회가 그러한 요구에 맞추어 변화되고 있음을 마르크스는 인식하지 못하고 있는 것이다. 한마디로 근대부르주아 사회에 대한 문제설정이 부재하다고 할 수 있다.

마르크스는 삼림소유자들의 무제한의 권리요구가 체화된 도벌법이 "자기에게 중요한 단 하나, 즉 자기자신만을 잊지 않는"(*CW*1:247) 사적 이기심에서 비롯된 것으로 파악하지만, 동시에 그것이 국가의 법적, 보편적 의지에 반하는 특수이해를 대변한 것으로 이해한다. 그는 삼림소유자들의 사적 이기심(利己心)을 '법의 원칙' 혹은 '국가이성'이라는 보편이익에 반하는 '천박한 유물론'이라고 부른다.

> **천박한 유물론**. 즉 민중과 인류의 신성한 정신에 대항하는 이러한 죄악은 〈프로이센 국가신문〉이 입법자에게 다음과 같이 설교한 교의의 직접적인 결과이다. 즉 목재법에서는 목재와 삼림만을 생각하고 개개의 실질적 과제를 **비정치적으로**, 즉 온전한 국가이성 및 국가윤리와 연관시키지 않고 해결하라고 설교하는 교의가 그것이다.(*CW*1:262)

그렇다면 주 신분의회의원들은 마르크스가 '합법적'이라고 말하는 주 전체의 이익의 대변에 앞서 그들 자신의 이익만을 요구했던 것일까? 오히려 신분의회의원들은 자신들의 특수이익의 대변이 주 전체의 이익을 대변하는 것이라고 생각하지 않았을까? 위에서 살펴본 바와 같이 주 의회의원들이 도벌법을 빈민들에게 그토록 가혹하게 제정한 사태가 과연 그들의 '비뚤어진 양심과 이기심'의 소산인가? 마르크스가 훗날 1859년 「서문」에서 '자신을 곤혹스럽게 만든 문제'라고 언급한 일단에는 이러한 의문들이 내재해 있었다고 할 수 있다.

한편, 마르크스가 이미 정치활동 초창기부터 자신의 정치적 삶의 방향과 내용에 대해 깊이 인식하고 있었던 것만은 분명하다. 그는 민중들의 권익을 옹호하고 대변하겠다는 의지를 공공연히 그리고 분명히 명시하였고, 이러한 의지가 바로 「모젤지방통신원에 대한 변호」에 나타나 있다.

> 주위의 주민들 속에서 터져 나오는 **고난**의 목소리를 직접 자주 듣는 사람은 그것을 대단히 점잖고 겸손한 비유들로 표현할 줄 아는 미학적 분별을 잃기가 쉽다. 더욱이 그러한 사람은 아마도 그가 자신의 고향에서 한시도 잊을 날 없는 그 일반화된 고난의 소리를 어떤 기회에 공개하는 것이 자신의 **정치적** 의무라고 까지 여길 일이다(*CW*1:332).

〈라인신문〉의 편집에서 손 뗀 직후 루게에게 보낸 편지에서 마르크스는 다음과 같이 말하였다.

> 민중은 결코 절망하지 않습니다. 그들이 오랫동안 그저 몽매함속에서 희망을 품어왔을 뿐이라 할지라도 여러 해 후에 언젠가는 돌연히 현명하게 되어 그들의 경건한 소망을 실현할 것입니다(*CW*3:134).

여기서 마르크스가 말하는 민중의 '경건한 소망'이란 '인간의 공동체, 즉 민주적 국가'를 의미한다.

> 인간이 정신적인 존재라고 한다면 그는 자유인이고 공화주의자일 것입니다 (……)인간의 자부심, 자유, 이것이 아마 이제 겨우 이들 인간의 가슴속에

서 다시 일깨워질 수 있을 것입니다. 그리스인에 의해 세상에 나와, 기독교
에 의해 천상의 어슴푸레한 환영속에서 사라져 버린 바로 이 느낌만이 이
사회를 다시 인간의 최고목적을 위한 인간의 공동체, 즉 민주적 국가로 회
복시킬 수 있습니다(*CW3*:134).

마르크스가 자유언론을 통해 도벌법과 토지분할문제로 야기된 모젤지방
포도재배농민들의 비참한 생활상과 이에 대한 주 정부의 직무유기를 고발
하며 민중들의 권익을 옹호하려 했을 때 〈라인신문〉은 그 짧은 생을 마감
하기에 이른다.[10] 그러나 한편으로 마르크스는 이러한 물질적 이익과 관련
된 투쟁이 어디에서 비롯되고 있는 지에 대해서 명확히 밝히지 못하고 있
다. 이러한 이유로 그는 문제의 해결책을 '이성적 국가'나 '법의 정신'에 호
소한다.[11] 마르크스는 아직도 이러한 사적 이해 일반을 국가가 대변하고

---

10) 〈라인신문〉의 폐간은 광범위한 항의의 물결을 불러 일으켰다. 라인주에서는 이
　　조치의 철회를 얻어내기 위하여 프로이센 왕에게 보내는 청원서가 작성되었고,
　　쾰른에서는 순식간에 천 명이 서명하였다. 마르크스가 그 신문에서 열정적으로
　　그들의 이익을 대변한 모젤의 농민들도 청원서를 보내왔다. 그들은 청원서에서
　　다음과 같이 기록하였다. "〈라인신문〉이 허위사실을 유포하고 당국을 비방했는
　　지 그렇지 않은지 우리는 모릅니다. 그러나 그 신문이 우리 지역이나 우리의 처
　　지, 우리의 행정이나 우리의 운명에 대해서는 오직 진실만을 말했다는 것을 우
　　리는 알고 있습니다"(*Trier'sche Zeitung*, 2 Marz, 1843, 1) P. N. Fedoseyev
　　(et als.) (1989)『칼 마르크스 전기』, 김라합 譯, 소나무, p. 60에서 재인용.
11) 김세균은 마르크스가 〈라인신문〉에 활동하면서 부딪친 가장 핵심적인 문제가
　　국가/법과 그리고 시민사회의 관계에 대한 문제였다는 점을 지적하며, 마르크
　　스가 최초로 대변한 국가관이 헤겔의 국가관을 거의 이어받은 소위 '내적 중력
　　명제'에 입각한 것임을 밝힌다. 김세균 (1989)「마르크스의 국가관」,『哲學』
　　제31집, 한국철학회, 52~53쪽 참조. 이러한 주장과는 달리 파인은 헤겔의 이
　　론적 기획이 근대적 '대의제 정부' 비판을 통해 정치적 급진주의의 토대를 재
　　구축한 것으로 간주하며, 마르크스의『자본』이 정치경제학 비판의 과학적 토
　　대를 제공한 것처럼, 헤겔의『법철학』은 정치학의 측면에서 부르주아 정치체
　　제에 대한 급진적 비판의 토대를 제공한 것으로 평가한다. R. Fine (1995)
　　"Hegel's Philosophy of Rights: Transitions and Emancipatory Claims
　　in Marxian Tradition," in W. Bonefeld, R. Gunn, J. Holloway &
　　K. Psychopedis(eds.), *Emancipating Marxism: Open Marxism Vol. III*,
　　London: Pluto Press, 1995, 참조.

있고, 아니 정확히 이러한 사적 이해의 원리가 시대정신임을 그리고 헤겔이 이러한 사적 소유의 원리로 조직되는 보편이성으로서의 근대 부르주아국가의 청사진[12]을 그리고 있음을 보지 못하고 있는 것이다. 〈라인신문〉에서의 활동이 마르크스에게 새로운 이론구성을 자극하는 지적 충격을 가한 것에는 틀림없지만, 이 당시의 마르크스의 정치사상은 근대 부르주아 사회에 대한 문제설정, 즉 정치경제학의 비판과 권리의 정치이론이 결합되는 유기적 구성의 형태를 갖추고 있지 못한 것 역시 사실이다. 마르크스는 1859년 「서문」에서 이러한 정치와 경제의 마주침의 문제들에 대해서 인식하지 못한 당시의 자신의 이론적 곤혹스러움의 일단을 앞에서 살펴본 물질적 이해관계에 대해 발언해야만 했던 사정과 함께 다음과 같이 표현하고 있다.

> 다른 한편, '더욱 더 나아가려는' 선한 의지가 종종 전문지식을 대신했던 그 시기에, 옅은 철학적 색채를 띤 프랑스 사회주의와 공산주의의 메아리를 〈라인신문〉에서 들을 수 있었다. 나는 이러한 미숙함에 대해 반대를 표명하였으나 동시에 아우크스부르크 〈알게마이네 짜이퉁〉과의 어떤 논쟁에서, 나의 당시까지로의 연구로는 그 프랑스 사조들의 내용자체에 대한 그 어떤 판단도 감히 내릴 수 없다는 것을 솔직히 고백하였다. 오히려 나는, 신문의 입장을 완화함으로써 신문에 내려진 사형선고를 철회시킬 수 있다고 믿었던 〈라인신문〉 경영자들의 환상을 기꺼이 이용하여 공개적인 무대로부터 서재로 물러앉았다(*CW*29:262).

위에서 언급된 "어떤 논쟁"이란 마르크스가 1842년 10월에 〈라인신문〉에 쓴 「공산주의와 아우크스부르크 〈알게마이네짜이퉁〉 Communism and the Augsburg *Allgemeine Zeitung*」이라는 기사를 말한다. 이 논쟁은 「서문」에서 마르크스가 잠간 언급한 바 있지만, 다음과 같은 과정을 통해 촉발되었다.

---

12) 근대적 국가를 포괄하는 부르주아 사회전체의 실정성에 바탕을 둔 정치적 이해가 헤겔 『법철학』의 주된 구상이다. 헤겔의 시민사회와 근대부르주아 국가의 유기적 연관성에 대한 논의로는 M. Riedel (1983) 『헤겔의 사회철학』, 황태연 譯, 한울, 참조.

'옅은 철학적 색채를 띤 프랑스 사회주의와 공산주의의 메아리'를 담고 있는 바이틀링의 소위 '베를린의 가족의 집'에 관한 한편의 공산주의적 논설을 마르크스가 〈라인신문〉 문예오락란에 게재했다. 여기에 "이 시대에 중요한 문제의 역사에 대해 흥미를 갖지 않을 수 없다"는 논평을 붙인 것에 대해 〈아우크스부르크 알게마이네 짜이퉁〉지(紙)가 "이러한 씻지 않은 더러운 재료를 추천의 말을 붙여 독자들에게 제공하고 있다"(CW1:215)고 비난하고 나섰다. 마르크스는 기본적으로 당시의 유럽의 공산주의 사조에 대해 "하나의 독단적 추상"(CW3:142)이라고 말하면서 부정적 입장을 취했지만, 그러한 사조가 생겨나게 된 배경에 대해서는 관심을 갖고 지켜봤다. 이러한 이유로 그는 〈알게마이네 짜이퉁〉과의 논쟁에서 공산주의가 '유럽에서 가장 심각한 시사문제'라는 점은 인정했다.

> 오늘날 아무 것도 소유하지 않은 신분이 중간계급의 부에 참여할 것을 요구하고 있다는 것은 슈트라스부르그의 연설 없이도 그리고 아우크스부르크 신문의 침묵에도 불구하고 맨체스터, 파리, 리용의 길거리의 누구에게도 명백한 사실이다(CW1:216).

마르크스가 유럽의 많은 도시들 가운데 유독 파리, 맨체스터, 리용 세 도시를 언급한 것은 우연이 아니었다. 왜냐하면 맨체스터는 당시에 영국 노동자 정치조직인 챠아티스트 운동의 중심지에 속했고 파리와 리용은 노동자 계급의 운동이 대륙에서 가장 활발한 지역이었기 때문이었다. 많은 유럽인들이 1831년과 1834년에 있었던 리용견직공들의 봉기를 아직도 생생하게 기억하고 있었기 때문에, 마르크스는 자신의 부정적 평가에도 불구하고 노동자 운동이 공산주의 사상과 연관되어 있다는 점, 이러한 운동이 앞에서 말했던 물질적 운동과 관계된 것임을 어렴풋하게 나마 짐작할 수 있었다. 결국 이러한 문제의식이 그로 하여금 헤겔의 법철학과 1793년 프랑스 혁명헌법에서 드러난 부르주아적 정치체제와 부르주아적 권리체계에 대한 전면적 비판과 함께, 정치경제학에 대한 본격적인 연구로 나아가게 했다. 이처럼 독일 고전철학의 지적 전통에서는 파악할 수 없는 초기 공산주의 운동에 대한 관심의 증대로 마르크스는 '공개적인 무대로부터 서재로' 기꺼이 물러나 앉았다.[13]

3. 근대국가 및 부르주아적 권리체계 비판:「유태인 문제에 대하여 On the Jewish Question」(1844)을 중심으로

〈라인신문〉을 그만둔 후 마르크스는 당시 유럽에서 가장 민주적이고, 공화적 도시라 할 수 있는 파리로 이주했는데, 바로 이시기의 파리에서의 삶은 그의 정치적 사유를 한 단계 진전시키는데 중요한 계기로 작용했다. 파리에서의 그의 정치활동은 『독불연보 *Deutsch-Französische Jahrbücher*』와 〈전진 *Vorwärts!*〉이라는 저널을 통해 주로 이루어졌는데, 파리에서의 그의 활동에 있어서 무엇보다 중요한 점은 그 동안 주요한 이론적 친구들이었던 헤겔좌파의 두 중심인물인 부르노 바우어와 아놀드 루게 등과의 정치적 결별이다. 이들과의 결별은 정치적 입장상의 균열이 발생했기 때문인데, 그러한 균열이란 바로 근대국가와 시민사회를 어떻게 이해할 것인가의 문제였다. 마르크스는 이러한 문제를 '정치적인 것'과 '사회적인 것' 사이의 대립으로 정식화하는데,

---

13) 마르크스는 1843년 1월 25일자 「아놀드 루게에게 보낸 편지」를 통해, 같은 해 4월1일로 예정된 〈라인신문〉의 폐간을 앞두고 사임을 결심하면서 이 신문 편집 국장으로서의 심경을 다음과 같이 밝히고 있다. "그 어느 것도 나에게는 놀라운 일이 아닙니다. 귀하는 검열지침에 대한 나의 생각을 당초부터 알고 계실 것입니다. 나는 이제 그 결과를 목격할 뿐입니다. 〈라인신문〉의 폐간을 정치적 의식의 명백한 진전이라고 보기에 나는 사임하려고 합니다. 더욱이 나는 이러한 분위기에서 질식할 지경입니다. 자유를 위해 노예와 같이 일해야 하고 몽둥이 대신 바늘로 찌르는 성가신 일(pinprick)과 싸워야 한다는 것은 견딜 수 없는 일입니다. 나는 위선과 어리석음, 지긋지긋한 전횡, 그리고 우리들의 굴욕, 나아가 문장을 깎고 굴리고 다지는데 진력이 났습니다. 결론적으로 말해 정부는 나에게 나의 자유를 되돌려 준 셈입니다"(CW1:397).

필자는 이 가운데 마르크스가 이해하는 소위 '정치적인 것'의 문제설정이 〈라인신문〉시기와는 매우 중요한 차이를 보인다는 점에 주목하고자 한다.

〈라인신문〉시기의 마르크스에게 정치적 문제의 핵심은 독일의 정치현실을 비판하는 것이었다. 그는 프로이센 국왕제를 여타의 유럽국가들의 정상적 발전에서 일탈된 예외적 세계로 간주한다. 마르크스는 나아가 한편으로는 이러한 프로이센 국왕제의 불합리성을 '관료제' 비판과 연결시키며, 다른 한편으로는 이러한 비합리성을 치유할 대안으로서, 즉 이러한 프로이센 국왕제에 민주공화제의 기운을 불어 넣어줄 요소를 '자유언론'의 존재에서 찾는다.

> 그러므로 통치자와 피치자는 곤란을 해결하기 위해서 똑같이 **제3의** 요소를 필요로 한다. 그것은 관청의 공식적인 것이 아니라 **정치적**(political)인 것이며, 따라서 관료제적 전제로부터 출발하는 것이 아니며, 또한 그것은 마찬가지로 사적 이해와 그 필요에 직접적으로 연루되지 않은 채 **시민적인** 그러한 요소이다. **공민**(a citizen of the state)**의 머리와 시민**(a citizen)의 심장을 각각 보완하여 그들을 완결시키는 이러한 요소는 자유언론이다. 언론의 영역에서는 행정과 피치자가 각각 상대방의 원칙과 요구를 비판할 수 있다. 그러나 그때의 비판은 더 이상 종속적 관계속에서가 아니라 공민이라는 동등한 입장에서, 더 이상 **개인**으로서가 아니라 **지적인 힘**으로서, 즉 오성적 근거로서 행해지는 비판인 것이다(*CW*1:349).

이와 같이 마르크스는 근대적 민주공화제의 핵심을 '자유언론'의 존재에서 찾고 있다. 앞 절의 '도벌법 논쟁'을 통해서 살펴본 것처럼, 프로이센의 정치체제에 대한 비판을 사적 이익과 보편적 이익간의 대립의 관점, 즉 사적 이익을 신분제적 특권의 문제로 이해하고 그리고 이러한 특권에 의해 프로이센 국가가 조직되었기에 프로이센 군주제는 보편이성과 보편적 권리가 실현되는 공화제적 이상에 반하는 정치적 형식으로 설정된다. 이와 달리, 영국, 프랑스 등의 국가는 민주주의적 공화제로 국가의 보편이성이 실현된 것으로, 따라서 프로이센이 따라야 할 전범으로 자리매김된다.

속물의 세계는 **정치적 동물세계**입니다. 우리가 정치적 동물세계의 존재를 승인할 수밖에 없다면, 우리에겐 현상태를 단순히 옳다고 인정하는 것밖에 아무 것도 남지 않습니다. 야만적인 수 세기가 정치적 동물세계를 탄생시켜 길러내었고, 이제 그것은 탈 인간적 세계를 원리로 하는 수미일관된 체계로서 있습니다. 그러므로 가장 완전한 속물세계인 우리 독일은 인간을 회복시킨 프랑스 혁명의 저 뒤편에 머물러 있어야만 했습니다(……)그는 자신의 심중과 기분이 곧 프로이센 영토의, 즉 자기 국가의 기본법임을 천명했습니다. 사실 프로이센에서는 왕이 곧 체계입니다. 그는 유일한 정치적 인물이며 그의 인성이 체계를 이렇게 저렇게 결정합니다(*CW*3:137-139).

그러나 1843-44년의 파리생활은 마르크스에게 이러한 환상이 그릇된 것이었음을 잘 보여주었다. 이제 마르크스의 정치비판의 예봉은 공화제도 그 자체, 정확히 부르주아적 공화제라는 국가형태가 지닌 모순에 겨누어지게 되며, 「유태인 문제에 대하여」는 바로 이러한 정치비판의 문제를 다루고 있다. 「유태인 문제에 대하여」에서 집중적으로 다루어지는 마르크스의 부르주아 공화제도의 비판이 권리담론을 통한 비판의 형식을 띠고 있다는 점이 무엇보다 눈에 띄는 대목이다.

마르크스는 먼저 부르주아 정치혁명에 의해 조성된 근대사회의 모순, 즉 국가라는 정치적 공동체의 구성원으로서의 공민과 시민사회의 성원으로서 사인간의 분열에 대해서 논하면서, 그 '분열'을 근대사회의 이른바 '정치적 해방의 완성'으로 표현한다.

물론 **정치적** 해방이 하나의 위대한 진보이기는 하다. 그러나 그것은 인간일반의 최종적 형태인 것이 아니라 종래의 세계질서 내부에서의 인간해방의 최종적 형태일 따름이다(……)인간이 **공적 인간**(public man) 과 **사적 인간**(private man)으로 분열되는 현상, 종교가 국가로부터 떨어져 나와 시민사회로 전치되는 현상, 이것은 정치적 해방의 한 단계가 아니라 **완성**이다. 따라서 정치적 해방은 인간의 **현실적** 종교성을 철폐하지도 않거니와 철폐하려고 노력하지도 않는다. 인간이 유태인과 공민으로, 청교도와 공민으로, 종교적 인간과 공민으로 **분해되는** 현상, 이것은 공민권에 맞서는 기만도 아니요 정치적 해방에 위배되는 것도 아니다. 그것은 **정치적 해방 그 자체**(political emancipation itself)이며, 그것이 종교로부터의 해방의 정치적 방식인 것이다(*CW*3:155).

마르크스는 '정치적 해방'을 부르주아 혁명의 소산인 정치적 공민권의 실현이라는 관점에서 다루며, 동시에 근대 부르주아의 사적 소유의 제 권리가 어째서 '인권(*droits de homme*)'이라는 보편적 권리의 형태로 불려지게 되었는가에 대해서 분석한다.

> 인권(*droits de homme; rights of man*)은 그 자체로서 **공민권**(*droits du citoyen; rights of citizen*)과 구별된다. 공민과 구별되는 인간은 누구인가? **시민사회의 구성원**이외의 어느 누구도 아니다. 무슨 근거에서 시민사회의 구성원이 '인간' 그 자체이며, 무슨 이유로 시민사회의 구성원의 권리가 **인권**으로서 불리게 되는가? 이러한 사실을 무엇으로 설명할 수 있을까? 시민사회에 대한 정치적 국가의 관계, 정치적 해방의 본성으로 설명할 수 있다. 무엇보다 먼저 우리는 **공민권**과 구별되는 이른바 **인권**이란 **시민사회 구성원**의 권리, 다시 말해서 인간들과 공동체로부터 분리된 이기적 인간들의 권리이외에 아무 것도 아니라는 사실을 확인한다(*CW*3:162).

마르크스는 정치적 공화제를 '자유', '평등', '소유', '안전'을 불가침의 천부인권으로 선언한 1793년 프랑스 혁명헌법을 통해서 고찰한다. 대표적 예로 자유와 소유의 권리에 대해서 살펴보자. 마르크스는 동 헌법 제6조에 따른 자유라는 인권이 인간과 인간의 결속에 기초하는 것이 아니라 오히려 인간과 인간의 구별에 기초한다는 것, 따라서 이러한 의미의 자유란 구별의 권리임과 동시에 제약된, 즉 자기자신에게 한정되어 있는 개인의 권리라는 점을 밝히면서 다음과 같이 언급한다.

> 자유라는 인권의 실천적 적용이 바로 **사적 소유**(private property)라는 인권이다.

사적 소유라는 인권의 근간은 무엇인가?
제16조(1793년 헌법): "**사적 소유의 권리**는 각자의 재화와 수입, 각자의 노동과 근면의 과실을 **자기 의지대로** 향유하고 처분할 수 있는 모든 시민의 권리이다."
사적 소유라는 인권은 타인과의 관계는 일체 단절한 가운데 사회와도 무관하게 자신이 재산을 마음대로 향유하고 처분할 수 있는 권리, 즉 자기만의 이용의 권리이다. 앞서의 개인적 자유와 함께 그 자유의 이러한 유용이 시민사회의 기반을 형성한다. 시민사회에서 만인은 타인에게서 자신의 자유의 **실현**을 발견하는 것이 아니라 오히려 자신의 자유의 제약을 발견한다 (*CW*3:163).

마르크스는 인간의 해방을 의도한 정치적 혁명이 해방은 커녕 오히려 "민권(citizenship)과 **정치적 공동체**가 정치적 해방으로부터 소위 인권이라는 것을 수호하기 위한 **수단**으로 전락하고 공민으로서의 인간이 아니라 사적 시민(*bourgeois*)으로서의 인간이 본연의 참된 인간으로 간주"(*CW*3:164)되는 역설을 하나의 '수수께끼'(puzzle)로 표현한다. 그는 그러한 '수수께끼'를 부르주아적 정치혁명이 외표화하는 모순과 한계, 즉 정치적인 것과 사회적인 것의 대립을 통해 풀어간다.

정치적 혁명은 **시민사회의 정치적 성격도 철폐시켰다**. 정치적 혁명은 시민사회를 그것의 단순한 구성요소들로 분해시켰다. 즉 시민사회를 한편으로는 **개인들로**, 다른 한편으로는 이들 개인들의 삶의 내용, 시민적 상황을 형성하고 있는 **물질적 정신적 요소들**로 분해시켰다(······)**정치적 국가의 구성**과 시민사회가 독립적 **개인들**로 해체된 것은 **하나의 동일한 행동속에서** 완수되었다. 시민사회의 구성원으로서의 인간 곧 **비정치적 인간**은 그러나 필연적으로 자연적 인간으로 나타난다. **인권은 자연권**(*droits naturels*)으로 나타나는데, 그 이유는 **자기의식적 활동**(conscious activity)은 **정치적 행위**(political act)에 집중되기 때문이다. 이기적 인간은 해체된 사회의 **수동적** 결과 내지 그저 **주어져 있는** 결과요, **직접적 확실성의 대상**이요, 따라서 **자연적 대상**이다. **정치적 혁명**은 시민적 형태의 사회적 삶을 그 구성요소로 해체시켰으나 그 구성요소 자체를 **혁명화**하고 비판의 대상으로 삼지 못했다. 정치적 혁명은 **자신의 존립의 기반**, 더 이상 근거 지워질 수 없는 **전제**, 따라서 자신의 **자연적 기초**를 대하듯이 시민사회 즉 욕구, 노동, 사적 이익, 사적 권리의 세계를 대한다(*CW*3:166-167).

부르주아적 권리인 소위 '인권'이 인간의 합자연적 존재형태라는 식의, 인권이 실정적 권리(혹은 실정법)의 지위를 획득함에 따라 사회일반의 보편적 지위를 참칭하는 사태에 착목한 마르크스는 향후 전개될 근대정치의 지형이 계급적 특수이익을 사회적 일반의 권리 혹은 일반적인 사회권으로 자리매김하고자 하는 투쟁에 다름 아님을 예시한다.

이 부분적이고 단지 정치적일 뿐인 혁명은 무엇에 근거하는가? 그것은 시민사회의 한 **부분**이 자신을 해방시키고 **일반적인** 지배에 도달하는 데에, 말하자면 한 특정계급이 자신의 **특수한 상황**으로부터 사회의 일반적인 해방을 기도하는데에 근거한다. 그러나 이 계급은 다음의 전제하에서만 사회전체를 해방시킬 수 있다. 즉 사회전체가 이 계급의 상황안에서 자신을 발견해야 한다는 점, 따라서 예컨대 화폐와 교양을 소유하고 있거나 그렇지 않더라도 나름대로 그것을 획득할 수 있다는 전제하에서만 가능한 것이다. 시민사회의 어떠한 계급도 자기 자신 및 대중속에서 열정의 계기를 불러일으키지 않고서는 이러한 역할을 수행할 수 없다. 열정의 계기란 그 속에서 한 계급이 사회와 일반적으로 화합하고 융화하며, 사회와 혼동되고, 사회의 **일반적 대표자**로서 느껴지고 인정받는 그런 계기, 따라서 그 속에서 그 계급의 요구와 권리들이 진정으로 사회자체의 요구와 권리가 되고 그리하여 그 계급이 실질적으로 사회의 머리요 사회의 심장이 되는 그러한 계기이다. **사회의 일반적인 권리**(the general rights of society)라는 명분 속에서만 하나의 특정한 계급은 일반적인 지배를 주장할 수 있다(*CW*3:184).

「유태인 문제에 대해서」등의 저작을 통해 마르크스는 근대사회가 정치-경제-사회등 다양한 영역으로 구성되어 있지만, 이러한 사회영역의 분리와 그것이 지닌 고유의 원리라는 관점을 통해서는 근대사회내에서 작동하는 정치적 메커니즘을 제대로 설명할 수 없다는 인식에 도달한 것으로 정리할 수 있다. 여기서는 근대사회내부에서 작동하는 정치원리를 올바로 이해하기 위해서 조차, '정치적인 것'의 내용이 '사회적인 것'으로의 의미확장을 통해 새롭게 재규정될 것이 요청된다. 이는 다시, 마르크스가 이해하는 정치적인 것의 의미가 확장되는 단초로서 마르크스 자신의 정치적 관심내에 사회적인 것, 특히 시민사회구성과 그 운동양식을 어떻게 포괄해 낼 것인가의 문제로 정식화된다. 따라서 마르크스가 '파리시절'부터 근대사회의 운동양식이라 할 수 있는 '정치경제학'연구에 몰두하기 시작한 것은 어쩌면 그러한 이론적 고민의 당연한 귀결이라 할 수 있다.

4. 근대정치경제학과의 마주침: 『1844년 경제학—철학수고 *Economic and Philosophic Manuscripts of 1844*』

〈라인신문〉에서의 언론을 통한 정치활동의 경험과 그리고 파리에서 체류는 마르크스를 근대적 시민사회의 이해라는 형태의 정치경제학적 연구방향으로 급선회하게 했다. 『1844년 경제학—철학수고』의 '서문'이 보여주듯 애초 마르크스는 헤겔에 대한 포괄적 비판을 자신의 연구계획의 맨 앞에 두고 있었다. 그러나 이러한 연구기획은 전환되었고 그리고 그러한 방향전환은 다분히 의도적인 것이었다. 그것은 '헤겔의 국법철학 비판'라는 형식으로는 결코 헤겔을 실제로 극복할 수 없다는 판단의 결과였으며, 이는 반대로 『헤겔법철학비판』이 지닌 한계성을 자인한 것이라 할 수 있다. 이러한 주장의 타당성은 그의 『헤겔법철학 비판』라는 본문보다 책의 서설이 늦게 저술되고, 그리고 「헤겔 법철학 비판서설」만이 『독불연보』에 실린 사정을 반영한다. 1842년 3월5일 「루게에게 보낸 편지」에서 그는 자신이 헤겔의 법개념과 "내적인 정치체계"를 비판하는 기사를 계획하고 있다고 썼다. 그는 기사의 주요방향을 "핵심은 입헌군주제와의 투쟁"(*CW*1:382)이라는 문구로 압축했다. 그 기사는 보존되어 있지 않는 관계로 정말 썼는지 알 수 없지만, 비슷한 시기에 저술된 『헤겔법철학비판』이 이 기사와 상당히 연관성이 있는 것은 분명하다.

그런데 여기서 흥미있는 점은 마르크스가 헤겔의 『법철학』을 다루면서 한정된 헤겔의 정치이론 부분, 제3부 3장 '국가'의 일부(§257-§313)만을 한정하여 고찰 대상으로 삼을 뿐, 정작 마르크스 스스로 "오히려 헤겔이 18세기의 영국인들과 프랑스인들의 선례를 따라 '시민사회'라는 이름아래 그 총체를 총괄하고 있는 물질적 생활관계들에 뿌리박고 있다는"(CW29:262) 헤겔의 사실상의 소유권 및 경제이론, 즉 헤겔의 근대부르주아 사회에 대한 파악이 풍부하게 함축되어 있는 3부 2장 '시민사회'나 1부 추상법에 대해서는 다루고 있지 않다는 사실이다. 하지만 이것보다 늦게 나온 「헤겔법철학비판 서문」은 본문과 내용상에 있어서 유기적 관련성을 갖고 있지 않으며, 1859년 「서문」의 경우에서조차 마르크스는 자신이 헤겔에게서 얻었다고 하는 교훈을 그의 『법철학 비판』의 본문과는 전혀 다른 각도, 즉 정치경제학에 대한 연구라는 관점에서 언급하고 있지 않은가.[14]

결국 이 시기의 마르크스를 이해하기 위해서 중요한 사실은 마르크스가 사변적 비판을 주요한 시대적 과제로 인식했던 이전의 태도에서, 혹은 독일고전철학의 영향권내에서 이탈하여 정치경제학에 대한 연구를 본격적으로 개시하게 되었다는 점이다. 이러한 정치경제학에 대한 연구를 통해 마르크스는 두 가지의 중요한 성과를 얻었다. 첫째는 헤겔에 대한 새로운 파악이다. 그리고 다른 하나는 청년 헤겔 학파는 물론 그 스스로 철학사의 거대한 혁명과 시대적 전환을 갖고 왔다고 믿어 의심치 않던 포이에르바하

---

14) "나를 엄습했던 의문의 해결을 위하여 시도된 첫 번째 작업은 헤겔의 법철학에 대한 비판적 검토였는데, 그것의 서설은 1844년 파리에서 발행된 『독불연보』에 실렸다. 나의 고찰은 다음과 같은 결론, 즉 법관계들과 국가형태들은 그것들 자체로부터 파악될 수 있는 것도 아니며 오히려 헤겔이 18세기의 영국인들과 프랑스인들의 선례를 따라 '시민사회'라는 이름아래 그 총체를 총괄하고 있는 물질적 생활관계들에 뿌리박고 있다는, 그러나 시민사회의 해부학은 정치경제학에서 찾아져야만 한다는 결론에 이르게 되었다"(CW29:262).

에 대한 전면적 비판이다. 따라서 이러한 시기, 즉 마르크스의 정치경제학 연구 초기에 1859년 「서문」에서 밝힌 것처럼 '일단 획득되자 내 연구의 길잡이'가 된 주요한 두 가지 개념을 끄집어 낼 수 있다면, 그것은 다름아닌 '노동'과 '사회적 실천'에 관한 새로운 문제설정으로 규정할 수 있다.

이 글은 먼저 마르크스의 이 당시의 주된 연구방향이 정치경제학에 대한 철학적 파악, 소위 '노동의 인간학'에 정초하고 있었다는 사실을 규명해 내고자 한다. 그리고 이러한 노동에 대한 인간학적 파악은 포이에르 바하적인 자연철학적 유물론에 상당히 경도된 것이며 이는 1844년 『경철수고』 내부에서조차 중대한 이론적 긴장을 형성하게 하고 있다. 향후 이러한 이론적 긴장을 극복하는 방향은 '노동의 인간학적 문제설정'으로부터 근대 부르주아 사회에 대한 문제설정으로의 방향전환이었다. 이러한 방향전환이야말로 그가 헤겔에 의존하면서도 헤겔을 넘어서는 계기를 마련해줌과 동시에 그의 철학적, 정치적 신조의 표제가 어째서 '헤겔에 관한 테제'가 아니라 '포이에르 바하에 관한 테제'인가도 아울러 이해하게 해줄 것이다.

한편 마르크스는 1844년의 『경철수고』[15]에서 자신의 연구가 아담스미스 등으로 대표되는 국민경제학을 주제로 다루고 있으며 그리고 그러한 정치경제학에 대한 비판이 영국과 프랑스, 독일의 사회주의자들, 그리고 무엇보다 결정적으로 포이에르 바하로 인해 "실증적 비판, 곧 국민경제학에 대한 독일에서의 실증적 비판과 그 비판의 진정한 근거설정이 가능해 졌다"(*CW*3:232)라고 말한다. 나아가 그는 자신의 연구가 올바른 양심에 입각하고 있음을 밝힌다.

그러나 『경철수고』가 마르크스의 학문적 양심에 입각해 있고, 동시에 출판을 전제로 한 논문은 아니라 하더라도, 그것은 상당한 이론적 긴장과 모순을 내재하고 있는 저작임에 틀림없다. 사실상 마르크스 사상의 핵심을

---

15) 『경철수고』의 출간이후 마르크스 초기사상을 둘러싸고 전개된 유럽의 논쟁에 대한 소개로는 T. I. Oizerman (1981) *The Making of The Marxist Philosophy*, Moscow: Progress Publishers, pp. 265-282. 참조.

무엇으로 볼 것이냐, 다시 말해서 지금까지 그의 사상형성과 관련된 논쟁의 대부분은 바로『경철수고』를 어떤 관점에서 해석할 것이냐의 문제라 해도 그리 틀린 말은 아닐 것이다. 그만큼『경철수고』는 여전히 논쟁적인 저작이다. 이 글은『경철수고』그 자체에 내재한 이론적 모순을 '노동에 대한 인간학적 문제설정'과 '근대부르주아 사회에 대한 문제설정'간의 대립, 혹은 이론적 긴장으로 파악한다. 그리고 마르크스가 여전히 전자의 지평에 머무르는 한 그가 1859년「정치경제학 비판서문」에서 '이전의 철학적 양심'이라고 밝힌 포이에르 바하적인 '인간학주의적'이며 '자연주의적 사회관'의 틀내에서 벗어나고 있지 못한 것으로 이해한다.[16]

마르크스는 첫 번째 초고에서 아담스미스, 리카아도 등 국민경제학자들의 노동에 대한 입장을 다음과 같이 정리한다.

> 비록 정치경제학자들이 그들 스스로 다음의 사실을 인식하지 못한 다고 하더라도, 그들의 분석으로부터 우리는 현재의 조건하에서뿐만 아니라 노동의 목적이 단지 부의 증가에만 제약되어 있다면 노동 그 자체는 해롭고 파괴적인 것이라는 결론이 나온다(*CW*3:240).

여기서 "해롭고 파괴적"이라고 말한 노동에 대한 규정은 다시 '소외된 노동'으로 정식화된다. 소외된 노동은 마르크스에 따르면 노동생산물로부터의 소외이지만, 이는 무엇보다 노동활동 그 자체 내에서의 소외의 귀결이다.

> 그러나 소외는 생산의 결과에서뿐만 아니라 생산의 행위에서도, 즉 생산활동 자체내부에서도 나타난다. 만약 노동자가 생산행위자체 속에서 자기로부

---

16) 이와 달리『경철수고』에서 표출된 마르크스의 노동의 인간학과 노동의 소외관을 마르크스 사상의 정수로 파악하는 인간주의적 해석의 대표적 글로는 E. Fromm (1983)「마르크스의 인간개념」, 김창호 譯, 『마르크스의 인간관』, 동녘, 그리고 H. Popitz (1983)「사적 유물론의 철학적 기초」, 같은 책, 참조. 마르크스의 사회관에 대한 자연주의적으로 해석으로 W. Schmied-Kowarzik (1992)『사회적 실천, 자연, 그리고 변증법』, 이부현, 이찬훈 譯, 동녘, 참조.

터 자기자신을 소외시키지 않는다면 어떻게 그의 활동의 생산물과 낯설게 대립할 수 있게 되겠는가? 생산물은 확실히 활동의, 생산의 요약일 뿐이다 (……)노동대상의 소외 속에는 단지 노동활동 자체속에서의 소외, 외화가 요약되어 있을 뿐이다(*CW*3:274).

한편 이러한 노동의 소외론으로부터 노동활동이 갖는 본래적 의미는 인간의 유적 본질이라는 식의 노동의 인간학으로의 주제전환이 이루어진다.

인간에게서 1) 자연을 소외시키고 2) 그 자신을, 즉 그의 고유한 능동적 기능, 그의 생활활동을 소외시킴으로써, 소외된 노동은 인간에게서 유를 소외시킨다(……)그러나 생산적 생활은 유적 생활이다. 그것은 생활을 산출하는 생활이다. 그것은 생명-산출의 삶이다. 생명활동의 방식 속에 어떤 종의 성격 전체, 그 종의 유적 성격이 놓여 있으며, 자유로운 의식적 활동이 인간의 유적 성격이다. 생활 그 자체는 오직 생활수단으로서만 현전한다(*CW*3:276).

이러한 이유에서,

인간은 다름 아닌 대상적 세계의 가공속에서 비로소 현실적으로 자신을 유적 존재로 증명한다. 이 생산은 그의 활동적인 유적 생활이다. 이 생산에 의하여 자연은 인간의 작품으로서 그리고 인간의 현실로서 나타난다. 노동의 대상은 인간의 유적 생활의 대상화이다(……)소외된 노동은 인간에게서 그의 생산의 대상을 빼앗음으로써 그의 유적 생활, 즉 그의 현실적인 유적 대상성을 빼앗고, 동물에 대한 그의 장점을 단점으로 그의 비유기적 몸, 즉 자연이 그에게서 떨어져 나가게 된다. 마찬가지로 소외된 노동은 자기활동, 자유로운 활동을 수단으로 격하시킴으로써 인간의 유적 생활을 그의 육체적 실존을 위한 수단으로 만들어 버린다(*CW*3:277).

마르크스는 대상적 세계의 가공이라는 노동활동속에서 자신을 현실적으로 증명하는 식의 자기활동이라는 노동의 긍정성과 그러한 장점을 모두 빼앗긴 채 강제노동으로 변질된 '소외된 노동'[17]이라는 노동의 부정적 측면을 대비시키고 있다. 그러나 마르크스는 사적 소유가 소외된 노동의 다른 측면이라는 규정을 두고 혼란에 빠진다. 나아가 이러한 사적 소유가 소외된 노동의 산물이라는 규정으로부터 그렇다면 소외된 노동은 어째서 발생하는 가의 문제를 두고 동어반복의 순환논법에 빠진다.

> 사적 소유란 외화된 노동, 자연과 자기자신에 대한 노동자의 외적인 관계의 생산물, 결과, 필연적 귀결이다. 따라서 사적 소유는 외화된 노동, 즉 외화된 인간, 소외된 노동, 소외된 생활, 소외된 인간개념의 분석에 의해 생겨난다. 우리는 물론 소외된 노동(외화된 생활)의 개념을 사적 소유의 운동으로부터의 결과로서, 사적 소유가 소외된 노동의 근거, 원인으로 나타날 때에, 사적 소유란 오히려 소외된 노동의 귀결이라는 사실이 명백해지는데, 이것은 신들이 본래 인간지성의 원인이 아니라 결과인 것과 마찬가지이다. 이 관계가 뒤에 가서는 상호작용으로 바뀐다(*CW*3:279-280).

이러한 논법은 사적 소유가 소외된 노동의 원인일 때는 사적소유는 소외된 노동의 결과가 되고, 소외된 노동이 사적 소유의 원인일 때는 소외된 노동이 사적 소유의 결과라는 그야말로 구름과 비의 관계에 불과한 동어반복이다. 구름과 비의 관계는 구름은 비의 원인(이때 비는 구름의 결과이다)이고, 다시 입장이 바뀌면 비가 구름의 원인이 되어 결국 비가 구름이다라는 증명을 이끌어 내는 방식이다. 그러므로 우리가 구름과 비의 관계를 통해서 알 수 있는 사실은 비와 구름은 동일물의 타재라는 형식을 취한다는 것뿐이다.

---

17) "노동소외의 본질은 어디 있는가? 첫째 노동이 노동자에게 외적이며, 즉 그의 본질에 속하지 않는다는 것, 따라서 노동자는 그의 노동속에서 자신을 긍정하는 것이 아니라 부정하며, 행복을 느끼는 것이 아니라 불행을 느끼며 자유로운 육체적, 정신적 에너지를 발휘하는 것이 아니라 고행으로 그의 육체를 쇠약하게 만들고 그의 정신을 파멸시킨다는 것에 있다(……)그의 노동은 그러므로 자발적(voluntary)인 것이 아니라 강요된 것, 강제노동(forced labour)이다. 그 노동은 그러므로 어떤 욕구의 충족이 아니라, 그의 노동바깥에 있는 욕구를 충족시키기 위한 하나의 수단일 뿐이다"(*CW*3:274).

마르크스가 포이에르 바하 철학의 사정권내에 있는 한 이러한 순환논법의 모순은 지속될 수밖에 없었지만, 마르크스는 그러한 논법의 부조리에 대해서 짐작했던 것으로 여겨진다. 이미 그는 두 번째 초고에서 "문명화된 세계에서 자본이 이룩한 승리는 죽은 물질대신에 부의 원천으로서의 인간의 노동을 발견하고 또 이를 창조하였다는 것"(*CW3*:188)이라고 언급했다. 그후 '사적 소유와 노동'이라는 표제로 시작되는 세 번째 초고부터는 '노동의 소외' 혹은 '소외된 노동'이라는 언급 대신, 주요한 논거를 펼칠 때 사용되는 개념은 **'소외된 노동'**이 아니라 일반적 형태의 **노동**이다. 마르크스는 사적 소유가 노동활동 일반의 산출물, 나아가 노동일반이 사적 소유의 본질이라고 말한다.

세 번째 초고의 서두에서 마르크스는 "사적 소유의 주체적 본질, 즉 대자적으로 존재하는 활동으로서, 주체로서, 인격으로서의 사적 소유는 노동"(*CW3*:290)이라고 정의한 후, 사실상 첫 번째 초고의 연구결과를 뒤엎는다.[18]

> 프루동이 자본에 대항하는 노동의 운동이라고 파악한 모든 것이 (사실은) 자본의 규정속에 있는 노동의 운동, 자본으로서, 즉 산업적으로 소비되지 않는 자본에 대항하는 산업적 자본의 규정속에 있는 노동의 운동일 뿐이다. 보다시피, 노동이 사적 소유의 본질로서 파악되어야 비로소 국민경제(학)적 운동자체도 그 현실적 규정성속에서 통찰될 수 있다(*CW3*:317).

『경철수고』를 통해 마르크스는 노동의 소외이외에도, 자연으로부터의 소외, 그리고 무엇보다 인간의 소외 등을 다루고 있다. 하지만 이는 독자적인

---

18) MEGA판(版) 편자 역시 세 번째 노트 1부를 다음과 같이 축약한다. "마르크스는 노동을 사적 소유의 주체적 본질이라고 규정했다. 그는 부르주아 경제학의 역사에서 노동에 관한 견해가 사적 소유의 발전과 더불어 어떻게 필연적으로 변화하는가 하는 것과 사적 소유의 완성된 객체적 형태가 산업자본이고 공장노동이 노동의 완성된 본질이라는 것을 보여주었다"(K. Marx (1991)『1844년의 경제학 철학초고』, 최인호 譯, 박종철 출판사, pp. 32-33).

형태의 소외가 아니라 어디까지나 활동의 중심항, 즉 노동소외라는 규정, 즉 노동의 인간학으로부터 도출하고 있다는 점을 인식해야 할 것이다. 왜냐하면 앞에서 고찰한 것처럼, 마르크스는 첫 번째 초고에서는 명시적으로 노동활동을 인간 유의 본질을 실현시키는 실천으로, 중심범주로, 따라서 노동의 소외가 여타의 다른 사회적, 인간적 소외를 발생시키는 원인으로 고정시키고 있기 때문이다.

결론적으로 『경철수고』에서 표현된 인간소외의 내용을 노동소외와 함께 "욕구충족 행위의 자율성과 사회성, 미적 욕구의 능력"[19]으로부터의 소외로 병렬적으로 파악하는 것은 핵심을 벗어나 각종 '소외'현상을 단지 나열하는 것에 불과하다. 따라서 『경철수고』에서 표현된 "인간적 본질을 왜곡하는 사회적 기제, 혹은 역사적 조건으로서의 자본주의, 즉 '소외'의 객관적인 조건에 관한 마르크스의 논의가 사적 유물론적 성격을 띠고 있으며, 따라서 사적 유물론으로의 이행을 예고한다"[20]는 식의 주장은 잘못된 것이다. 이는 제2장에서 고찰했던 바와 같이 마르크스의 사적 유물론을 '노동의 인간학'과 동일하게 파악한 발리바르와 하버마스의 오류를 반복하는 것이다.

강조컨대, 『경철수고』는 그 내부에서 모순된 형태의, 달리 표현하면 이론적 긴장을 형성하고 있는 저작이다. 마르크스는 자기활동이라는 노동의 긍정성과 노동의 소외라는 노동의 부정성을 구분하는 첫 번째 초고의 '노동에 대한 인간학적 규정'을 벗어나 세 번째 초고에서는 노동활동일반이야말로 사적 소유의 본질이라는 것, 역사적으로 사적 소유의 가장 발전된 형식으로서의 근대부르주아 사회의 실정적 성립이란 노동활동일반, 즉 노동분업과 교환의 결과에 다름 아니라는 중대한 인식의 전환을 가져온다. 이

---

19) D. Conway (1987) *A Farewell to Marx: An Outline and Appraisal of His Theories*, Harmondsworth: Penguin Books Ltd, pp. 31-32.

20) 진석용(1991) 『칼 마르크스의 역사이론: 사적 유물론의 형성과정과 이론구조』, 서울대학교 정치학박사 논문, pp. 31-32. 진석용의 이러한 주장은 『경철수고』가 인본주의에서 과학주의로 나아가는 징검다리였다는 오이저만의 견해와 유사한 측면이 있다. T. I. Oizerman (1981) *The Making of The Marxist Philosophy*, Moscow: Progress Publishers, p. 265. 참조.

러한 인식전환의 일반화가 추상적 형태이긴 하지만 바로 「포이에르 바하에 관한 테제」를 통해 표현된다.

5. '노동'과 '실천'에 대한 새로운 문제설정: 「포이에르 바 하에 관한 테제 *Theses on Feuerbach*」(1845)

「포이에르 바하에 관한 테제」(이하 「테제」)는 한마디로 마르크스의 이론적 방향전환을 응집해서 보여주는 문서라 할 수 있다. 정식화하면, 「테제」는 '인간의 본질'이 무엇이고 이것이 어떻게 소외되는가라는 실제로는 관조적일 수밖에 없는 문제설정으로부터 현존하는 세계 자체가 인간실천활동의 결과라는 소위 '실정성'에 대한 파악으로 문제설정을 새롭게 하는 계기로 자리매김 하는 것이다. 현전하는 근대부르주아사회의 실정성 문제, 즉 자본주의의 역사특수적 지위를 어떠한 입장에서 파악할 것인가에 관한 문제제기 형식을 취하는 「테제」를 통해 마르크스는 상이한 경로에 서긴 하지만 헤겔이 『예나실재철학('예나에서의 철학강의')』이후 『정신현상학』단계에서 제기했던 문제의식21)과 동일한 지반에 서게 됐다. 「테제」의 의의란 형식적으로는 포이에르 바하를 겨냥한 것이지만 더욱 중요하게는 헤겔의 '노동철학'을 넘어서는 내적 계기라는 데 있다.22)

---

21) 헤겔에게 있어서 근대사회의 실정성 문제가 지닌 의미와 함께 그러한 실정성에 대한 관점변화를 추적하고 있는 글로는 G. Lukacs (1986)『청년헤겔 1』, 김재기 譯, 동녘, 127~128쪽. 참조.

22) 이러한 이 글의 주장과 달리 아더는 마르크스가 헤겔과 『경철수고』를 통해 결별했지만, 「테제」에서 다시 인간과 자연을 매개하는(mediating) 활동으로서의 '사회적 노동'의 발견을 통해 오히려 헤겔과의 친화성을 복원한 것으로 해석하고 있다. C. J. Arther (1986) Dialectics of Labour: Marx and his Relation to Hegel, Oxford: Basil Blackwell, pp. 110ff. 참조. 그러나 사회적 노동이 인간의 사회적 활동성의 중심이라는 식의 노동철학적 입장은 헤겔에게 고유한 것이지 마르크스의 핵심적 주장은 아니다. 헤겔에게 있어서 노동규정은 대상과 주체의 매개이자 중심항이며, 이러한 식의 노동규정은 결국 현실에 있어서는

「테제」 분석에 들어가기에 앞서 『경철수고』 세 번째 노트의 마지막 부분이 「테제」로 나아가는 가교역할을 하고 있다는 이 글의 가설로부터 시작하고자 한다. 『경철수고』의 마지막 노트가 1844년 8월경에 쓰여지고 「테제」가 1845년 봄에 쓰여졌다면 이는 연대기적으로도 상당히 근거있는 추론이다. 또한 『경철수고』 세 번째 노트의 한 부분인 '헤겔의 변증법 및 헤겔철학일반에 대한 비판'에서 마르크스가 포이에르 바하에 바쳤던 찬양과 헌사에 비한다면 불과 수개월 뒤에 자신의 철학적 지주를 정면으로 그것도 근본적으로 비판하는 「테제」를 작성했다는 것은 이미 『경철수고』 자체가 연속적이고 일관된 논리의 산물이 아니라 혼돈되고 때로는 상반되기까지 한 다양한 의식의 표출로, 다시 말해서 그 자체로 이론적 긴장이 형성되어 있는 저작으로 봐야 한다는 증거일 것이다. 우리는 그러한 긴장과 다양한 의식의 일단을 세 번째 노트 마지막 부분, 즉 마르크스가 훗날 더욱 발전시켜야 할 스케치적 서술들이라는 의미에서 '추가글들'이라고 표현한 부분에서 확인할 수 있다.

> 분업과 교환이 사적 소유에 근거하고 있다는 주장은 노동이 사적 소유의 본질이라는 주장과 다름없는데, 이것은 국민경제학자가 입증할 수 없는 주장이요, 우리가 그들을 대신하여 증명하려는 주장이다. 분업과 교환이 사적 소유의 형상들이라는 바로 이 사실속에 인간적 생활이 자신의 실현을 위해서 사적 소유를 필요로 했고 또한 다른 한편으로 이제는 인간의 삶(human life)이 사적 소유의 지양을 필요로 한다는 이중의 설명이 놓여있다(*CW*3:321).

추상적 노동의 형태를 띠게 된다. 헤겔의 위대성은 이처럼 가치법칙으로 현상하는 추상적 노동의 원리가 근대부르주아 사회의 실정적 토대라는 점을 동시대인들 그 누구보다 앞서서 철학적 사유를 통해 선취한데 있다. 헤겔의 사회철학 내에서 노동과 같이 주체와 객체를 매개하는 소위 대립물의 화해(reconciliation) 규정이 지닌 의미에 대한 분석으로는 M. O. Hardimon (1994) Hegel's Social Philosophy: The Project of Reconciliation, Cambridge: Cambridge University Press, 참조. 그리고 헤겔 『정신현상학』의 핵심을 '사회적 노동'의 역사적 자기전개에서 발견하는 저작으로는 임석진 (1990) 『헤겔의 노동의 개념』, 지식산업사, 참조.

마지막 구절, 즉 '인간적 생활이 자신의 실현을 위해서 사적 소유를 필요로 했고 또한 다른 한편으로 이제는 인간의 삶이 사적 소유의 지양을 필요로 한다는 이중의 설명'이라는 언급이 중요한데, 이는 『경철수고』 첫 번째 노트에서 표출된 노동의 인간학적 문제설정의 설명방식인 노동소외론의 형식과는 상당한 차이가 있는 것이다. 전자, 즉 사적 소유가 인간적 생활이 자신을 실현할 필요에 의해서 발생됐다라는 얘기는 사적 소유가 인간생활의 특수한 하나의 대상적 실천형식으로서의 노동활동의 결과에 다름 아니다라는 것이다. 반면에, 후자, 즉 이제는 인간적 삶이 사적 소유의 지양을 필요로 한다는 언급은 정확히 물질적 생산활동인 노동과는 다르지만, 그러나 그것을 포괄하는 사회적 감성적 실천일반의 문제를 제기하는 것이다. 왜냐하면 노동이 사적소유와 연관된, 그리고 그것을 형성케 한 본질이라면, 어떻게 다시 노동이 사적 소유[23]를 지양할 실천으로 자리매김 할 수 있겠는가.

결국 사적 소유의 지양은 근대사회가 노동활동을 해방시켰던 것과 마찬가지로 모든 인간적 삶 일반, 실천활동을 해방시키는 형식을 취해야 한다. 이는 결국 부르주아사회의 은밀한 기반인 노동활동을 특정화하는 노동의 인간학으로부터 노동활동을 포함한 모든 인간적 삶의 조직방식을 실천적 활동이라는 일반적 형식으로 포괄하려는 인식론적 전환의 계기임과 더불어 구체적으로는 물질적 생산활동인 노동과 여타의 사회적 실천활동의 관계라는 문제설정으로 전도시키는 것을 의미한다.[24] 이러한 문제의식이 바로 「테제」에 담긴 가장 기본적인 문제의식이라 할 것이다. 마르크스는 이러한

---

23) 소유문제에 대한 경제 일변도의 논의에서 벗어나 소유주체의 관점에서 마르크스의 사상과 사회주의 역사 내에서 소유제도와 관련된 다양한 문제를 논의하고 있는 글로는 M. Brie (1990) Wer ist Eigent mer im Sozialismus? Berlin: Dietz Verlag. 참조.

24) 마르크스의 실천에 대한 문제의식의 발전이라는 관점에서 볼 때, 「테제」에 기술된 감성적, 대상적 실천을 사회적 노동실천으로 규정하는 것은 오히려 그러한 발전에 역행하는 해석이다. 「테제」는 『경철수고』에서 표현된 '노동의 인간학'과 유적존재로서의 인간관에 대한 자기비판과 그러한 관점의 전복, 즉 인간의 사회적 실천활동일반의 관점에서 근대적 노동활동이 지닌 의미를 투사하는 형태로 이해되어야 한다.

문제전형이 함축하고 있는 핵심적 의미를 한 단어, 즉 '주체적'(subjective)이라는 용어로 정확히 표현한다.

세계의 대상성이 주체적 실천을 통해 형성된다는 문제설정을 통해서 비로소 마르크스는 자신의 노동이론을 새롭게 주제화할 수 있는 계기를 확보하게 되며, 이는 나중에 『철학의 빈곤』과 흔히 '그룬드리세'라고 알려진 『정치경제학 비판요강』등을 통해 구체적으로 표현된다. 이런 한에서 「테제」는 동시에 『경철수고』에서 보여줬던 노동의 인간학 등 이론적 난맥상과 혼란에 대한 자기반성의 의미를 담고 있다. 이러한 문제의식을 통해서 「테제」를 분석해보도록 하자.

> §1. 포이에르 바하까지 포함한 이전의 모든 유물론의 가장 큰 오류는 사물, 현실 및 감성을 인간과 무관하게 외재하는 객관적 대상의 형태나 관조의 형태로만 오직 이해했지, 그것을 감성적 인간의 활동, 실천으로, 주체적으로 인식하지 못했다는 점이다. 따라서, 유물론과는 대조적으로, 그러한 활동적 측면은 관념론에 의해서만 추상적으로 발전해 왔다. 하지만, 그들은 실제의 현실적이며, 감성적인 활동을 알지 못했다. 포이에르 바하는 개념적 대상과 실제적으로 구별되는 감성적 대상을 파악하려고 했지만, 그는 인간의 활동 그 자체가 대상적 행위임을 파악하지 못한다. 따라서 그는 『기독교의 본질』에서 오직 이론적인 태도만을 진정한 인간의 태도로 보고 있으며, 반면에 실천은 그 더러운 유태인적 현상형태로서만 파악되며, 고정되어 있다. 따라서 그는 변혁적인, 실천적이고 비판적인 활동의 중요성을 파악하지 못한다(*CW*5:3).

일단 여기서 주목해야 할 점은 마르크스가 '실천'이라는 테마를 논하면서 물질적 생산인 노동활동에 대해서는 명시적으로 한 마디도 언급하고 있지 않다는 것이다. 그 대신 마르크스는 세계의 실제성을 구성하는 사물, 현실, 감각 그 자체가 관조의 대상유형이 아닌, 인간의 감성적 활동인 실천의 결과로 파악되어야 함을 주장한다. 마르크스는 또한 실천적 인식태도를 '주체적'이라고 표현하며, 구체적으로 그러한 주체적 실천인식을 '혁명적인', '실천적이고 비판적인' 활동이라고 규정한다. 그리고 간명하게 서구철학사의 주요 발전양상을 정리하는데 그것은 '실천철학'이라는 테마가 관념론에 의해 추상적으로 발전해왔다는 언급이다.[25]

또한, 마르크스는 헤겔이 멈춰선 채 역사적 관념론의 신비주의 체계로 미끄러진 그 지점, 바로 근대부르주아 사회에 대한 문제설정과 그것의 극복지점에 대해서 논의하고 있다. 마르크스는 인간존재의 현실성이란 그가 다양한 사회영역에 걸쳐있는 존재이며 따라서 그러한 영역에서 사회적 실천활동을 조직하는 감성적, 대상적 인간이라는 사실을 통해 확보되는 것임을 확인한다. 여기서 중요한 점은 이 모든 활동이 인간의 삶과 더 나아가 역사를 형성하는 중요한 대상적, 감성적인 실천양식이라는 점이다. 다만 이러한 실천들간의 종차란 활동 자체에 내재한 성질에 의해 분류되어야 하며, 따라서 현존하는 세계도 그러한 활동에서 비롯된 제 결과와 그것들간의 차이를 통해서 파악해야지 어떤 실천이 다른 실천에 비해 내재적으로 또는 선험적으로 우월하다거나 가치가 있다는 식으로 보아서는 안된다는 것이다.[26] 이것이 〈테제8〉이다.

---

25) 서양철학의 전통내에서 '실천철학'이라는 테마가 갖는 위상과 함께 실천철학과 헤겔사상과의 관계에 대해 논의하고 있는 글로는 M. Riedel (1983) 『헤겔의 사회철학』, 황태연 譯, 한울, 20~21쪽 참조.

26) 발리바르는 마르크스가 「테제」를 통해 여타의 사회적 실천을 노동으로 환원시켰다는 의미에서 "철학의 가장 오래된 터부의 하나인 프락시스와 포이에시스의 근본적 구별을 마르크스가 제거"(E. Balibar (1995) 『마르크스의 철학, 마르크스의 정치』, 윤소영 譯, 문화과학사, p. 60)한 것으로 파악한다. 「테제」이후 후기로 접어들면서 실천과 물질적 생산사이의 구분을 명료히 하는데 마르크스가 일관성을 상실했다는 이동수의 주장 역시 이와 유사하다. Dong-Soo Lee (1998) *Praxis in Temporality: The Heideggerian interpretation of Praxis*, Vanderbilt University Ph. D. Dissertation, pp. 18ff. 참조. 그러나 이 글의 견해는 이러한 주장들과는 상반된다. 마르크스는 사회적 실천을 노동의 인간학적 관점에 귀결시키는 『경철수고』식의 생산주의적, 자연주의적 유물론으로부터, 「테제」이후에는 그러한 노동 혹은 포이에시스를 인간의 다양한 사회적 실천들 가운데 하나로 위치시키는 가운데, 근대사회 내에서 그러한 노동실천이 차지하는 현실적 의미를 엄밀히 분석하려 했던 것이다. 따라서 인간의 사회적 실천을 물질적 활동인 노동에 환원시키는 방식으로 제기된 초기의 실천관은 마르크스 사상의 발전과정에서 지양돼야만 하는 포이에르 바하적

§8. 모든 사회적 삶은 본질적으로 실천적이다. 이론을 신비주의로 이끌어
가는 모든 신비란 인간의 실천과 이러한 실천의 이해속에서 그것들의 합리
적인 해결책이 드러난다(*CW*5:4).

문제를 이런 방식으로 정식화하면, 「테제」를 통해 우리는 다음과 같은
두가지 사실을 확인할 수 있다. 첫째로는 지금까지 살펴본 것처럼 현존하
는 세계 자체가 인간의 대상적 실천활동의 산물이라는 점이다. 둘째로는
보다 중요하게 어떤 추상적이고 선험적 논의가 아니라 현존사회 자체의 원
리와 현실로부터 이 세계를 살아가는 사람들의 성격과 '실천'의 내용을 규
정할 수 있어야 한다는 것이다. 전자가 역사적 관점이라면, 후자는 학적 관
점, 또는 진정한 의미의 이론적 관점이라고 볼 수 있다.

§6. 포이에르 바하는 종교의 본질을 인간의 본질로 환원시킨다. 그러나 인
간의 본질이란 개별적인 인간 각각에 내재하는 추상물이 아니다. 현실에 있
어 그것은 사회적 관계의 총체이다(……)§7. 따라서 포이에르 바하는 '종교
적 심성' 그 자체가 사회적 산물이라는 것을, 그리고 그가 분석한 추상적
개인이 일정한 사회형태에 속한다는 사실을 보지 못했다(*CW*5:4).

「테제」의 마지막 부분에서 마르크스는 '실천'에 대한 새로운 문제설정을
통해 이후 전개될 자신의 모든 이론적 노력이 정치적 실천과 맞닿아 있는
것임을 드러내고 있다. 이제 그의 이론적 화두는 한 가지로 집약되고 또 이
를 통해 절합되는데, 그것은 마르크스의 말대로 '세계에 대한 이해'를 넘어
서 '세계를 변화'시켜내는 것이다.27) 따라서 마르크스의 사상적 발전의 경
과를 정치이론과 경제이론 등으로 분리하여 파악하거나 또는 그러한 이론
적 내용을 마르크스 사상의 전기와 후기의 차이라는 식으로 통시적으로 분
리하는 것은 마르크스 저작내부의 이론적 긴장과 발전의 계기라는 내적 경

자연주의의 유제였던 셈이다.
27) "§11. 이제까지 철학자들은 단지 세계를 해석해 왔을 뿐이다. 문제는 세계를
　　변혁하는 것이다"(*CW*5:5).

과를 고려하지 않은 채 기계적으로 절단하는 무익한 방식이다. 왜냐하면 「테제」이후의 마르크스에게는 세계를 변혁하는 정치적 실천의 일환으로서의 자본주의 경제체제에 대한 파악과 그러한 파악으로부터 연유하는 정치이론의 산출이라는 과제가 유기적으로 관련을 맺게 되기 때문이다. 이 글은 이러한 방식의 마르크스의 이론적 구상을 근대부르주아 사회에 대한 '정치적 독해'(political reading)라고 부르고자 한다.

6. 소결: 마르크스의 초기 권리정치이론과 정치경제학 연구의 의의

「테제」 이후 마르크스의 이론적 구상은 두 가지의 주요한 구성부분을 갖는다. 하나는 부르주아 사회 그 자체의 작동원리에 대한 엄밀한 파악을 통해 그러한 사회가 지닌 내적 성격과 역사적 의미를 해명하는 것으로 이는 현존세계의 실정적 지위에 대한 파악이다. 다른 하나는 이러한 실정세계, 즉 근대부르주아 사회내부에서 비롯되는 모순을 극복하기 위한 정치적, 혁명적 실천을 위한 노력이다. 이 글은 전자를 근대부르주아 사회에 대한 마르크스의 문제설정으로 그리고 후자를 이것으로부터 비롯되는 권리의 정치이론으로 주제화 하고자 한다.

그런데 여기서 이론적으로 중요한 계기는 이러한 두 가지의 상이한 이론적 범주를 마르크스가 「테제」를 통해서 새롭게 정초한 실천관에 기반한 노동이론, 즉 『수고』에서 나타난 '노동의 인간학'과는 전혀 다른 의미의 노동이론이 매개하고 있다는 것이다. 그러한 노동이론의 핵심은 근대부르주아 사회라는 실제성에 기반한 노동관으로, '노동소외' 개념의 폐지임과 동시에 자본주의 사회의 구조적 적대에 관한 인식이다. 이 글은 이러한 형태의 노동이론의 맹아가 이미 『수고』를 통해서 노동을 인간류의 본질적 활동으로 간주하는 노동의 인간학과 긴장관계에 있었음을 고찰하였다. 그것은 현존세계, 즉 사적 소유제와 자본자체가 이미 노동이라는 인류의 오랜 대상적 역사적 실천활동의 결과인바, 노동이야말로 자본과 사적소유의 본질이라는 점이다. 그리고 「테제」로서 개진됐고 『도이치이데올로기』를 통해 그 의미가 보다 명료하고 구체적으로 드러난 것은 '노동'이라는 물질적 생산활동은 인간의 다양한 감성적, 대상적 실천 가운데 하나에 불과하다는 점이며, 정확히 사적소유제의 완성이라 할 근대부르주아 사회야말로 노동활동에 기반한 그리고 노동활동에 인간의 모든 실천적 감성적 활동, 다시 말해 살아있는 인간자체가 종속되는 '역사특수'적 사회라는 인식이다.[28]

마르크스에 따르면, 결국 이처럼 인간 노동의 산물이면서 사적 소유제도와 자본이라는 형식을 통해 자립화된 사물의 권리가 인간을 지배하게 되는 역사적 사회구성이 바로 근대부르주아 사회를 표징하는 핵심적 요소라는 것이다. 문제가 이러한 형태로 설정되면 마르크스가 「테제」에서 언급한 세계변혁의 의미도 명확해진다. 다시 사물의 권리를 살아있는 인간의 권리아래 종속시키는 것, 인간의 정치적 지도가 사물의 경제적 지배를 대신하는 것, 이는 실천적으로 노동활동과 여타의 인간적 삶을 구성하는 활동의 관계를 어떻게 재구성할 것인가의 문제로, 형식적으로는 인간적 삶이라는 목적에 물질적 생산을 종속시키는 것으로 귀결된다. 『도이치이데올로기』를 지배한 문제의식은 바로 이러한 종류의 것이었다.

마르크스는 『도이치에데올로기』에서 노동분업에 극도의 혐오를 나타내고 이러한 강제적 노동활동에 자유로운 인간적 자기활동을 대비[29]시킨다. 그리

---

28) "사회적 활동이 이처럼 고정화된다는 것, 즉 우리 자신의 생산물이 우리의 통제를 따르지 않고, 우리의 기대를 배반하고 우리의 계산을 수포로 만드는 또 우리를 넘어선 물질적 강제력으로 고착화된다는 것 등은 지금까지의 역사적 발전에 있어 주요한 요소의 하나이다"(*CW*5:47).

29) "공산주의 사회에서는 아무도 하나의 배타적인 활동영역을 갖지 않으며, 모든 사람이 그가 원하는 분야에서 자신을 수양할 수 가 있다. 그리고 사회가 생산 전반을 통제하게 되므로 각 개인은 자신이 하고 싶은대로 오늘은 이 일을, 내일은 저 일을, 즉 아침에는 사냥하고, 오후에는 낚시하고, 저녁때는 소를 몰며, 저녁 식사 후에는 비평을 하면서, 그러면서 사냥꾼으로도, 어부로도, 목동으로도, 비평가로도 되지 않는 일이 가능하게 된다"(*CW*5:47).

고 마찬가지의 논리에서 근대부르주아 사회와 사적 소유제가 폐지된, 따라서 그의 언급대로 "노동이 폐지"($CW5$:77)된 공산주의 사회를 '단지' 대비시킬 뿐이다. 마르크스가 1859년 「서문」에서 밝혔듯이, 이 저작은 정말이지 알뛰세가 말하는 '인식론적 단절기'의 저작이라기 보다 마르크스와 엥겔스 양인의 정치적 신조를 밝히는 말그대로 '자기해명'(self-clarification)이 주요 목표인 저작이었다. 왜냐하면 바로 근대부르주아 사회 그 자체의 모순으로부터 세계를 변혁할 정치적 활동이 어떻게 솟아 나올 수 있을 것인가에 대한 정치적 파악의 결여와 그것의 당연한 논리적 귀결로서 당시 실재했던 노동자 정치운동의 전개양상에 대한 정치적 해석의 근거가 여전히 부재하기 때문이다. 따라서 이것이 실제로 가능하기 위해 마르크스가 행한 작업은 크게 두 가지인데 하나는 초기의 〈라인신문〉에서의 활동이 그러했듯이 정치적 활동에 직접 참여하는 것이었으며, 다른 하나는 정치경제학을 새롭게 다시 연구하는 일이었다. 이러한 이론적 연구와 직접적 정치활동이라는 서로 다른 두가지 실천은 향후 내적으로 긴밀히 결합되기에 이른다.

마르크스는 〈라인신문〉에서의 활동을 필두로 『도이치이데올로기』에 이르는 시기 동안 독일고전철학의 영향권내에서 벗어나는 가운데 다음과 같은 중요한 결론에 도달했다. 첫째로 '노동의 인간학'에 기초하여 인간 일반의 소외를 파악하려 한 초기의 입장을 버리고, 근대부르주아사회라는 역사특수적인 사회에서의 노동의 지위 및 물질적 생활영역에서의 사회적 적대를 파악하는 입장으로 자신의 문제의식을 근본적으로 변화시켰다. 둘째로 근대 부르주아사회에서의 물질적 생활영역에서의 사회적 적대는 계급간의 '권리투쟁'이라는 정치적 현상으로 출현할 수밖에 없음을 인식함으로써 자본주의사회에 대한 정치경제학적 연구에 착수하게 되었다. 마르크스의 문제의식을 이렇게 이해할 경우 마르크스의 정치경제학 비판이 지닌 의미는 그가 단지 새로운 경제학을 구축했다는 데에 있는 것이 아니라, 근대 자본주의 경제체제에 대한 '정치적 독해'를 행한 데에 놓여지게 된다.

제4장

자본주의적 생산과정의 시간기획

제4장 자본주의적 생산과정의 시간기획

1. 마르크스 정치이론의 과학성: 사회적 시간의 주제화

일반적으로 마르크스 사상의 제 구성부분들 가운데 '과학적'이라는 수사를 붙일 수 있다면 그것은 초기의 노동의 인간학을 넘어선 이후의 노동이나 노동양식에 관한 논의라 할 수 있다. 마르크스는 과학적 노동이론에 대한 논의가 『경철수고』에서처럼 초역사적 형태의 노동일반이 아니라 '지금', '여기' 근대부르주아 사회에 대한 현실적 파악에 기반해서 이루어져함을 밝히는 가운데, 근대사회의 '현실성'(actuality)에 대한 규명을 『공산당 선언』(이하 『선언』)에서 처음으로 시도한다. 『선언』은 이처럼 마르크스가 현존세계에 대해 자신의 입장을 정리한 글로서, 그 중심내용은 부르주아 계급의 세계사적 역할들로 채워져 있다.[1]

부르주아는 끊임없이 생산도구를 혁명적으로 개조하고, 그럼으로써 생산관계를 개조하며 또 그와 더불어 사회관계 전체를 변화시키지 않으면 존재할 수 없다. 그 반면, 이전의 모든 산업계급들에게는 낡은 생산양식을 그대로 보존하는 것이 자신의 1차 존재조건이었다. 끊임없는 생산의 혁명적 발전, 모든 사회적 조건들의 부단한 교란, 항구적인 불안과 동요는 부르주아 시대와 이전의 모든 시대를 구분 짓는 특징이다(……)부르주아는 모든 생산도구가 급속히 향상되고 교통수단이 엄청나게 개선됨으로써, 가장 미개한 민족을 포함하여 모든 민족을 문명화시킨다. 상품의 저렴한 가격은 모든 만리

---

1) 이에 비해 프롤레타리아 계급의 역사적 역할 등에 대한 부분은 말 그대로 '선언'이상을 벗어나지 못하고 있는 인상이다. "오늘날 부르주아지와 대립하고 있는 모든 계급들 가운데 오직 프롤레타리아만이 진정으로 혁명적인 계급이다. 다른 계급들은 현대 산업이 전진함에 따라 몰락하며 결국 사라져 가지만 프롤레타리아는 현대산업의 특수하고 본질적인 산물이다"(CW6:494).

장성을 무너뜨리고 외국인에 대한 미개인의 매우 고집스런 증오를 굴복시키는 대포이다. 부르주아는 모든 민족에게 부르주아적 생산양식을 채택할 것이냐, 죽을 것이냐를 선택하라고 강요하며, 자기가 문명이라고 부르는 것을 도입할 것, 즉 부르주아 자체가 될 것을 강요한다. 한마디로 부르주아는 자기자신의 모습대로 세계를 창조하는 것이다(CW6:487-488).

여기서 우리가 주목해야 할 점은 마르크스와 엥겔스가 『선언』을 통해 자신들의 과학적 사회주의와 공상적 사회주의를 명시적으로 구분하고 있다는 사실이다. 그렇다면 마르크스가 자신의 견해를 과학적인 것으로 명문화한 것은 어떤 이유에서일까. 물론 『선언』에는 과학적이라는 말이 무엇을 의미하는지가 분명하게 진술되지 않은 채, 개략적으로만 표현되어 있다.

공산주의자의 이론적 명제들은 결코 이러저러한 자칭 보편적 개혁가가 발명 또는 발견한 사상이나 원칙들에 기초하지 않는다. 그 명제들은 단지 일반적인 견지에서 현존하는 계급투쟁으로부터, 바로 우리 눈앞에서 벌어지는 역사적 운동으로부터 솟아 나오는 실제적 관계들을 표현할 뿐이다(*CW*6:498).

하지만 이후의 연구과정에서 역추적 해보자면 마르크스는 '과학적'이라는 수사를 근대부르주아사회의 내적 운동논리의 파악에 입각한 정치이론의 전개라는 관점을 표현하기 위해 사용했다는 점이 확인된다. 흔히 『선언』은 이 글의 주장처럼 '과학적'이라는 표현에 주목하기보다는 지금까지 당시 유럽의 정치지형의 관점에서 볼 때 과격한 좌익집단이 사회혁명의 자기근거를 마련하기 위해 쓰여진 글로 주로 이해되어 왔는데, 이는 한 측면에서만 그러한 것이다.

1848년 독일 혁명의 목표인 민주공화제 수립 요구가 실패로 돌아간 직후, 마르크스가 주도한 '공산주의자 동맹'은 그 내부에 빌리히(A. Willich)와 샤퍼(K. Schapper)라는 인물의 지도하에 무장봉기전술을 주창하는 모험주의적 '좌익분리파'(Sonderbund)가 구성되는 등 내분에 휩싸이게 되었다. 1850년 9월15일 '공산주의자 동맹'의 중앙위원회는 '동맹'의 정치적 진

로를 둘러싸고 전개된 일련의 내분사태에 대처하기 위해 특별회의를 소집
했다. 특별회의에서 마르크스는 자신들과 빌리히-샤퍼분파 간의 견해 차
이가 빌리히가 주장하듯이 개인적인 성격 때문이 아니라 원칙적 문제에서
기인한 것이라는 점을 명백히 하는 가운데, 자신을 '공산당 선언의 옹호
자'(the defenders of the Manifesto)라고 규정했다(*CW*10:627).

> 「선언」의 보편적 견해가 독일의 민족적 견해로 대체되고 독일 수공업자들
> 의 민족감정에 아첨하는 것으로 바뀌었습니다. 「선언」의 유물론적 견해대신
> 에 관념론적 견해가 강조되었고 혁명의 주요문제로서는 현실상태 대신에
> 의지가 부각되었습니다. 우리가 노동자들에게 여러분은 현실상태를 변화시
> 키고 여러분 자신이 지배할 자격을 얻기 위해서는 15년 동안이건 20년, 50
> 년 동안이건 내전을 수행해야 한다고 말한 것과는 달리, 그들은 우리가 즉
> 시 권력을 획득해야 하며 그렇지 않으면 발닦고 잠이나 잘 수밖에 없다고
> 주장합니다. 민주주의자들이 '인민'이라는 용어를 남발하듯이 지금은 '프롤
> 레타리아트'라는 용어가 단지 구호처럼 남용되고 있습니다. 이러한 구호가
> 효과적이기 위해서는 프롤레타리아를 소부르주아로 묘사하고 따라서 프롤
> 레타리아가 아니라 소부르주아를 현실에 있어서 대표하는 것이 필수적입니
> 다. 혁명적 표어가 실제의 혁명과정을 대체하고 만 것입니다(*CW*10:626).

 노동자계급이 현실을 변화시키고 지배할 자격을 얻기 위해서는 15년, 20
년, 50년 이상의 내전이 필요할 것이라는 언급 속에는 당시의 변화된 정세
를 올바로 이해하기 위해서 부르주아사회에 대한 과학적이고도 근본적인
연구가 반드시 선행되어야 할 것이라는 마르크스의 정치적 판단이 함께 내
재해 있는 것으로 간주돼야 할 것이다.
 유럽 각국의 민주주의 혁명이 종결된 직후 조성된 전 유럽차원의 반동,
즉 부르주아 헤게모니의 복원2)이라는 사태와 함께 『선언』에서 언급된 소위

---

2) 홉스봄은 마르크스가 독일에서의 혁명의 패배와 함께 영국에서 망명생활을 시
　작하는 1848년 이후의 시기를 '자본의 시대', 즉 혁명의 패배와 대호황의 시작
　으로 특징지운다. 따라서 마르크스가 『자본』에 대한 연구를 본격적으로 시작

'과학적 견해'라는 지적 수사가 구체적 이론의 형태로 모색된 최초의 저작이 바로 『철학의 빈곤』이다. 마르크스 역시 1859년 「정치경제학 비판서문」에서 『철학의 빈곤』이 자신의 최초의 과학적 저작이라고 자평했으며, 1880년에 쓰여진 「'철학의 빈곤'에 관한 노트」라는 글에서도 이 저작이 20년 후 『자본』에서 전개된 이론의 맹아를 포함하기 때문에 『자본』 연구의 '도입부'와 같다고 말했다(CW24:326).

마르크스는 이 저작을 통해 『경철수고』의 포이에르 바하적 자연주의와 그로부터 연유한 노동의 인간학에서 완전히 벗어나고 있다. 이 글은 이전 장에서 『경철수고』에서 조성된 이론적 긴장이 한편으로는 노동의 인간학과 다른 한편으로는 근대부르주아 사회에 대한 역사-특수적 파악이라는 상호 양립할 수 없는 문제설정간의 충돌이었음을 지적한 바 있다. 『철학의 빈곤』에서 마르크스는 후자의 관점에서 물질적 생산으로서의 노동활동을 새롭게 규정한다. 마르크스는 제3장에서 살펴본 대로 이미 『경철수고』 세 번째 노트에서 '노동인간학'의 귀결점이 프루동의 공상적 사회주의의 주장 이상일 수 없다는 견해를 제기한 적이 있는데, 이후 다시 그는 『철학의 빈곤』을 통해 소위 '자유로운 노동'에 기반하여 구성되는 프루동식 사회주의의 내용이 사실은 근대부르주아 사회 그것과 별반 다를 바 없다는 것을 프루동의 대표적 저작인 『빈곤의 철학』 비판에 근거하여 심도있게 분석한다.

마르크스에 따르면 프루동이 새롭게 '발명'한 소위 '구성된' 또는 '종합된 가치'가 근대 정치경제학의 핵심개념인 '생산비용'과 동일한 것[3]이며, 이럴

하고 일정하게 성과를 거두는 1850-60년대의 시기에는 유럽 선진국들에 있어 혁명의 전망은 이미 실제 정치상의 문제와는 거리가 먼 이야기가 되었다는 게 그의 핵심적 주장이다. E. Hobsbaum (1983) 『자본의 시대』, 정도영 譯, 한길사, 406~407쪽 참조.

3) "나는 여기서 이와 같이 정확하고 명료하며 또 단순한 리카아도의 언어를, 노동시간에 의한 교환가치의 결정이라는 사실에 도달하기 위하여 프루동씨가 행했던 저 수사학적인 여러 시도들과 비교해보는 일은 독자제현들에게 맡기도록 하겠다(……)리카아도에게 있어서는 노동시간에 의한 가치규정이 교환가치의 법칙이다. 프루동씨에게 있어서 가치의 규정은 사용가치와 교환가치의 종합에 의해 이루어지는 것이다"(CW6:123).

경우 '종합된 가치'란 노동시간에 의해 측정되는 가치이외에 아무 것도 아니게 된다.

> 일단 그것의 유용성이 전제된다면 노동이 가치의 원천으로 된다. 그리고 노동의 척도는 시간이다. 생산물의 상대적 가치는 그것들을 제조하는데 소요된 노동시간에 의해 규정된다. 가격이란 화폐로 표현된 생산물의 상대적 가치에 다름 아니다. 결국 어떤 생산물의 구성된 가치란 아주 단순하게도 그 자신 안에 포함된 노동시간에 의해 구성되는 가치이외의 아무 것도 아니다(*CW*6:120).

마르크스는 노동시간에 의한 가치결정이 근대부르주아 사회의 합리적 기초라는 사실, 따라서 그러한 가치규정을 통해 부르주아 사회의 실제적 운동원리가 고찰되어야 할 것으로 주장한다.

> 노동시간에 의해 측정된 가치란 필연적으로 프루동씨가 주장하는 바와 같이, 프롤레타리아트의 해방을 위한 '혁명적 이론'이 아니라 거꾸로 노동자의 현대적 노예제에 관한 정식이다(*CW*6:125).

마르크스는 이제 추상적 노동활동이 인간의 유적 본성이라는 식의 노동철학을 기각하기에 이른다. 노동이라는 말을 수백번 조합해보아도 그것은 결국 물질적 생산활동으로서의 노동이다. 노동이 그 일반성을 획득하게 되는 계기, 인간의 보편적 본질로 격상되는 계기란 추상적 논의를 통해서가 아니라 오히려 근대 부르주아 사회라는 특정한 역사적 조건속에서나 가능한 일이다. 따라서 인간의 본질이 무엇인가를 놓고 철학자들이 벌이는 인간학 논쟁은 그 자체로 사변적 성격을 띨 수밖에 없다.

> 프루동은 모든 역사는 인간본성(human nature)의 끊임없는 변형에 다름 아님을 알지 못한다(*CW*6:172).

따라서 특정한 사회구성으로서의 근대 자본주의의 내적 운동원리속에서 지시되고 의미 지워지는 현실적 노동양식을 해명하는 일이 과학적 노동이론이며, 이러한 과학적 고찰을 통해서만 사회와 인간활동에 대한 신비적 파악은 지양될 수 있다.

> 노동은 '애매모호한 것(vague thing)'이 아니다. 그것은 사람들이 사고 파는 특정한 노동이지 결코 노동일반일 수 는 없다. 노동은 대상에 의해서 질적으로 규정될 뿐만 아니라 대상 역시 노동의 특정한 질에 의해서 규정된다. 노동이 구매되고 판매되는 한, 그것은 하나의 상품이다(*CW*6:130).

마르크스는 자신이 부르주아 사회와 관련하여 '과학적' 연구라고 언급한 문제틀을 이제 자본주의라는 실제적 현실에 근거하여 그것의 운동원리를 밝히는 작업으로 설정한다. 이는 구체적으로 자본주의 사회가 임노동과 공장제도에 기반하여 움직여 나가는 사회라는 사실, 노동시간에 의한 상품의 가치결정이라는 정당하고 합리적인 근거속에 실제로는 살아있는 인간에 대한 부르주아적 착취의 비밀이 숨겨져 있다는 사실로 진전되는 문제의식이다.

2. 시간의 두 가지 차원: '철학적 시간'과 '사회적 시간'

사회적 시간에 대한 탐구야말로 마르크스에게 결정적인 이론적 전환의 계기를 형성해준 것으로 간주할 수 있다. 근대 부르주아적 형태의 노동가치체계속에서 사회구성원들의 삶이 구성되는 순간, '시간차원'(time-dimension)은 근대부르주아 사회의 노동활동과 여타의 사회적 삶을 가로지르는 핵심요소로 등장한다. 한마디로 근대부르주아 사회의 실제성과 그 역사적 기초를 밝히는 작업은 '시간의 주제화'(thematization of time)'방식에 대한 연구이자, 근대부르주아가 전개하는 사회적 시간기획에 대한 탐구인 것이다. 시간의 주제화란 결국 마르크스의 연구를 과학적인 것으로 만드는 핵심적 요소임과 동시에 서로 다른 이론적 구성물들을 유기적으로 엮어주는 이론적 실마리로 정의될 수 있다.4)

자연지리적 공간한계를 노동을 통한 사회적 시간응축으로 돌파해 나가는 식의 새로운 사회구성원리를 발명한 것은 근대부르주아의 역사적 공적에 해당한다. 마르크스는 부르주아 경제학자들이 수학적 추상성과 특유의 난해함을 통해 피력한 가치법칙의 제 규정이 실제로는 근대 부르주아의 사회적 시간기획의 산물에 다름 아니라는 사실을 밝혀냄으로써 부르주아 사회의 은밀한 기초를 정치적으로 독해할 수 있는 이론적 수단을 확보한 것으로 여겨진다. 자연철학적 시간개념은 이처럼 근대에 와서야 비로소 사회적 형태의 감성적 실체를 획득하게 되는데, 마르크스는 이미 1840년에 쓰여진 자신의 박사학위 논문인『데모크리토스와 에피쿠로스의 자연철학의 차이』(*Difference Between the Democretian and Epicurean Philosophy of Nature*)에서 데모크리토스와 에피쿠로스의 원자론과 원자의 자연적 현상형식인 천체(the Meteors)의 운동, 즉 우주에 대한 관점의 차이를 중심으로 시간개념에 대해서 심도깊은 철학적 고찰을 행한 바 있다.

마르크스가 데모크리토스와 에피쿠로스의 자연철학 가운데 가장 큰 차이를 보이는 지점으로 지목한 것이 바로 원자의 운동과 시간에 대한 관점이다.5) 마르크스에 따르면, 데모크리토스와 에피쿠로스는 원자를 본질로 인식한다는 점, 그리고 원자의 운동양식을 '직선낙하'(fall in a straight line)와 원자들간의 '반발'(repulsion)에서 찾는다는 점에서 일단 공통점을 보인다. 그렇지만 원자의 직선낙하라는 정적인 운동원리만 가지고는 원자들 사이에 반발이라는 변화의 운동양식을 설명하지 못하는 '이율배반'(antinomy)이 발생한다. 이러한 모순을 인식한 에피쿠로스는 원자들간의 반발을 설명하기

---

4) 부스는 마르크스의 정치경제학 저작내에서 시간의 아이디어를 추적하며, 이것을 '시간의 경제'라고 명명한다. W. J. Booth (1991) "Economies of Time: On the Idea of Time in Marx's Political Economy," *Political Theory*, Vol. 19 No.1, 참조.
5) 플라톤, 아리스토텔레스, 파르메니데스, 제논, 에피쿠로스등 고대 사상가들의 시간에 대한 철학적 논의에 대해 잘 정리하고 있는 글로는 G. J. Whitrow (1988) *Time in History: Views of time from prehistory to the present day*, Oxford: Oxford Univ. Press, pp. 37–51. 참조.

위해 '직선낙하로부터의 이탈'(deviation)원리를 설정하고, 이러한 원리를 원자의 '경사운동'(declination)을 통해 풀어간다.

에피쿠로스의 원자론이 갖는 경이로움은 무엇보다 경사운동으로부터 야기된 원자들간의 반발을 감성적 지각의 세계인 자연과 연관시키고 있다는 점에 있다. 에피쿠로스는 자연이라는 거시세계과 원자라는 미시세계의 연관성을 원자의 성질규정을 통해 표현한다. 에피쿠로스는 원자의 개념과 그것의 성질사이의 모순을 정립함으로서, 오히려 성질들을 통해 원자는 원자의 개념과 모순되는 현존재를 획득하게 된다는 것, 따라서 원자는 자신의 본질과는 다른 하나의 '현상'된 존재, 즉 자연으로 그 모습을 드러낸다는 사실을 간파했다.6) 이처럼 원자적 원리와 원자적 요소를 모순으로서의 원자의 상반된 규정이라고 정의함으로써 에피쿠로스는 추상적 이성에 의해 획득된 원자의 개념과 만물유전이라는 항구적 운동과 변화에 놓인 감성적 지각대상으로서의 자연사이에 일관성 있는 설명양식을 획득할 수 있게 된다. 이때 시간개념은 바로 에피쿠로스의 자연철학에서 본질계인 원자론이 현상계인 자연론으로 전환하는데 결정적 운동양식으로 규정된다.

마르크스에 따르면, 데모크리토스와 에피쿠로스는 원자를 본질로 설정하는 점에서는 동일하지만, 원자, 즉 본질계에서는 파악될 수 없던 시간개념을 자연, 즉 현상계에서 재규정하는 방식과 관련해서는 현격한 차이를 보인다는 것이다. 데모크리토스에게 시간의 계기란 본질계인 원자의 세계처럼 현상계인 실제의 세계에서도 중요치 않으며, 자신의 자연철학적 체계에 있어서도 반드시 필요하지 않다. 마르크스에 따르면 데모크리토스는 시간을 부정하기 위해서 시간을 설정한다(*CW*1:63). 이와 달리 에피쿠로스에게 있어서 본질의 세계로부터 배제된 시간이야말로 현상(appearance)의 절대형식이다. 시간은 '우발자(accidens)의 우발자(accidens)'로 규정되는데, '우

---

6) 마르크스가 에피쿠로스의 원자운동과 원자의 성질을 설명하는 내용은 *Difference Between the Democretian and Epicurean Philosophy of Nature* (*CW*1:46-62) 참조.

발자의 우발자'란 그 자체에 반영된 변화, 변화의 본질이다. 에피쿠로스에게 현상세계를 구성하는 형식이 바로 시간이다.[7]

이러한 고찰로부터 마르크스는 다음과 같은 결론을 도출한다.

첫째, 에피쿠로스는 질료와 형식의 모순을 현상적 자연 또는 자연현상의 특징으로 규정하며, 따라서 현상적 자연은 자연의 본질인 원자의 '역상'(counter-image)으로 전환 가능하게 된다. 이러한 전환은 원자라는 수동적 형태에 현상이라는 능동적 형태의 대립, 그 구체적 매개로서 공간과 대립되는 시간에 의해 행해진다.

둘째, 에피쿠로스는 현상으로서의 현상, 다시 말해 현상이 그것의 사실성내에서 자체를 활동적인 것으로 만드는 본질의 외화라는 사실을 처음으로 파악했다.

셋째, 에피쿠로스는 시간이란 변화로서의 변화이자, 그 자체 내에서 현상의 반영이기 때문에, 현상의 본성은 대상적 또는 객관적인 것으로 정립되며, 현상의 토대인 원자가 이성을 통해서 추론되는 것과는 달리, 정확히 감성이야말로 구체적 자연의 실재적 기준(criterion)을 구성하게 된다는 점을 파악했다. 다시 말해서, 에피쿠로스적 원자론에 따르면 **'인간의 감성이란 그 자체로 감각적 세계의 존재적 반영이자 구체화된 시간'**(Human sensuousness is therefore embodied time, the existing reflection of the sensuous world in itself)으로 정립되며, 따라서 감성적 지각이야말로 시간의 원천이자, 시간 그 자체인 것이다.

이 같은 시간과 감성사이의 상호연관성 때문에, 데모크리토스에게도 똑같이 발견되는 소위 '에이돌라(*eidola*)', 즉 인상(images)은 보다 일관된 지위를 획득한다. 인상(images)은 자연적 몸체의 형식으로서, 표면처럼, 즉 마치 피부와 같이 스스로를 떼어내어 사물을 현상으로 전환시킨다. 사물의

---

7) 이하의 논의로는 마르크스의 박사학위논문인 Difference Between the Democretian and Epicurean Philosophy of Nature 가운데 '시간에 대한 장'(CW1:63-65) 참조.

이러한 형태들은 사물 그 자체로부터 항구적으로 흘러나와 다양한 감각내로 침투해 들어가며, 그리고 감각적 방식으로 사물이 현상하는 것을 허용한다. 따라서 청각속에서 자연은 스스로를 들을 수 있으며, 후각내에서 스스로를 냄새맡을 수 있고, 시각속에서 스스로를 볼 수 있다.

데모크리토스에게 현상 - 시간 - 감성의 연관성은 하나의 비일관성 또는 억견에 불과한데, 왜냐하면 현상을 감각하는 것이란 주관적일 수밖에 없기 때문이다. 반면에 에피쿠로스에게 이것은 필연적 결과인데, 감성이란 그 자체로 현상세계의 반영이며, 현상이 시간을 통해 구체화된 형식이기 때문이다. 감성과 시간사이의 상호연관은 사물이 시간에 규정되는 특성인 변화와 감각을 통해 감지되는 그것의 현상이 내재적으로 하나인 것으로 정립되는 방식으로 드러낸다. 다시 말해서, 원자가 오직 추상적인 개별적 자기의식의 자연적 형식이라면, 감각적 자연은 객관화된 경험적인 개별적 자기의식이며, 이것이 이른바 '감각적인 것'이다. 따라서 추상적 이성이 원자의 세계내에서 유일한 판단기준인 것과 마찬가지로, 감각들이야말로 구체적 자연내에서 유일한 판단기준인 셈이다. 마르크스는 데모크리토스와 에피쿠로스의 자연철학, 특히 시간개념에 대한 차이를 통해 최초로 철학적 유물론의 태도를 확립한 것으로 여겨지는데, 여기서 시간으로 정립된 자연은 감성을 통해 지각되며, 이러한 지각형식은 원자, 즉 자연의 변화로 적극적으로 해석된다.[8] 한마디로 시간과 변화, 그리고 감성적 지각을 통해 구성되는 실제적 현실이란 의미로서의 현상계열에 대한 이해는 마르크스 철학의 핵심이다.

한편, 철학적 의미에서의 시간개념이 변화를 통해 감성의 세계로서, 또

---

8) 헤겔은 시간성을 유한자의 존재양식으로 파악하며, 이와 반대로 개념은 독립하여 자유로이 현존하는 무한자, 즉 정신, 이념의 운동을 통해 영원속에 존재하는 것으로 파악된다. 따라서 헤겔에게 자연은 시간의 계기로 구성되는 반면에, 이념과 추상의 형식은 영원성이다. 그러나 그 이유야 어찌됐든 자연, 즉 유한자의 존재형식과 운동양식을 시간의 계기속에 파악했다는 점은 헤겔의 뛰어난 통찰이 아닐 수 없다. G. W. F. Hegel (1983) 『철학요강』, 서동익 譯, 을유문화사, 227~228쪽 참조.

는 현상의 세계로서의 자연을 지각해내는 절대적 형식이라면, 개념으로서의 시간을 노동이라는 특정의 실천을 통해 사회구성의 원리로 기획해내는 사회가 바로 근대부르주아사회이다.

 마르크스는 먼저 근대부르주아사회의 착취의 기초가 노동의 초역사화에 기초한 시간의 주제화에 있음을 밝힌다. 노동의 초역사화란 사회적 노동이 인간 삶의 의미와 사회적 활동에 대해서 규정성을 발휘하는 역사특수적 사회구성의 성립을 마치 그것이 사회구성 일반의 자연적 토대인양 역사철학적으로 전도시키는 것을 의미하는 것으로, 이 글은 이미 노동의 초역사적 이론구성이 헤겔 역사철학의 핵심임을 밝힌 바 있다. 마르크스는 이러한 노동의 초역사화 과정에 대해서 다음과 같이 비판한다.

> 경제학자들이 현재의 제 관계--부르주아적 생산관계--는 자연적인 것이라고 이야기 할 때, 이 관계란 자연의 법칙에 순응하여 부가 창출되고 생산력이 발전하는 관계를 의미하는 것이다. 그러므로 이러한 관계는 시대의 영향과는 무관한 그야말로 **자연법칙**이다. 그것은 사회를 항상 지배해야만 하는 영구적 법칙이다. 따라서 여태껏 역사는 있어왔지만 더 이상 역사는 존재하지 않는다(*CW*6:174).

 하지만 이러한 전도가 단지 관념적인 것이 아니라 현실적 기초를 지닌 것이기 때문에 근대부르주아사회가 실제로 존립할 수 있는데, 다른 측면에서 노동의 초역사화 과정이란 사회적 활동을 노동시간으로 잘게 미분하여, 인간이 사회적 시간을 지배하는 것이 아니라, 이와 반대로 산인간을 시간이 육화된 형태로 대체하는 과정이다.

> 인간이 기계 밑에 완전히 예속되고 노동의 철저한 분업이 진행된 결과 이제 모든 노동이 동질화되었으며 또 노동에 대면하자마자 인간은 사라져버리게 되었으며 그리고 또 이제 시계추가 마치 그것이 두 개의 증기기관의 속도를 측정할 때와 마찬가지로 정확한, 두 명의 노동자의 여러 행위간의 관계를 계량하는 정확한 측정기가 되어 버렸다는 사실(……)따라서 이제

우리는 더 이상 어떤 사람의 한 시간의 노동이 다른 사람의 한 시간의 노동과 동일한 가치를 가지고 있다고 말해서는 안되며 오히려 한 시간동안 어떤 사람은 한 시간동안의 다른 사람과 동일한 가치를 가지고 있다고 말해야 할 것이다. **시간이 모든 것이며 인간은 아무것도 아니다. 기껏해야 인간은 시간의 육화(肉化)(carcase)일 뿐이다. 질은 더 이상 문제되지 않는다. 단지 양만이 모든 것을 결정한다.** 한시간 대 한 시간, 하루 대 하루. 그러나 이와같은 동질화가 프루동씨의 영원한 정의의 소산인 것은 결코 아니다. 그것은 아주 명백히 드러나는바 근대산업의 산물일 뿐이다. 자동화된 작업장에서 한 노동자의 노동은 다른 노동자의 노동과 어떠한 식으로든지 거의 구별되지 않는다. 노동자들은 단지 그가 노동에 사용한 시간을 통해서만 구별될 수 있을 뿐이다(……)이것이 바로 **근대 산업사회 속에서 존재하고 있는 제반상태의 궁극적인 상황**이라 할 수 있다"(*CW*6:127)(강조는 인용자).

인간을 시간의 '육화(肉化)형태'로 대체하는 부르주아적 시간기획[9]이란 동시에 오랜 노동생산력 발전의 귀결이기도 한데, 노동생산력 발전이 시간의 사회적 주제화라는 형태를 띠게 될 때 비로소 모든 구체적 노동과 나아가 인간의 모든 사회적 활동이 실제로 동질화될 수 있다. 사회적 시간에 따른 노동의 동질성에 기반해서만이 노동생산물의 교환이 전면화되며--물론 역사적으로는 교환의 발전이 사회적 노동활동의 동질화를 가속화시키는 선행 원인이긴 하지만 이론적으로는 노동의 동질화가 교환의 토대로 간주되어야 한다---, 곧 인간 그 자체도 교환대상이 되는 임노동제가 성립될 수 있다. 마찬가지로 근대부르주아 사회의 이러한 특성으로 말미암아 교환

---

9) 코젤렉은 경험공간과 기대지평의 간극이라는 관점에서 근대적 시간구조를 해명한다. 그에 따르면 18세기 중반이후 근대는 자연적 시간과 구분되는 소위 '역사적 시간'을 육화하여 생산하기 시작했다. 구체적으로 근대 들어 경험공간과 기대지평이 점차 분리되어 그 간극이 벌어지는 가운데 경험은 점점 적어지고 기대는 점점 커진다는 것이 그의 핵심적 주장이다. 코젤렉의 역사적 시간성과 이 책의 사회적 시간의 문제설정을 비교하여 살펴보는 것도 독자들에게는 좋은 읽을거리가 될 것으로 판단된다. R. Koselleck (1998)『지나간 미래』, 한철 譯, 문학동네, 참조.

될 수 있는 가치, 즉 시간의 주제화에 입각한 노동의 동등성에 기반하여 조직된 활동이야만 '생산적 노동'이다.

한편, 인간의 동등한 활동성, 즉 노동의 등가성에 기초하여 교환이 이루어지는 사회구성체는 상품과 화폐라는 가치형태를 노동의 동등성을 표상하는 일반적 징표로 받아들임으로써 성립된 것이지만, 이제는 거꾸로 화폐라는 일반적 가치가 다른 모든 사회적 활동을 표상하는 주체로 탈바꿈되어 소위 '주객'이 전도되는 물신화 현상이 발생한다.[10] 화폐는 이제 모든 사회적 형태의 인간활동을 대표하는 보편권력으로 자리매김된다. 동시에 화폐라는 보편성을 소유한 특정한 인간집단, 역사적으로는 상인들이 그러한 보편적 수단인 화폐의 증대를 위해 다양한 사회적 실천 가운데 하나인 특정 활동으로서의 노동을 시간으로 주제화 되는 일반적 활동으로 전화시킬 때, 정확히 인간의 노동력 자체 역시 상품화되는 사태가 발생한다. 나아가 구매된 노동력이 노동활동을 통해 보편적 가치형태인 화폐증식을 자기활동의 목적으로 정립할 때 화폐는 자기와는 전혀 다른 질적 규정성을 지닌 명실상부(名實相符) '자본'(資本)으로 전화된다.[11]

---

10) 서구 마르크스주의내에서 근대사회의 노동에 대한 관점은 대체로 주로 루카치의 물상화 테제에 직-간접적으로 영향받은 것으로, 이러한 이해방식을 우리는 노동에 대한 철학적 이해라고 부를 수 있다. 사회적 노동의 특성을 사물화의 관점에서 바라보는 입장은 노동의 좋은 측면과 나쁜 측면이라는 식으로 노동을 이원화시키는 구상을 작동시키는 특징이 있다. 이러한 입장은 모두 자본주의적 노동을 사물화라는 것에 위치짓는 가운데, 루카치의 경우 그것을 '정관(靜觀)으로서의 노동', 그리고 존-레텔은 '정신노동', 쟝-마리 뱅상은 '추상노동' 등으로 규정하며, 사물화를 지양하는 대안적 노동으로 '구체적 노동', '육체노동', '심미적 노동'을 들고 있다는 점에서 이들은 노동에 대한 인식론상의 동일한 계열을 이룬다. G. Lukacs (1971) *History and Class Consciousness, Cambridge*: The MIT Press, Sohn-Rethel (1986) 『정신노동과 육체노동: 철학적 인식론 비판』, 황태연, 윤길순 譯, 학민사, J-M. Vincent (1991) *Abstract Labour: A Critique*, London: Macmillan Press 참조.
11) 『자본』의 구성중 특히 제1부 가치형태와 관련된 장들의 내용과 그 이후의 '자본'의 생산과정과 관련된 장들은 정확히 이러한 구분속에서 논리적 편제를 지닌다. 따라서 『자본』의 '상품'과 '가치형태'에 관한 장들이 헤겔의 『대논리학』의 사유특성을 그대로 모방한 것이냐, 아니냐 하는 논의는 무의미한 것이다. 이러한 논쟁과

화폐라는 가치형태가 사회를 대표하는 일반적 지위에 오르는, 다시 말해서 인간의 생산물이 오히려 인간을 지배하는 전도된 세계상을 만들어 내는 전 과정이란 앞에서 살펴본 것처럼 시간의 주제화에 따른 사회적 노동분업의 확대와 사회적 노동생산력 발전의 역사적 결과[12]에 다름 아니다. 하지만, 이제는 '자본'의 등장으로 오히려 근대부르주아 사회가 시간의 주제화에 입각하여 사회적 노동생산력의 발전을 가속화시키는 요인[13]으로 작용함으로써 사회구성의 원리는 완전히 일변한다. '시간의 주제화'가 자본주의적 생산양식으로 현상할 때, '시간의 주제화'는 더 이상 등가교환에 입각한 단순한 가치형태를 띠는 것이 아니라, 근대부르주아의 사회적 시간기획이라는 착취형태로 전화하며, 착취의 시간을 그 주된 목표로 하는 자본의 사회적 시간기획은 그 자체로 정치적 지배와 규율이라는 권력관계적 특성을 내장하기에 이른다. 바로 이러한 관점에서 근대부르주아 사회에 대한 정치적 독해의 필요성이 제기된다 하겠다.

그렇다면 자본이 노동활동을 통해 사회적 시간을 지배하고 기획해내는 근대부르주아 사회의 일반적 특성[14]을 마르크스 정치이론의 유기적 구성

관련해서는 S. Mercier-Josa (1984) "Marx and Hegel," in S. Hänninen & L. Paldan (eds.) *Rethinking Marx*, Berlin: Argument-Verlag, 1984와 V. Pietil (1984) "The Logical, and Historical and the Forms of Value," *ibid.*, 참조.

12) 동시대의 철학자들에 비해서 헤겔이 성취한 위대성이란 바로 자기산출적 활동으로서의 사회적 노동의 지위를 명백히 이해하고, 그러한 사회적 노동이라는 토대 위에서 사회가 실제로 구성되는 양식, 그리고 화폐가 그러한 사회의 보편의사로 위치 지어지는 전과정에 대해서 명확히 인식했다는데 있다. M. Riedel (1983) 『헤겔의 사회철학』, 황태연 譯, 한울, 81~82쪽 참조.

13) "노동도구의 집중이 발전함에 따라 분업도 발전하며 역으로 분업이 발전함에 따라 노동도구의 집중도 발전한다. 이것은 거대한 기계의 발명이 더욱 거대한 분업을 수반하며 분업의 증대가 역으로 새로운 기계의 발명을 불러일으키는데 대한 이유가 된다"(*CW*6:187).

14) 르 고프는 근대 부르주아 사회의 핵심적 규정성이 사회적 시간을 주제화 하는 것에 있었음을 잘 보여준다. "도시의 부르주아지는 중세인의 정신적 범주에 하나의 혁명을 일으킴으로써, 부르주아지 문화를 가장 확실하게 전파할 수 있었다. 그 혁명 중에서 가장 혁혁한 것은, 의심할 나위없이, 시간개념과 시간측

이라는 이 글의 테마와 어떻게 연관시킬 수 있을까?

먼저 사회적 시간기획과 경제적 착취이론과의 관계이다. 노동활동 일반의 조직적 완성으로서의 근대적 대공장내에서 어떤 일이 벌어지고 있는가가 마르크스 착취이론의 문제의식이며, 시간의 주제화와 관련해서 볼 때 경제적 착취야말로 노동과정내에서 행해지는 부르주아적 시간기획의 핵심적 목표이다. 이것은 일차적으로 사회적 노동시간내에서 필요(지불)노동시간과 잉여(부불)노동시간과의 관계로 현상한다. 그리고 이차적으로 사회적 필요노동시간과 비노동시간 혹은 자유시간과의 관계로 설정되는데, 이러한 형태의 시간의 주제화 방식은 사회적 노동시간이 고정되어 절대적 잉여가치가 축소되는 경향을 보이게 되면, 자본의 입장에서 그다지 중요하지 않게 된다. 전체적으로 자본의 이해가 사회적 노동을 통해 살아있는 인간을 지배–규율하려는데 놓여 있다고 한다면, 자본의 입장에서는 사회적 노동의 내용이 자유시간, 즉 비노동시간의 내용을 규정하는 것이지 그 역은 아닌 것으로 간주할 수 있다. 이 글은 제6장에서 '시간의 정치'가 부르주아계급과 노동자계급 사이에 역사적으로 전개된 적대적 권리투쟁의 핵심적 요소임을 자세히 고찰할 것이다.

두 번째는 잉여가치창출, 다시 말해서 착취의 전과정은 사실상 공장내에서의 사회적 노동활동인 직접적 노동과정으로 현상한다는 측면에서 실제적인 노동과정의 발전사를 조망할 수 있으며, 구체적으로 이는 주로 마르크스의 상대적 잉여가치에 대한 논의와 연관된다. 여기서 중요한 사실은 노동과정에 대한 연구는 마르크스가 서문에서 밝힌대로 "자연과학적으로 정확히 확인될 수 있는 경제적 생산조건들에서의 물질적 제 조건들에 대한 변화"(*CW*29:263)에 대한 탐구라는, 말 그대로 '과학적'이고 경험적인 연구를 통해 확인될 성질의 것이지만, 그것의 올바른 해석은 마르크스 이론의

정(the concept and measurement of time)이라는 혁명이다"(J. Le Goff, *The Fontana Economic History Europe: the Middle Ages*) J. Whitrow (1988) *Time in History: Views of time from prehistory to the present day*, Oxford: Oxford Univ. Press, 표지에서 재인용.

유기적 구성의 측면에서 착취이론과 권리의 정치이론을 매개할 때만 가능하다. 이와 같이 직접적 노동활동과 관련된 마르크스의 이론을 그의 여타의 이론들과 유기적으로 결합시킬 때 소위 생산력주의나 기술주의 등과 같이 노동과정 혹은 노동이론을 자립화하는 논의를 비판할 수 있다. 같은 이유에서 마르크스는 "1825년 이래로 기계의 발명과 사용은 오로지 고용주와 노동자사이의 전쟁의 결과"($CW$38:99)라고 강조했던 것이다.

근대 부르주아적 형태의 시간의 주제화와 이에 연한 노동이론의 관계는 자본과 임노동이라는 사회적 생산관계의 규정속에서만 그 현실적 의미가 살아난다. 따라서 근대부르주아의 시간기획인 착취론의 입장에서 조망되는 노동이론이란 대개 사회적 노동시간내부에서 잉여노동시간을 필요노동시간에 비해 어떻게 얼마나 늘일 것인가 등의 산업공학적 논의로 집약되는 반면, 이러한 형태의 시간기획에 반대하는 노동자계급의 입장에서는 자유시간, 즉 노동이외의 가처분시간을 늘이고 이에 비해 노동시간을 어떻게 줄일 것인가라는 권리정치적 논의로 귀결된다. 이러한 권리정치적 관점을 노동자 계급의 시간의 주제화와 관련지어 살펴보자면, 그것은 자본의 정치인 착취기획과는 반대로 노동과정 외부에 존재하는 생활세계, 즉 자유시간으로 구성되는 사회적 영역에서 발생하는 욕구를 통해 사회적 노동시간을 규정하고자 하는 입장[15]이다. 자본의 프로젝트가 인간을 노동시간으로 육화시키는 형태로 시간의 주제화를 단행하는 것이라면 노동자 계급은 오히려 시간이 인간화되는 측면에 이해관계를 갖는 것으로 규정할 수 있다. 결국 권리의 정치이론의 측면에서의 시간의 주제화란 노동과정내에서의 필요노동과 잉여노동과의 관계에 이해를 갖는 착취이론과는 달리 자유로운 사회

---

15) 마르크스는 이미 『철학의 빈곤』에서 근대 부르주아 사회와 그것을 넘어선 사회와의 관계설정이 시간이 사회적으로 주제화 되는 방식의 차이에 있음을 밝혔다. "계급대립이 소멸될, 따라서. 어떠한 계급도 더 이상 존재하지 않을 미래사회에서는 사용은 이제 더 이상 생산시간의 최소량에 의해서 좌우되는 것이 아니라, 이와 반대로 사람들이 다양한 생산물에 바치는 생산시간이 그것들이 가지는 사회적 유용성에 의해 규정될 것이다"($CW$6:134).

적 인간적 활동시간을 확보하기 위해 사회적 노동시간을 어떻게 축소시켜 나갈 것인가가 주요 관건이다.

결론적으로 마르크스가 『철학의 빈곤』을 통해 자신의 결정적인 논점들이 처음으로 과학적으로 제시됐다고 말한 데에는 이처럼 '시간의 주제화'라는 문제설정을 통해 착취이론과 노동이론, 그리고 권리정치이론등 세 가지의 이론적 요소를 유기적으로 결합시켜 내야 함을 강력히 주장한 것으로 정리할 수 있다.

3. 근대부르주아사회와 전근대 사회의 생산원리의 차이: 시간기획 대 공간기획

지금까지의 논의를 통해 이 글은 『경철수고』를 통해 표출된 역사초월적 노동개념은 지양되고, 마르크스에게 노동이란 '근대부르주아 사회에 대한 문제설정내에서의 노동'이라는 구체적 의미를 띠게 되었음을 고찰하였다.[14] 그런데 자본주의사회내에서 지시되는 '노동'은 결국 사회적으로 노동이 집적된 형태, 다시 말해서 자본이라는 가치형태를 띠게 된다.

마르크스는 『자본』에서 그 어떤 시대에서건 노동활동을 조직하기 위해서 필요한 요소들, 즉 이러한 요소들이 결합되지 않고는 물질적 생산활동이 이루어 질 수 없는, 노동과정을 구성하는 세 가지 요소에 대해서 고찰한다. 그것은 합목적적인 대상적 활동인 노동행위 자체와 노동수단, 그리고 노동대상으로 구성된다.[15] 그러나 만일 노동과정을 구성하는 일반적 요소로 근대

---

14) "노동에 대한 예가 적절히 보여주고 있듯이 가장 추상적인 제 범주조차도 그것이—다름 아닌 그 추상성때문에—모든 시대에 타당함에도 불구하고, 이러한 추상의 규정성이라는 점에서는 역시 역사적 제 관계의 산물이며 단지 이러한 역사적 제 관계에 대해서만 또한 이러한 제 관계속에서만 완전한 타당성을 갖는다"(*CW*28:42).

15) 자세한 내용은 *CW*35:174ff. 참조.

와 그 이전의 노동과정을 비교한다면 우리는 노동활동의 무대가 자연에서 인공적 공장으로 옮겨지는 생산공간의 변화, 기계의 도입과 같은 생산수단의 변화, 과학과 기술의 생산과정내로의 직접적 적용이라는 기술발전적 변화이외에 아무런 차이도 인식할 수 없다. 이런 방향으로 논의가 진행된다면 근대의 노동이란 근대 이전사회의 노동활동의 양적 확대에 불과하며 질적인 단절의 계기를 발견할 수 없다. 따라서 근대와 그 이전의 노동활동의 차이를 이론적으로 규명하기 위해서는 사회적 생산과정이 이루어지는 종별적 차이, 다시 말해서 근대사회의 생산과정이란 전(前)근대적 사회구성과는 달리 시간을 주제화하는 가치증식과정에 직접적 노동과정이 종속적으로 결합되는데 있음을, 따라서 지배계급인 부르주아지가 노동의 직접적 조직자이며, 착취목적 역시 자본축적을 위한 가치증식에 있음을 이해할 수 있어야 한다.

이 글은 근대부르주아 사회의 핵심적 규정성이 사회적 시간의 주제화에 있음을, 그리고 근대들어 사회적 시간이 부르주아지에 의해 주제화 될 수 있었던 것은 근대 이전의 사회적 생산력 발전의 제 결과라 할 수 있는 사회적 노동분업의 확대와 이에 따른 상업적 교환의 증대, 그리고 이로부터 발생하는 가치형태의 발전에서 비롯된 것이라는 점을 고찰하였다. 휘트로는 사회적 시간의 주제화 형식이 이미 중세적 자본인 고리대금업에조차 관철되고 있음을 잘 보여준다.

> 중세에 시간을 판다는 것은 교회에 의해서 빈축을 샀다. 중세에 고리대금업을 금지했던 이유는 '시간팔기'가 자연에 위배된다고 생각했기 때문이었다. 이런 생각에는 시간이 모든 창조물들에 공평하게 속해있어야만 한다는 믿음이 밑받침되었다. 13세기말에 집필된 『모사판(模寫板) *Tabula exemplorum*』의 저자는 --- 그리고 둔스 스코투스(1260년경-1307)도 피터 롬바드의 『문장』이라는 주석서에서 같은 의견을 내놓았다 --- 이렇게 썼다. '고리대금업자는 돈이 생기리라는 희망 즉 시간을 팔기 때문에, 낮과 밤을 파는 것이 된다. 그런데 낮은 빛의 시간이고 밤은 휴식의 시간이다. 그러므로 그들은 영원한 빛과 휴식을 파는 것이다.'[16]

그렇다면 근대 부르주아의 사회적 시간기획의 최종결과는 무엇인가? 그
것은 노동의 상품화와 노동시간을 모든 것의 가치척도로 규정하는 형태의
노동의 초역사화 과정이다. 태초에 시장이 있었고 임노동과 자본이 있었을
지니. 따라서 이러한 사회내에서 인간의 모든 사회적 활동은, 시간으로 측
정가능한 노동만이 유일한 가치를 지니기 때문에, 노동이라는 물질적 생산
활동을 중심으로 편제되며, 모든 노동의 질적 특수성은 시간의 주제화에
따른 양적 차이로 환원된다. 이제 가치를 창출하는 것은 특정한 형태의 '구
체노동'이 아니라 '노동일반'[17]이다. 결국 근대 부르주아사회내에서는 부를
창출하는 생산 그 자체가 사회존립의 목적이며, 따라서 이러한 사회에서
착취란 주로 경제적 형태를 띠게 된다.

이와 달리 전(前)근대적 사회의 노동과 인간활동은 주로 공간의 주제화,
즉 시간의 공간기획이라는 형태를 띠었다.[18] 근대이전의 사회들내에서 공
간이 주제화 되는 기본원인은 일차적으로 사회적 생산력의 미발전과 그에
따른 교통수단의 원시성에 기인한 것이다. 인간활동과 노동을 위한 공간은
인간의 가시적 활동거리로 제한되며, 따라서 이들의 사회적 삶을 공통적으
로 유대케 하는 주요 연결고리란 다름 아닌 자연 그 자체이다. 근대이전의

---

16) G. J. Whitrow (1988) *Time in History: Views of time from prehistory to
the present day*, Oxford: Oxford Univ. Press, p. 183.

17) 마르크스는 아담스미스의 학문적 공헌을 가치와 부를 창출하는 활동으로서의
노동일반을 발견한 것에서 찾는다. "부를 산출하는 활동의 모든 규정성을 제거
한 것은 아담 스미스의 위대한 진보였다--매뉴팩처 노동도 상업노동도 아니
며 또한 농업노동도 아닌, 그러나 그 어느 것이기도 한 노동일반, 부를 창조하
는 활동의 추상적 일반성과 함께 이제 또한 부로서 규정되는 대상의 일반성,
생산물 일반, 다시 환원하면 노동일반, 그러나 대상화된 과거의 노동으로서의
노동일반"(*CW*28:41).

18) 휘트로는 고대사회가 공간기획에 의해 주도되었음을 밝히고 있다. "『일리아드』
에 나타난 올림포스의 신학과 도덕은 시간개념보다 공간개념에 의해 주도되고
있으며 가장 큰 죄는 자신의 분수를 모르는 교만이다. 콘포드에 따르면, 올림
포스의 신학과 도덕은 그 전체구상에 있어서 '정적이고 기하학적이다. 모든 것
에는 한계가 정해져 있으며 그 울타리를 절대로 넘어가서는 안된다'"(G. J.
Whitrow (1988) *Time in History: Views of time from prehistory to the
present day*, Oxford: Oxford Univ. Press, p. 37).

104

인간들은 대지의 자식들이었다.

전근대인들에게는 근대적 의미의 시간관념이 존재하지 않았다. 계절(season)의 변화, 이것이 시간을 측정하는 일차적 기반이었다. 계절이 시간의 주된 구성요소로 된 데에는 자연공간의 기후적 변화를 통해 계절이 정해지고, 이러한 계절변화가 생산활동의 방향을 지시해 주었기 때문이다. 공간변화, 즉 눈이 그치고 강이 풀려야 새로이 경작을 위한 파종을 하게 되는 형태의 노동주기, 다시 말해 이들에게 자연공간의 계절적 변화는 일종의 노동달력으로 자리매김 되며, 따라서 이들에게 한시간에 또는 하루에 얼마만큼의 물건을 생산할 수 있을 것인가에 대한 관념 역시 존재하지 않은 것은 당연한 일이다. 같은 이유로 사물을 측정하는 도량형 역시 공간개념을 통해 설정되었다. 예를 들어 마르크스에 따르면 고대 게르만인에게 1모르겐이라는 토지의 크기는 하루의 노동으로 계산되며, 1모르겐은 Tagwerk 또는 Tagwanne(하루일), Mannsmaad(남자 1인의 풀베기), Mannshauet(남자1인의 낫베기) 따위로 불렸다(*CW*35:76. f.n.1).

상술한 이유들로 전 근대 사회내에서 사회적 생산력의 주된 힘은 인간의 노동 외부에 존재하는 자연 그 자체로 존재한다. 인간의 생산활동은 기껏해야 자연의 신진대사를 일정정도 변용한 것에 지나지 않는다. 이들 사회의 기본적 생산단위는 '공동체'라 할 수 있으며, 사적 소유 역시 그 자체로는 존재할 수 없는 형태, 다시 말해서 공동체적 생산에 기반한 사적소유로 규정할 수 있다. 결국 공동체에 기반한 사회체제의 주요한 해체원인들 가운데 하나는 한정된 경작지내에서 추수한 생산물을 자급자족하는 공동체적 경제형태와 양립 불가능한 상품－화폐 등 교환양식의 침투 정도라 할 수 있다. 이는 역으로 공동체가 고립될수록, 그리고 계절의 혹독한 변용에 적응하기 위해 공동체적 생산단위나 그에 기반한 정치적 강제의 힘이 사회적 노동활동에 규정력을 발휘할수록 그만큼 공동체는 해체되기 어려운 일이었다.

한편 근대이전의 사회내에서 인간이 보유한 자연수명의 대부분이 노동활동에 종속되어 있었지만, 이들 사회내에서 노동활동의 기본원인은 생산 그 자체가 목적인 부르주아 사회와는 달리 생활을 위한 것이었다. 따라서 마르크스가 "인간이 생산의 목적으로서 나타난다는 고대의 견해는 생산이 인간의 목적으로 나타나고 부가 생산의 목적으로 나타나는 근대세계와 비교해 볼 때 매우 고상한 것"(*CW*28:411)으로 언급한 것은 위와 같은 이유에서 였다. 다만 인간 삶에 필요한 대부분의 생활수단을 자연에 의존하고 있었기 때문에 공동체의 구성원들은 인간의 수명 가운데 대부분을 노동활동에 투여할 수밖에 없었으며, 이는 다른 말로 노동수단과 사회적 노동생산력이 그만큼 발전하지 않았기 때문이라고 할 수 있다.

그러나 우리는 이러한 사회내에서의 노동의 목적이 인간 삶을 위한 것이었기 때문에 고되지 않고 인간적이었다는 식의 목가적 상상을 해서는 안된다. 노동활동의 목적이 삶을 위한 것이었다는 얘기와 노동 그 자체가 감각적으로 또는 육체-정신적으로 고되지 않다라는 것은 별개의 문제이다.[19] 전(前)근대사회는 기본적으로 농경사회였다. 이들 사회내의 노동양식은 노동력이 자연공간에 직접적 투입되는 식의 양상을 띰으로서 사회구성원 대부분이 사회적 생산활동에 투여되어야만 그나마 최저생계에 미치는 생활수단을 확보할 수 있었기 때문에 사회적 노동생산력 발전을 이루어 내기란 결코 쉬운 일이 아니었다.[20] 재화의 사용과 물질적 소비의 내용이 이미 저급한 사회적 생산력 발전수준에 한계 지워져 있던 관계로 이들 사회에서 수차, 선차 등 생산도구의 혁신과 발명은, 쉬나이더가 지적한 바와 같이 시인 안티파트로스의 희망섞인 관측[21]과는 달리 근대사회와는 전혀 다른 이유에

---

19) 노동에 대한 예찬과 그것에 대한 목가적 상을 그리고 있는 대표적 인물로 톨스토이와 러스킨을 들 수 있다. A. Tilgher (1958) *Homo Faber: Work through the Ages*, Chicago: Henry Regnery Company, 참조.

20) 근대사회이전의 생산개념이 주로 자연공간과 관련되어 있는 농경문화의 산물이라는 사실은 고대 그리스 사회를 그리고 있는 호머의 『오딧세이아』나 헤시오도스의 『勞動과 諸日』을 통해서 잘 드러난다. H. D. F. Kitto (1984) 『그리스문화사』, 김진경 譯, 탐구당, 56~57쪽 참조.

21) 키케로 시대의 로마시인 안티파트로스는 곡식을 찧는 물레방아가 도입되었을

서이긴 하지만 견딜 수 없을 만큼 힘든 노동조건을 농민들에게 부과했다.

독일의 노동사학자 쉬나이더에 따르면 고대 로마시대의 대부분의 농민들이 고된 육체노동에 종사하였고, 단순한 도구를 가지고 힘들여 노동을 하였던 탓에 신체가 급격히 노쇠해졌다. 자기가 생산한 물품을 도시로 운반해가는 농민의 모습을 담은 로마시대의 한 부조에 이 같은 사실이 강조되어 있다. 이 작품에서 농민은 심하게 구부러진 자세를 취하고 있는데, 이것은 물론 심한 노동 때문에 생기게 된 등의 고통을 표현하고 있는 것이다. 로마의 시인 루크레티우스는 고대사회 농민들의 노동이 얼마만한 고통을 수반하는 것인지에 대해 다음과 같이 감명깊게 묘사했다.

> 반짝이는 들의 곡식말고도 눈부신 포도동산을,
> 처음엔 바로 그이, 대지가 인간에게 베풀어주었다, 기꺼운 심정으로.
> 그뿐인가, 상큼한 새싹이여 무성한 풀밭까지도,
> 대지는 인간에게 마련해 주었음이다.
> 이제 이 같은 것은 우리 고투하며 힘들여야 자라는 것들.
> 우리는 황소와 농민의 힘을 뼈빠지게 혹사하곤,

때, 그것을 두고 '노예여성의 해방자'이자 '황금시대의 개척자'라고 칭송하는 다음과 같은 유명한 시를 남겼다.

> 그대 맷돌일 하는 아가씨들, 이제 손을 놓으시오.
> 닭의 힘찬 울음소리 아침을 알릴지나 좀더 잠자도 좋소.
> 케레스 여신께서 그대 요정 아가씨들더러 명하시길, 손으론 준비하는 일만
>   하라셨나니.
> 물레방아 위 높은 데선 물의 정령이 솟아올라 바퀴축을 돌리고선,
> 축의 둘레 빙빙도는 바퀴살을 회전시켜, 곡식 찧는 무거운 방앗돌 춤추게
>   한다오.
> 선조께서 주신 인생을 우리도 선조처럼 마음껏 여유로이 즐겨보세.
> 여보게, 일은 그만두고 여신이 우리에게 주신 선물을 실컷 즐겨보세.

(H. Schneider, (1982) 「고대의 노예경제: 로마제국의 경우」, H. Schneider (ed.) 『노동의 역사: 고대 이집트에서 현대 산업사회까지』, 한정숙 譯, 한길사, p. 154에서 재인용)

쇠(鐵)마저 너무 써서 낡아빠지게 해 버린다.
들의 정기로도 회복될 수 없을 만큼.
그네들은 농작물을 그렇게도 아끼건만 느는 것은 곡식들이 아니라 노동일
뿐.
잿빛 머리밭 가는 이는 벌써 머리를 가로 저으며 자주 탄식한다.
그 큰 수고는 헛되이 녹아 사라져 버렸다고.
때와 대를 가늠하여 오늘의 괴로움을 어제에 견줄 때면,
밭 가는 이는 아버지적 풍요로움을 기리곤 한다.[22]

결국 고대나 중세 등 근대 이전 사회의 운명은 같은 조건에서라면 주로 자연의 예기치 않은 변화가 얼마나 덜 발생하는가, 혹은 덜 변덕스럽냐에 좌우된다 해도 지나치지 않을 것이다. 한마디로 자연의 가호야말로 이들 사회의 존립과 안정, 구성원들의 삶의 안녕을 규정하는 핵심적 요소이며, 근대이전 사회내에서의 기근이란 바로 홍수와 한발같은 자연의 극심한 변화에 기인한 것이 그 대부분이었다.[23] 근대이전의 사회가 자연적 변화와 그 주기에 동화되어 있었다는 얘기는 그만큼 자연 그 자체가 삶을 이해하게 해주는 오랜 교사(教師)의 역할을 했다는 얘기와 같은 것으로서, 이들 사회에서 나이 많은 원로들이 존경받았던 이유는 이들 연장자들이 오랜 삶의 과정에서 그만큼 자연을 이해하는 경험을 쌓고 지식을 축적한 것에 대한 예우와 자발적 존경심의 발로에서 였다 할 것이다 .

또한 근대이전 사회에 있어서 노동생산물의 향유와 소비 그 자체가 계급적 지배의 목표였기 때문에 지배계급이 직접 생산을 조직한 예란 사실상 전무한 것이다. 같은 이유에서 노동에 대한 근대부르주아지들의 예찬과는 달리, 고대와 중세사회의 지배계급은 특정한 노동활동에 종사하는 식의 노

---

22) H. Schneider, *ibid.*, pp. 162-163에서 재인용.
23) 서양의 중세시대를 긴 중세라는 관점에서 일상적 시공간의 역사에 착목하여 재구성한 프랑스 아날학파 2세대의 대표적 사학자 쟈크 르 고프는 칼, 기근, 전염병, 야수 등이 중세사의 사악한 주역이었음을 잘 보여준다. J. Le Goff (1992) 『서양중세문명』, 유희수 역(譯), 문학과 지성사, 참조.

동분업을 '기계적'이고 '비천한 일'로 취급했다. 예를 들어 아리스토텔레스는 농업을 제외한 모든 노동을 자유민에게는 적합치 않은 활동으로, 특히 현대의 임금노동과 같은 류의 고대의 '서비스 임노동'(service for hire)을 저급한 천역(賤役)으로 간주했다. 그는 이러한 천역이 노예에게만 국한된 것이 아니라 말 그대로 '자기 손으로 일하여 먹고사는' 육체 노동자들에 의해서도 제공되며, 장인과 기계공 등이 이러한 사회적 활동에 종사하는 것으로 파악했다.[24]

정리하자면, 인간 활동에너지의 대부분을 경작 등 노동활동에 투입하는 생산방식과 함께 사용과 소비라는 사회적 생산의 목적이 축적을 할 수 없을 정도의, 아니 정확히 축적의 필요성을 발생시키지 않았기 때문에 전근대적 생산양식은 그 자체로 사회적 총생산력 수준을 제약하는 요소로 작용했다. 따라서 농업촌락과 격리되어 중세 봉건사회의 섬으로 존재한 자치시(自治市) '코뮌'이 상공노동에 전문적으로 종사하는 장인계층의 형성을 통해 근대사회로의 전환을 예비하는 생산력발전의 전초기지로 등장한 것은 당연한 일이라 할 것이다. 교환 그 자체가 생산의 목적인 상업적 가치와 장인생산이 마주치는 지점에서 초기 자본주의적 생산양식으로서의 수공업적 작업장과 매뉴팩처가 발생하게 되며, 이후 화폐 등 교환가치의 공동체 내로의 침투야말로 전(前)근대사회를 그 근저로부터 서서히 그러나 확실히 해체시키는 결정적 계기로 작용한다.

> 사람들을 공장으로 내몰았던 것은 프루동이 얘기하는 식의 평등한 사람들 간의 친선협약이 아니다. 매뉴팩처가 옛날의 길드내부에서 생겨난 것도 아니다. 근대공장의 지배자는 상인이지 옛날의 조합장이 아니다. 거의 모든 지역에서 매뉴팩처와 동업조합사이의 처절한 투쟁이 있었다(CW6:187).

---

24) Aristotle (1952) *The Politics of Aristotle*, ed. and trans., Ernest Barker, London: Oxford University Press, 1258b, 1277a, 참조.

　지금까지 살펴본 바와 같이 근대이전 사회의 생산양식이 주로 시간의 공간화, 공간의 주제화에 기반한 것이었다면, 근대사회는 이와 정반대의 공간의 시간화, 시간의 주제화로 특징지을 수 있다.[25] 근대 부르주아적 생산양식의 목적은 사용이 아니라 생산 그 자체, 다시 말해서 상업적 가치인 이윤창출이 사회구성의 주된 작인(作因)으로 자리잡게 된다. 따라서 근대적 시-공간의 문제는 단순 나열될 성질의 것이 아니며, 역사적 계기성에 대한 이해를 통해 재구성되어야 하는 주요한 이론적 테마로서, 근대사회의 경우 사회적 시간기획이 공간기획에 우선해서 설명되어야 할 것이다.[26]

　근대 부르주아가 중세 봉건계급을 대신하여 사회의 새로운 주인으로 등장할 수 있었던 핵심적 이유는 그들이 공간의 시간화, 즉 가치법칙이라는 시간기획의 모티프 아래 사회적 생산의 주도권을 장악할 수 있었기 때문이다. 근대란 사회적 노동시간이 특권화되어 성립된 사회형태이다. 따라서 시-공간의 관계설정에 있어서도 가치의 문제설정, 즉 자본주의적 시간기획이 근대적 공간배열을 결정하는 것으로 간주되어야 한다.[27]

---

25) 근대적 시-공간에 대한 다양한 연구방법을 소개하고 있는 글로는 이진경 (1997) 『근대적 시-공간의 역사』, 푸른숲, 67~68쪽 참조.

26) 마르크스는 근대적 공장제도의 목적이 공장이라는 공간의 이점(利點), 즉 "분업"에 있다기보다는 시간의 경제에 있음을 밝힌다. "공장의 효율성은 분업 그 자체에 있다기 보다는, 작업이 대규모로 시행되고 많은 불필요한 경비 등이 절약되는 환경을 만든다는 점에 있다"(*CW*6:187).

27) "벌금, 체벌, 해고, 이러한 것들은 첫 세대 공장노동자들의 '구태의연한 습관'을 쫓아 버리고 그들에게 시간경제관념을 심어주는데 동원된 가장 중요한 조치였던 셈이다. 시간경제관념, 곧 '시간은 금이다'는 원칙을 공장노동자들에게 주입시키고 정확한 시간을 지켜 작업장에 출석하기(……)등등을 노동자의 의식 속에 규범으로서 뿌리내리게 하는 데 성공하기까지는, 다시 말해서 새로운 행동방식과 작업습관으로 내면화시키는데 성공하기까지는 통틀어 대략 두 세대 내지 세 세대가 걸렸다."A. Paulinyi (1982) 「산업혁명: 영국에 있어서 공장제의 성립」, 같은 책, p. 280.

4. 자본의 근대 프로젝트: 가치의 증식

1) 노동시간의 물리적 연장을 통한 시간기획: 절대적 잉여가치생산

마르크스의 착취이론은 근대적 생산양식을 성립시킨 역사적 조건이 결합되어 '공장'이라는 특정 공간에서 생산이 조직[28]될 때 어떤 결과를 산출하게 되는가에 대한 연구이다. 마르크스는 근대적 착취에 대한 연구를 사회적 노동시간의 주제화와 이를 통한 가치창출이란 측면과 연결시켜 고찰하고 있다. 마르크스에 따르면, 잉여가치란 노동자에게 지불되는 임금의 가치를 초과하는 잉여노동시간에 대한 전유, 즉 부불노동의 결과로 발생하는 것이다. 이것을 근대 부르주아지의 사회적 시간기획이란 관점에서 고찰해보자.

마르크스의 잉여가치론에 따라 하루 임금이 10000원이며 노동시간이 10시간인 노동자가 하루에 생산한 생산물 총액은 상품의 판매 후에 기계 및 원자재의 가격을 제외할 경우 이보다 많은, 예컨대 20000원이라고 하자. 이 경우 노동자는 10시간의 노동시간 중에서 5시간은 자기의 임금을 위해 노동한 것이며 5시간은 자본이윤의 원천인 잉여가치의 생산을 위해 노동한 것이 된다. 이 경우 잉여가치 대(對) 임금(가변자본) 비율은 100% (=10000/10000×100)로 이것이 착취율로서의 '잉여가치율'에 해당한다. 그런데 만일 여기서 노동시간이 연장되어 12시간 노동할 경우, 노동자의 임금 10000원에 해당하는 필요노동시간은 5시간인 반면, 노동자가 창출한 총가치

---

28) "노동력의 소비과정은 동시에 상품의 생산과정이기도 하며 또 잉여가치의 생산과정이기도 하다. 노동력의 소비는 다른 모든 상품의 소비와 마찬가지로 시장 곧 유통영역의 외부에서 행해진다. 그러면 우리도 화폐소유자 및 노동력 소유자와 함께 시끄럽고 넓게 펼쳐져 있어서 누구의 눈에도 쉽게 띄는 유통영역에서 벗어나 이 두사람에 대해서 가려져 있는 생산의 장 곧 '관계자외 출입금지'라는 팻말이 출입구에 붙어있는 그 장소로 가 보도록 하자. 이곳에서는 자본이 어떻게 생산하는가 뿐만 아니라, 자본 그 자체가 어떻게 생산되는가도 밝혀질 것이다. 화폐증식의 비밀도 마침내 폭로되는 것이다"(*CW*35:172).

는 시간당 노동자가 산출한 가치가 1000원이므로 2000원이 더 늘어난 22000원이며, 여기서 잉여가치는 7시간의 가치량에 해당하는 12000원이다. 따라서 이 경우에 착취율은 120%(=12000/10000×100)로 늘어난다. 마르크스는 이처럼 노동시간의 물리적 연장을 통해 만들어지는 잉여가치를 '절대적 잉여가치'라고 불렀다. 이 글이 초보적 형태의 마르크스의 잉여가치론 정식을 상세히 설명한 것은 잉여가치론이 가치론의 연장선상에서, 즉 시간의 주제화를 통해 구성되고 있다는 점을 강조하기 위한 것이다.

마르크스의 잉여가치론에서 중요한 점은 동일시간 노동사이의 동등한 교환이라는 가치법칙의 정식에 위배되지 않기 때문에 착취가 가능할 수 있다는 사실이다. 위의 예에서 노동자가 받은 임금은 바로 노동자 그 자신의 노동력을 재생산하는데 필요한 생활수단 비용의 가격으로서 이는 정확히 등가교환이다. 따라서 착취란 논리적으로 노동력 가치인 임금이 지불된 이후, 지불된 임금의 가격과 노동력의 소비로서 직접적 생산과정에서 만들어진 새로운 상품가치의 차이를 통해 발생한다. 그런데 여기서 유의해야할 것은 이러한 가치의 차이를 우리는 직접적 노동과정내에서의 물리적 상태변화, 즉 노동시간의 추이를 통해서 감각적으로 확인할 수 없다는 점이다. 따라서 사회적 노동시간 10시간 가운데 노동자가 지불노동, 즉 필요노동시간에 해당하는 5시간을 일하면 자기 임금은 보전되지만 나머지 5시간분의 잉여가치는 발생하지 않을 것이라고 생각하는 것은 잘못된 형이상학적 사고이다.

1노동일이 6시간의 필요노동과 6시간의 잉여노동으로 이루어져 있다고 가정해 보자. 그렇다면 자유로운 노동자는 매주 6×6 즉 36시간의 잉여노동을 자본에게 제공하는 셈이다. 그것은 그가 1주일 중 3일은 자신을 위하여 노동하고 3일은 무상으로 자본가를 위하여 노동하는 것과 마찬가지이다. **그러나 이것은 눈에 보이지 않는다. 잉여노동과 필요노동은 융합되어 있다.** 따라서 나는 동일한 비율로, 예를 들어 이 노동자가 매분마다 30초는 자신을 위하여 노동하고 30초는 자본가를 위하여 노동한다는 식으로도 표현할 수 있다.

부역노동에서는 사정이 다르다. 예를 들어 왈라키아의 농민이 자신을 유지하기 위하여 행하는 필요노동은 그가 지주인 보이야르를 위하여 행하는 잉여노동과는 공간적으로 분리되어 있다. 그는 한쪽, 즉 필요노동은 그 자신의 경작지에서 행하고 다른 한쪽, 곧 잉여노동은 영주의 농장에서 행한다. 그러므로 노동시간의 두 부분은 자립적으로 나란히 존재하고 있다. 부역의 형태에서는 잉여노동이 필요노동과 명확히 구분된다(*CW*35:227).

가치가 노동생산물을 통해 보전되는 방식은 총노동시간을 통해 형성되며, 이렇게 실현된 가치를 실제로 확인할 수 있는 방법은 결국 사회적 총노동시간이 체현된 직접적 생산과정의 결과로서의 총노동생산물의 가치실현, 즉 생산된 상품의 판매를 통해서만 가능하다. 다시 말해서 직접적 생산과정의 결과로 형성된 총노동생산물의 가치크기를 통해 필요노동시간과 잉여노동시간의 배분비율을 확인 할 수 있지 그 역은 성립될 수 없다. 마르크스가 위에서 말한대로 10시간의 사회적 필요노동 가운데 분당 30초는 필요노동이, 30초는 잉여가치를 위한 노동이 행해진다면, 결국 이러한 형태의 노동이 하루에 600번 반복되는 것으로 규정할 수 있다. 그리고 이런 한에서 필요노동과 잉여노동은 노동생산물 내에서 하나로 융합된다. 이러한 사실은 생산기간이 짧은 노동생산물, 예를 들어 한시간에 10개가 만들어지는 곰인형과 공기(工期)가 긴 생산물, 예컨대 생산기간이 한달인 선박의 경우를 각각 비교해보면 명확하게 알 수 있다.

먼저 한시간에 10개가 만들어지는 곰인형의 경우 10시간에는 100개가 만들어 질 것이다. 그렇다면 우리는 이중 50개에는 필요노동시간의 가치만 포함되어 있고 나머지 50개는 잉여가치만 포함된 생산물을 만들었다고 할 수 있을까. 그렇지 않다. 100개의 생산물 각각에 잉여노동과 필요노동 모두를 포함한 10시간 노동의 총가치가 나뉘어 분포되어있다고 말하는 측면이 타당하다. 왜냐하면 생산과정상에 있어서 가치창출과정은 동시에 그 소재적, 감성적 측면에서 직접적 노동과정과 한데 뒤엉켜 융합되기 때문이다. 가치증식은 현실에 있어서는 노동력을 소비하는 직접적 노동과정으로 현상하는데, 이러한 직접적 노동과정은 필요노동과 잉여노동이라는 두가지의 가치창출형태로 그 시공간적 분리가 불가능하다. 노동자는 직접적 노동과정을 통해 자신의 임금보전을 위한 필요노동시간의 가치와 잉여노동시간의 가치를 창출하는 노동을 '동시'(同時)에 행할 수밖에 없으며, 이러한 사태는 생산기간이 한달인 선박의 예를 들어보면 더욱 분명해 진다.

한달이 공기(工期)인 선박의 경우, 위와 같은 조건에서 보름은 노동력의 가치를 실현하고 보름은 잉여가치를 실현하는 것이라 할 때, 노동자가 보름만 일하고 작업을 중단한다고 가정해보라. 이럴 경우 선박은 절반만 만들어질 것이고, 반쪽의 배는 사실상 배의 사용가치를 상실하여 무용지물(無用之物)이 될 것이다. 무용지물인 배, 다시 말해서 사용가치가 없는 배는 시장에서 팔리지 않으며, 그 경우 선박의 가치는 실현될 수 없게 된다. 따라서 가치증식이란 노동과정이 완결되는 것, 이 경우 한달의 공기가 지나 선박이 제 모습과 기능을 갖출 것을 전제로 한다.

정리하자면, 직접적 생산과정상에서 가치가 창출되는 형태는 지불노동시간과 잉여노동시간이 한데 융합되는 식으로 유기성을 띤다. 같은 이유로 자본주의적 생산과정이란 직접적 노동과정임과 동시에 추상적 노동을 통한 가치증식과정이라는 사실, 다시 말해서 우리가 자본의 착취를 확인할 수 있는 방법은 직접적 생산물이 실현된 가치크기, 즉 산노동과 생산전의 가치크기인 죽은 노동과의 비교를 통해서만 실제로 가능한 일로 된다.[29] 필요노동시간과 잉여노동시간의 비율을 통해 기획되는 가치증식과정의 형태로 마르크스가 착취의 시간을 주제화한 것은 결국 이러한 방식의 시간기획은 오직 자본의 입장에서만 설정 가능하다는 점을 보여주기 위한 것이다. 따라서 노동시간을 필요노동과 잉여노동으로 분리하는 식의 가치기획은 같은 이유에서 직접적 생산자인 노동자의 입장에서의 문제설정이 아니라, 자

---

29) "우리가 앞에서 보았듯이 실의 가치는 실을 생산하는 가운데 생겨난 새로운 가치와 실의 생산수단 속에 이전부터 존재하고 있던 가치의 합계와 같다. 이제 기능적으로 또는 개념적으로 서로 다른 생산물 가치속의 성분들은 생산물 그 자체의 여러 비율적인 부분들로 표시될 수 있다는 것이 밝혀졌다"(*CW*35:214).

114

본의 입장에서만 현실적[30]일 수 있는 시간기획으로서, 이는 자본의 권리실
현이라 할 수 있는 경제적 착취와 동일한 것이다.

> 자본가는 노동력을 그 하루 가치대로 샀다. 1노동일 중의 노동력의 사용가
> 치는 자본가의 것이다. 이리하여 그는 하루동안 자기를 위하여 노동자에게
> 일 시킬 권리를 얻은 것이다. 그러나 1노동일이란 무엇인가? 어쨌든 자연의
> 1생활일 보다는 짧다. 얼마나 짧은가? 자본가는 이 극한(즉 노동력의 필연
> 적 한계)에 대해서 독특한 견해를 갖고 있다. 자본가인 그는 오로지 인격화
> 된 자본일 뿐이다. 그의 영혼은 자본의 영혼이다. 그런데 자본은 단 하나의
> 생명충동 즉 자신을 가치증식하고 잉여가치를 창조하며 될 수 있는대로 많
> 은 양의 잉여노동을 자신의 불변부분인 생산수단으로 흡수하려는 충동만을
> 갖고 있다. 자본은 이미 죽은 노동으로서 이 노동은 오직 흡혈귀처럼 살아
> 있는 노동을 흡수함으로써만 활기를 띠며 그리고 그것을 흡수하면 할수록
> 점점 더 활기를 띠어간다. 노동자가 노동하는 시간은 자본가가 자신이 구매
> 한 노동력을 소비하는 시간이다. 만일 노동자가 자신이 처분할 수 있는 시
> 간을 자기자신을 위하여 소비한다면 그는 자본가의 것을 훔치는 것이 된다
> (*CW*35:223-224).

물론 필요노동시간이 임금부분이고 이러한 임금과 관련지어 볼 때 필요
노동시간부분이 늘어나면 노동자에게 이익이 되는 것이 아니냐, 따라서 노
동일내에서의 시간의 주제화는 산노동의 관점에서 중요하다라고 할 수 있
을 것이다. 그러나 이는 실제로 가능하지 않다. 왜냐하면 노동자의 임금은
노동자의 재생산비용, 즉 노동력의 가치이지 노동의 가치가 아니기 때문이

---

30) 이 글의 주장과는 달리 네그리는 잉여노동과 필요노동의 분리가 노동자의 자
　　율성을 증대시킬 수 있는 현실적 계기로 자리매김 될 수 있는 것으로 간주한
　　다. 그러나 네그리의 이론적 구상은 자본의 착취의 사회적 시간기획을 노동자
　　계급의 정치기획에 그대로 투사한 관점이라 할 수 있다. 이러한 방식의 자율
　　주의(autonomia) 프로젝트가 현실에서 실현가능하지 않다는 점에서 자본과 노동
　　의 관계에 대한 형이상학적 파악으로 여겨진다. 네그리의 견해로는 A. Negri
　　(1984) *Marx beyond Marx: Lessons on the Grundrisse*, Massachusetts:
　　Bergin & Garvey Publishers, pp. 100ff. 참조.

다. 다시 말해서 전체 사회적 수준에서 노동력의 실제가격, 즉 임노동자 재생산의 평균비용은 경험적으로 등락하는 노동력 수요와 공급의 평균지점에서 노동과정 이전에 대략 결정된다. 이러한 이유로『자본』에서 잉여가치를 분석할 때, 마르크스는 노동력 재생산비용인 임금, 즉 가변자본을 고정된 크기로 취급했던 것이다.

'절대적 잉여가치'의 예를 통해, 우리는『자본』에서 노동을 겨냥하여 이루어지는 시간의 주제화 방식은 자본의 착취권 실현을 위한 부르주아적 시간기획의 입장에서 개진된다는 점을 살펴보았다. 이 얘기는 다른 식으로 표현하자면 자본은 노동자를 노동하는 기계, 노동이라는 활동의 육체적 화신 즉 "비용이 덜 드는 생산수단들에 의해 대체되어야 할 생산수단"($CW$6:461)이라는 관점에서 바라보며, 그렇기 때문에 노동자에게 지급되는 임금 역시 오직 생산비용의 한 요소로만 취급하는 사태가 발생한다. 자본은 가치증식과정내에서 임금, 즉 노동비용에 해당하는 필요노동시간이 고정될 경우 잉여노동시간의 절대적 연장에 이해를 갖게 되는데, 이는 사회적 총노동시간의 측면에서는 노동시간의 물리적 연장의 형태를 띤다. 이와 같이 절대노동시간이 단순히 연장되어 발생하는 잉여가치의 확대를 마르크스는 착취의 '외연적 증대'라고 규정한다.

자본이 가치증식과정이라는 생산적 노동활동을 통해 사회적 시간망을 기획해 들어가는 양상에 대해 마르크스는 다음과 같이 서술한다.

> 자본주의적 노동과정내에서는 노동력의 정상적인 유지가 노동일의 한계를 결정하는 것이 아니라, 거꾸로 하루에 가능한 최대한의 노동력 지출이 노동자의 휴식시간을 결정한다. 비록 그것이 아무리 건강에 해롭고 무리이며 고통스럽다 할지라도 자본은 노동자의 수명을 문제삼지 않는다. 자본이 관심을 갖는 것은 오로지 1노동일에 유동화 될 수 있는 노동력의 최대한 뿐이다. 자본이 노동자의 수명을 단축시켜서라도 이 목표에 도달하려는 것은 마치 탐욕스런 농업자가 토지의 비옥함을 수탈함으로써 수확의 증대에 성공하려는 것과 같다($CW$35:252-253).

2) 사회적 시간기획의 변증법: 상대적 잉여가치

역사적으로 만일 노동자의 사회적 평균노동시간이 고정되어 상대적 잉여가치가 주된 착취양식으로 자리잡게되면 사태는 지금까지와는 전혀 다른 양상을 띠게 된다. 그런데 상대적 잉여가치의 생산만큼 자본이 노동활동의 측면에서만 사회적 시간을 주제화 한다는 것, 다시 말해서 생산과정이 오직 가치증식과정과 결부될 때만 자본에게 의미있는 것으로 간주된다는 것을 극명하게 보여주는 사례도 없다.

다양한 역사적 원인들로 사회적 평균노동시간이 고정되기에 이르면 자본은 이제 노동과정 외부시간에 대해서는 직접적인 이해를 갖지 않는다. 왜냐하면 노동시간의 사회적 고정이라는 사태가 이미 자본운동의 한계로 작용하기 때문이다. 따라서 자본의 탐욕적 시선, 즉 잉여가치 창출방식은 노동일 내부로 집중되며, 그것은 필요노동시간과 잉여노동시간의 비율을 변화시키는 방식으로 구체화된다. 예컨대 사회적 노동시간이 10시간으로 고정될 경우 5시간으로 설정된 필요노동시간을 그 이하로, 가령 4시간으로 줄이면 잉여노동시간은 6시간으로 연장될 것이다. 이럴 때 잉여노동의 비율은 $100\%(=5/5\times100)$에서 $125\%(=6/4\times100)$로 25% 상승하게 되며, 이것은 결국 자본의 입장에서 절대적 잉여가치가 만들어지는 것과 동일한 이익을 발생시킨다. 마르크스는 이처럼 노동일내에서의 비율 변동을 통해 성립되는 잉여가치의 창출방식을 착취의 '내포적 증대'로서의 '상대적 잉여가치'라고 규정한다.[31] 이러한 착취의 내포적 증대방식이 물론 착취의 외연적 증가와 동일한 효과를 가져온다 하더라도 그 의미에 대해서는 전혀 다른 각도에서 조망되어야 하는 바, 마르크스의 착취이론과 과학적 노동이론은

---

31) "노동생산력을 고양시킴으로써 노동력의 가치를 하락시키고 그리하여 이 노동력의 재생산에 필요한 노동일부분을 단축시키기 위해서 자본은 노동과정의 온갖 기술적, 사회적 조건들, 따라서 생산양식 자체를 변혁시켜야 한다(……)필요노동시간의 단축과 그에 상응하는 노동일의 두 구성요소사이의 크기비율의 변화로부터 생겨나는 잉여가치를 나는 상대적 잉여가치라고 부를 것이다"(*CW*35:298-299).

이 지점에서 유기적으로 결합된다.

이 글은 상대적 잉여가치가 노동일내에서의 비율변동을 통해 발생하며 이러한 형태의 시간의 주제화가 자본, 즉 근대 부르주아적 생산양식의 기초임을 확인하였다. 그런데 여기서 이론적으로 문제로 되는 것은 노동시간 내 지불노동에 해당하는 필요노동시간이 축소되는 방식이다.

만일 필요노동시간이 노동자의 임금을 나타내는 부분이라면 필요노동시간의 축소는 형식논리적으로 볼 때 임금의 급격한 하락을 가져와야 정상일 것이다. 그러나 필요노동시간이 지불노동을 표시하는 임금과 단순비례하는 사태란 착취의 소재인 임금노동자 노동력의 정상적 재생산에 심각한 위협으로 작용하게 되며, 이는 궁극적으로 잉여가치의 창출이나 자본 그 자체의 재생산인 축적에도 중대한 위협으로 다가온다.

자본의 생산위기를 막기 위해서 자본은 결국 필요노동시간이 상대적으로 축소됨에도 불구하고 노동력 재생산비용인 임금의 절대적 크기가 삭감되지 않는 형태로 축적을 진행시켜야 한다. 결국 자본의 이러한 요구를 실현시키기 위한 방도란 바로 노동력 재생산을 위해 필요한 생활필수품의 가격을 인하하는 수밖에 없으며, 생필품의 가격이 하락하기 위해서는 결국 생필품을 대량으로 생산하는 경우 이외는 다른 방법이 없다.[32] 이는 과거와 동일하게 지급된 임금의 액면가가 표상하는 사용가치로서의 상품량이 그만큼 증가해야한다는 것으로서, 뒤집어 말하면 생필품 가격이 그만큼 하락해야 한다는 것과 같은 얘기이다. 결국 자본의 이러한 요구는 생필품 생산부문인 1차 소비재 생산부문의 대량생산을 자극하게 되며 급기야 노동생산력 일반의 급격한 발전, 즉 생필품을 생산하는 생산수단 그 자체의 자동

---

32) "차라리 자본은 기계를 오직 노동자가 자본을 위해 그의 시간 대부분을 일하도록 하고, 그의 시간 대부분을 그에게 속하지 않는 것으로 관계지으며, 타인을 위해 더 오래 일하는 것을 가능하게 하는 한에서 기계를 운용한다. 이러한 과정을 통해 하나의 주어진 대상을 만드는데 필요한 노동의 양은 최소로 줄게 되지만, 이는 오직 그것의 최대한의 수량내에서 최대의 노동을 실현하기 위한 것이다"(*CW*29:87).

화와 아울러 그러한 생산수단을 생산하는 기계 그 자체도 자동화하는 경제
적 압력으로 작용한다.

> 노동수단의 기계장치로의 전환, 이 기계장치의 단순한 부속물을 통해 산노
> 동의 기계장치의 활동수단으로의 단순한 전환은 또한 자신의 물질적 성격
> 에 따라 노동과정을 자본의 가치증식과정의 단순한 한 계기로 설정한다. 노
> 동생산력의 증대와 필요노동의 가능한 한 최대한의 부정은 우리가 살펴보
> 았듯이 자본의 필연적 경향이다. 노동수단의 기계장치로의 전화는 이런 경
> 향의 실현이다(CW29:83).

한마디로 근대부르주아 사회에서 기계화와 이를 뛰어넘는 자동화로 상
징되는 노동생산력의 급격한 발전이란 이처럼 상대적 잉여가치의 창출을
목적으로 생산비용 절감을 위해 산노동을 노동과정에서 축출하려는 자본의
소위 '생력화'(省力化) 요구에 따른 것이지, 직접적 생산자인 노동자의 노
동을 손쉽게 하고 고된 노동으로부터 해방시키기 위한 소위 '노동의 인간
화'가 그 목적은 아니다. 『요강』은 그 이유에 대해서 다음과 같은 입장을
취한다.

> 자본은 필요노동을 넘어서 잉여노동까지 노동자들에게 강요한다. 이러한 방
> 법으로만 자본은 자신을 실현할 수 있고 잉여가치를 창조할 수 있다. 그러
> 나 다른 한편 자본은 자신이 잉여노동이고 잉여노동을 잉여가치로 실현하
> 는 한에서만 그리고 그 정도에서만 필요노동을 설정한다. 그러므로 자본은
> 잉여노동을 필요노동의 조건으로서, 잉여가치를 대상화된 노동, 가치일반의
> 한계로서 설정한다(CW28:349-350).

노동이론논쟁에서 제기되어온 다양한 논의들 가운데 유연생산론, 전문화
생산론, 신생산개념 등 포스트-포디즘에 입각한 소위 '노동 유연화테제'의
문제점은 바로 노동과정이야말로 자본이 사회적 시간을 지배하여 노동의
바벨탑을 쌓아가는 배타적 권역(權域)이라는 사실을 도외시한다는데 있다.

잉여가치 또는 이윤창출이 자본의 지상과제인 한, 유연전문화된 포스트-포드주의적 생산이 노동과정을 인간화한다는 식의 문제설정은 핵심을 완전히 빗나간 것이다.[33] 공급영역(supply-side), 즉 생산은 쉐보르스키의 말을 빌리면, "부르주아지의 왕국"[34]이다. 그리고 자본주의 사회내의 생산과정을 단순히 노동과정의 측면에서만 접근하게되면 현대 자본주의 발전의 내적 산물인 구조적 실업 등에 대해서 올바로 접근할 수 없을 뿐 만 아니라 노동과 실업을 완전히 별개의 문제로 취급하거나 아니면 그러한 문제에 대해서 이론적으로 규명할 능력이 없기 때문에 아예 관심조차 두지 않는 사태가 발생한다. 현대사회의 실업문제란 근대부르주아의 사회적 시간기획의 제 결과에 다름 아니다. 따라서 이러한 문제들에 대해서 올바르게 이해하기 위해서는 마르크스 정치사상의 핵심이 자본의 권리기획인 착취론과는 상반된 노동자 계급의 권리정치기획이라 할 수 있는 생존-생활권 실현에 놓여 있다는 점을 알아야 할 것이다.

---

33) 황태연과 엄명숙은 독일의 오펠 등 대규모 자동차회사에서 80년대부터 본격으로 시행된 팀작업체제를 '탈지식화된', 그들에 따르면, '차라리 손가락 노동자'의 관료주의적 규제라는 위계적 노동규율을 원리로 하는 테일러-포드주의의 안티테제로 간주한다. 이러한 이유에서 그들은 팀작업체제의 역사적 의의를 인간에게 배타적으로 속하고 애당초 가장 재주없는 건축기사도 가장 나은 솜씨를 가진 꿀벌보다 뛰어난 것으로 특징짓는 마르크스의 노동개념과 이것의 사회적 차원이 테일러-포드주의에 대한 노동의 보복 형태로 복권(復權)된 것으로 간주한다. 그러나 꿀벌보다 인간이 나은 점을 꿀벌에 비해 인간의 손재주가 뛰어난 것에서나 찾는 것은 마르크스 사상에 대한 가장 속류적이고 저급한 해석일 것이다. 황태연/엄명숙 (1992) 『포스트 사회론과 비판이론』, 푸른산, 85~86쪽 참조.

34) A. Przeworski (1985) *Capitalism and Social Democracy*, Cambridge: Cambridge University Press, p. 212.

부르주아적 시간기획의 현상학

: 근대 사회의 노동양식

제5장 부르주아적 시간기획의 현상학:
근대 사회의 노동양식

이 글은 앞장의 논의를 통해 잉여가치가 창출되는 가치증식과정의 입장에서 사회적 시간이 주제화되는 방식에 대해 고찰했다. 그것의 핵심은 자본이 다양한 욕구와 실천적 감성을 지닌 활동적 개인들을 오직 노동활동에만 종사케 하는 착취의 프리즘을 통해 삶의 시간을 포획해 들어간 결과, 노동시간만이 사회의 유일한 생산적 기초로 간주되기에 이르렀다는 것이다. 이 글은 그것을 자본의 사회적 시간기획이라고 불렀다. 그런데 가치증식과정은 노동자들이 노동대상에 생산수단을 활용하여 새로운 사용가치를 만들어내는 직접적 노동과정과 결합될 때만 자본의 감성적 자태인 상품으로 현상할 수 있다. 이러한 맥락에서 우리는 노동과정과 자본의 시간기획이 맺는 관계, 구체적으로 노동활동이 실제적으로 조직되는 노동양식에 대해서도 살펴봐야 한다.

> 기계장치안에서 대상화된 노동은 물질적으로 산노동을 수취하는 것에 의해서 뿐만 아니라 실제의 생산과정 그 자체 안에서도 산 노동을 자기자신 아래에 능동적으로 포섭함으로써 그리고 지배하는 힘으로서 산 노동과 대면한다(*CW*29:83).

자본주의 생산의 전형적 노동양식인 기계제 대공업은 산업혁명을 통해 근대적 공장제도의 성립과 함께 노동수단의 일대 혁명을 가져왔는데, 산업혁명의 전 과정이 근대부르주아 사회의 발전과정은 물론, 직접적 생산자인 노동자계급과 맺는 다양한 동학[1]은 마르크스의 정치이론구성에 있어서 중

---

1) 영국에서의 공장제도의 성립과 산업혁명의 전개과정 및 근대적 기계제 생산체계의

요한 함의를 지닌다. 본 장에서는 근대부르주아의 사회적 시간기획의 핵심이 가치의 증식에 있다는 제4장에서의 이론적 발견을 그 준거로 가치증식이 실제의 현실에서 드러나는 다양한 현상형태와 함께, 근대 부르주아 사회의 노동양식의 발전에 따른 사회적 생산력 구조의 변동이 근대 부르주아지의 가치기획과 모순에 놓이게 되는 과정을 노동자 계급의 구성변화와 관련시켜 고찰하고자 한다.

1. 가내수공업(handicraft)

기계제 생산이전의 노동양식은 크게 가내수공업과 공장제 수공업, 즉 매뉴팩처시기로 구분할 수 있다. 이 글은 전(前)기계제적 노동양식에 대해서 세부적으로 고찰하기보다는 그것을 구성하는 노동원리를 중심으로 살펴보도록 하겠다.

가내수공업은 길드나 준프트처럼 동업조합을 통해 이루어지는 철저한 공급제한과 비기(秘技)전수, 그리고 노동과정을 하나의 예술로서 승화시키는 그야말로 절정에 다다른 장인적 노동숙련의 완성과 사용에 그 조직 목적이 있는 것이 아니라 상인에 의한 선대제 생산, 즉 시장에서의 판매를 위해 생산이 이루어진다는 측면에서 장인생산과는 근본적 차이가 있다. 그러나 가내수공업은 노동과정을 조직하는 원리측면에서는 중세적 장인생산의 연장이라고 할 수 있다. 가내수공업에서 이루어지는 노동과정의 핵심은 인간의 노동숙련에서 비롯되는 것이다. 완성된 숙련도는 인간육체 그 자체의 노동수단화, 즉 오랜 시간의 손노동을 통해 노동과정자체가 몸에 배는 형태를 통해서 달성된다.

확립이 노동자 계급에 미친 영향에 대해 역사적으로 분석하고 있는 글로는 A. Paulinyi (1982)「산업혁명: 영국에 있어서 공장제의 성립」, H. Schneider(ed)『노동의 역사: 고대 이집트에서 현대 산업사회까지』, 한정숙 譯, 한길사, 참조.

　가내수공업의 경우, 노동자의 고도한 숙련을 기초로 생산이 조직되는 관계로 상인이 선대(先貸)한 자본의 대부분이 필요노동시간을 구성하는 가변자본, 즉 임금에 투여됐다. 이와 더불어 생산의 주도권이 특정 노동기술의 담지자인 장인에게 있었기 때문에 상업자본가나 초기부르주아지들은 직접적 생산자에 대한 노동통제를 완벽하게 실현할 수 없었다.[2] 만일 노동자가 오로지 노동과정내에서 차지하는 높은 작업비중으로 인해 그런대로 괜찮은 사회적 지위를 향유한 적이 있다고 한다면, 이는 현대자본주의에서가 아니라 오히려 자본주의 초기의 수공업생산시대를 통해서 였다라고 할 수 있다.

> 노동과정의 일반적인 성격은 노동자가 자기자신을 위해서가 아니라 자본가를 위해서 노동과정을 수행한다고 해서 변하는 것은 결코 아니다. 장화를 만들거나 실을 잦는 특정한 방식 역시 자본가의 개입에 의해서 당장 변하는 것은 아니다. 자본가는 우선 시장에서 눈에 띠는 그대로의 노동력, 이리하여 자본가가 아직은 존재하지 않았던 시대에 생겨난 그대로의 그의 노동을 채용하지 않으면 안된다. 노동이 자본아래 종속됨으로써 생산양식 자체가 전화하는 것은 나중에야 비로소 생길 수 있는 일이고 따라서 나중에 고찰되어야 한다(*CW*35:180).

　가내수공업의 노동과정을 특징짓는 것은 노동생산력 자체가 노동자의 숙련에 기인한다는 사실에 있다. 장인적 기예를 지닌 노동자는 소규모의 손도구를 가지고 다양한 노동을 수행하여 소수의 노동자들과 함께 완제품을 만들어낸다. 그러나 인간의 육체가 오랫동안의 근로활동을 통해 숙련되는 식의 보편노동의 실현은 이미 노동자 자체가 사회적 분업속에서 그러한

---

2) 비하그는 1800-1850년대 산업화 초기 영국 장인노동자들의 투쟁이 노동과정과 노동생산물의 통제를 누가 할 것인가 등 생산과정의 주도권 다툼이었음을 잘 보여준다. C. Behagg (1988) "Controlling the Product: Work, Time, and the Early Industrial Workforce in Britain, 1800-1850'," in G. Cross (ed.) *Worktime and Industrialization: An International History*, Philadelphia: Temple University Press, 참조.

작업만을 하도록 규정되었기 때문에, 노동자의 사회적 해방의 기초라기 보다는 오히려 노동자를 특정 노동활동에 얽매이게 하여, 작업장내 노동분업을 가일층 발전시키는 기초로 작용할 뿐이다.

2. 매뉴팩처(manufacture): 공장제 수공업

직접적 생산자가 노동과정의 오랜 종사를 통해 거의 기예(art)의 수준에 도달한 숙련에 의해 제작되는 완제품생산체계로서의 가내수공업과는 달리 공장제수공업인 매뉴팩처는 완제품을 만드는데 요구되는 다양한 작업을 세분하여 각각의 노동자들에게 할당하는 작업방식이다. 특정 세부작업을 할당받은 고립된 노동자 그룹은 전체 메커니즘을 구성하는 부분들 가운데 하나에 불과하다. 마르크스는 매뉴팩처를 "분업에 기초한 협업"($CW$35:318)으로 정의하는데, 이러한 분업과정을 통해 인간은 이제 오직 한가지 작업만을 반복적으로 수행하는 '노동기계'로 변모한다.

> 매뉴팩처는 생산적 충동과 그 소질의 세계를 희생하는 것을 대가로 노동자의 세부적 기능을 강제하는 것에 의해 노동자를 불구화된 기형동물로 만든다. 각각의 특수한 부분노동들이 각 개인들 사이에 분배될 뿐 아니라 개인 그 자체가 분할되어 하나의 부분노동의 자동장치로 전화되며 그리하여 인간을 그 자신의 신체의 단순한 조각으로 만드는 메네니우스 아그리빠의 말도 안되는 우화가 실현되기에 이른다($CW$35:340).

'과학적 작업연구'로 노동자들에게 악명 높았던 테일러의 시도란 그 원리에 있어서만큼 공장제수공업의 작업편제에서 시작된 것이라 할 수 있다. 그 원리란 직접적 노동자들이 지니고 있던 생산과정상의 지적 - 육체적 능력들이 다양한 측면에서 소멸하기 때문에 오히려 한 방면에서는 확대되며, 총노동자가 자본의 사회적 생산력을 증대시킴으로써 개별 노동자의 생산능력은 그만큼 빈약하게 되는 것이다(*CW*35:341).

테일러주의와 매뉴팩처의 차이점은 매뉴팩처 단계에서는 아직 노동수단이 미발전한 채 주로 노동자의 손도구에 의존한 수공업적 노동이 행해져 노동자를 실질적으로 포섭하는데 장애[3]가 있었다면, 테일러주의의 경우 기계제생산을 기초로 하기 때문에 노동과정에 대한 거의 완벽한 통제를 단행할 수 있는 기반이 전제될 수 있었다는데 놓여 있다.[4] 따라서 특정 노동활동을 반복적으로 시행하는 매뉴팩처의 원리와 테일러가 시도한 작업원리의 동일성, 즉 작업장내 분업의 극대화 과정으로서의 '실행노동과 구상노동의 분리', 그리고 '노동자의 탈숙련화 경향'에만 주목하여 궁극적으로 근대기계제생산을 매뉴팩처의 단순한 연장으로 간주하는 것은 둘 사이의 중요한 차이를 놓치는 것이다. 자본주의적 노동과정에 대한 선구적 연구라 할 수 있는 브레이버만의 『노동과 독점자본』 역시 이러한 차이를 제대로 포착하지 못하고 있다.

브레이버만의 중심테제는 자동화와 테일러주의적 과학적 노무관리의 도입이 노동의 탈숙련화 경향 및 그에 따른 기왕의 "구상(conception:정신노동)과 실행(execution:육체노동)의 분리"[5]를 더욱 강화하여 노동의 격하(degradation)를 가져오게 되는 것으로 요약할 수 있다. 과학기술혁명에 따

---

3) "우리는 예를 들어 영국에서 7년 동안의 수업기간을 규정한 도제법이 매뉴팩처 시대의 종말에 이르기까지 완전히 유효하였으며 대공업에 의해 비로소 폐기되었음을 발견한다. 수공업적 숙련은 여전히 매뉴팩처의 기초이며 매뉴팩처 가운데서 기능을 발휘하는 전체 기구도 노동자 그 자체로부터 독립된 객관적인 골격은 전혀 갖고 있지 않기 때문에 자본은 끊임없이 노동자의 불복종과 싸우고 있는 것이다"(*CW*35:346).

4) E. P. 톰슨은 테일러의 과학적 작업관리라는 노무관리기법에 체현된 작업장내에서 시간을 시계로 측정하는 기법증대가 새롭게 시도된 선구적 실험이라기 보다는 기왕에 있었던 등질적 시간의 제도화와 작업장 노동조직사이의 일반적인 상호관계를 단지 보다 강조한 것에 지나지 않은 것이라고 말한다. E. P. Thompson (1967) "Time, Work-Discipline and Industrial Capitalism," *Past and Present*, No. 38. 참조.

5) H. Braverman (1974) *Labor and Monopoly Capital*, New York: Monthly Review Press, p. 125.

른 자동화의 출현이 노동자의 숙련화와 다능공화(engineer)를 가져와 고된 노동으로부터의 해방을 가져올 것이라던 기술론자 혹은 미래학자들의 주장과는 달리 실제로는 소수의 다능공과 대다수의 반숙련공 혹은 탈숙련공으로 양극화되어 노동자의 지위와 힘이 더욱 약화된다는 것이 브레이버만 주장의 핵심이다.6)

브레이버만 테제의 문제점은 자동화 자체에 대해서는 논의하지 않고 그것을 다만 전제한다는데 있다. 자동화를 위한 생산기술 역시 그 자체로 인간의 산노동을 투입하지 않고는 실현될 수 없으며 자동화된 생산수단 역시 사회적 노동의 산물이다. 문제를 이렇게 본다면, 결국 정신노동과 육체노동, 구상과 실행의 분리를 통한 탈숙련화 테제는 노동과정의 규정적 발전경향을 피상적으로 혹은 단선적으로 해석한 것이다. 왜냐하면 이제 '숙련' 개념으로 노동과정을 분석할 수 있는 사회-경제적 지반이 무의미해졌기 때문이다.

여기서 중요한 이론적 문제는 '숙련'을 어떻게 정의할 것인가에 있다. 브레이버만적 숙련개념은 결국 장기간의 반복적 노동행위가 신체에 감각적으로 체화되는 형태의, 즉 '손에 못이 박히도록' 일한 결과로 체득된 '직능적 숙련'과 동일한 것으로 '숙련'개념이 본래 나타내고자 하는 사전(事典)적 의미 역시 그 이상을 벗어나는 것은 아니다. 그의 숙련개념에는 노동과정을 구성하는데 있어서 노동자가 소정의 사회적 고등교육체계를 통해 문자화된 사전지식으로 습득되는 식의 현대적 교육의 영향은 전혀 고려되지 않고 있다. 물론 브레이버만이 "생산이 집단적, 사회적 과정으로 재구성됨으로써 숙련에 대한 전통적 개념은 파괴되었고 과거의 장인적 숙련개념이 해체되고 노동과정에 대한 지배를 확립하기 위해서는 과학, 기술, 엔지니어링의 지식에 의하여 또는 이것을 통하여 노동과정을 지배하는 길밖에 없다"7)라고 말하지만, 그의 다른 설명에 의하면 이러한 길도 사실상 봉쇄된

---

6) H. Braverman, *ibid.*, pp. 424ff. 참조.
7) H. Braverman, *ibid.*, p. 443.

다. 왜냐하면 "이러한 과학−기술지식이 관리자 및 관리자에게 밀착된 관리조직의 수중에 극단적으로 집중"된 결과, 노동과정을 통제하는 것은 노동대중에게 차단되며, 따라서 "이제 노동자에게 남겨진 것은 숙련에 대한 경악할 정도의 부적절한 개념, 한정적이며 반복적인 조작, '숙련으로서의 속도'등의 개념"8)뿐이기 때문이다. 우리는 여기서 노동자의 숙련 (skill)을 통해 노동과정의 변화추세를 읽어내려는 브레이버만류의 노동이론이 '신장인주의(Neo-Craftsmanship)적 기술론'에서의 숙련에 대한 정의를 무의식적으로 수용하고 있다는 것, 그리고 이러한 신장인주의적 숙련개념이 자동화된 현대적 노동과정의 변화를 독해해내는데 있어서 장애로 작용하고 있음을 확인 할 수 있다.

　기계가 노동과정에 핵심적 노동수단으로 도입되기 시작한 순간부터 숙련개념은 사실상 그 본래적 의미를 상실하게 되었는데, 이러한 문제에 대한 마르크스의 분석은 다음과 같다.

> 숙련노동과 미숙련노동의 구별은 부분적으로는 단순한 환상에 기인하거나 적어도 이미 오래 전부터 실제적인 의미를 잃고 다만 전통적인 관습으로만 존속하는 여러 가지 구별에 기인한다. 또 부분적으로는 노동자 계급 가운데 자기의 노동력의 가치를 주장하는 힘이 다른 계층들에 비하여 약한 계층들의 절망적인 상태에 기인하는 것이다. 이 구별에서는 같은 종류의 노동들이 위치를 전도할 만큼 우연적인 요소들이 커다란 역할을 한다(CW35:192,f.n.1).

　20세기 후반의 현대 자본주의체제하에서 노동자들의 대다수는 적어도 10년 혹은 그 이상 동안 고등교육 혹은 대학교육형태의 사회교육체계를 의무적으로 이수한 뒤에야 노동과정에 투입된다. 보편적 교육체계와 노동체제는 밀접히 관련되며, 이러한 연관성은 브레이버만적 숙련개념이 아니라 노동과정의 변화와 노동자 계급구성의 변화의 동태적 상호작용을 함께 파악해야만 올바르게 이해될 수 있다. 왜냐하면 노동세계에 투입되기 전에 장기간의

---

8) H. Braverman, *ibid.*, p. 443

사회교육을 받는다는 사실이야말로 이전과는 다른 완전히 새로운 사회현상이라 할 수 있기 때문이다. 따라서 과거의 논의를 단지 반복하는 것이 아니라 현대적 노동과정의 새로운 추세를 설명할 수 있도록 노동이론을 재구성할 수 있어야 하겠는데, 그러한 재구성의 단초가 마르크스의 과학적 노동이론에 대한 동태적 해석을 통해 마련될 수 있을 것으로 생각된다.

3. 기계제 생산: 근대적 공장제도

앞절에서 이 글은 매뉴팩처의 원리와 테일러주의적 원리가 사실상 동일함에도 불구하고 공장제 수공업과 테일러주의를 통해 실현되는 기계제 생산간에는 질적 단절이 있다는 점을 강조했다. 그렇다면 이러한 질적 단절의 내용과 계기는 어떤 것인가.

공간적 측면에서의 공장체계는 이미 매뉴팩처 시기를 통해 완성된 것이다. 왜냐하면 매뉴팩처란 그 자체로 다수의 분산된 노동공간을 한데로 모아 사회적 노동을 조직하는 일 형태이기 때문이다. 그러므로 공장제수공업 단계에서 이미 자본주의적 생산의 원리인 시간의 주제화과정, 즉 공간을 시간으로 미분하는 토대가 마련되었다고 할 수 있다. 반면에 기계제 생산은 잉여노동시간을 자연적으로 연장하여 절대적 잉여가치를 추출하는 식의 착취의 외연적 확장과 함께 노동시간의 밀도를 응축하여 착취의 내포적 주제화를 모두 달성하게 해주는데, 그것의 핵심적 내용은 필요노동시간과 잉여노동이라는 총노동시간내에서의 비율변동, 다시 말해 필요노동시간의 단축을 통한 상대적 잉여가치의 생산이다. 따라서 근대적 기계제 생산이 도입되는 과정은 자본의 착취욕에 의해 추진되는 것이며, 직접적 노동과정의 측면에서 기계제 생산의 도입은 노동자의 작업장내 저항을 제압할 수 있는 주요한 물적 토대로 작용한다.

노동생산성의 원리가 노동자의 일정한 숙련에서부터 비롯되기 때문에 노동자의 사보타지가 생산에 중대한 손실을 가져오는 수공업적 생산이나 매뉴팩처 때와는 달리, 기계제 생산은 노동자의 숙련 그 자체를 무력화시키며, 노동자를 실질적으로 자본에 포섭시킬 수 있는 강력한 기제이다. 인간의 손노동에 기반한 숙련을 내구성이 강한 강철기계의 정밀한 기계적 반복동작이 대신하게 된 결과, 과거 고도의 숙련노동을 통해 생계를 영위했던 특정기술의 소유자들, 즉 고임금의 장인노동자들은 노동과정에서 퇴장해줄 것을 강요당하며--소위 '기계파괴운동'이라고 일컫는 러다이트 운동은 바로 이러한 퇴출과 그에 대한 저항의 산물이다[9]--, 과거의 복잡노동은 특별한 숙련이 요구되지 않는 단순노동으로 바뀌어 비숙련 노동자들이나 아동 또는 여성노동자들로 대체된다. 이러한 사정은 자본에게 저임금의 장시간 노동을 가능하게 하는 실제적 토대로 작용하는데, 기계가 생산과정에 도입되는 산업혁명초기의 역사만큼 자본의 심장이 얼마만큼 인간노동력의 무한한 착취욕에 기반 해 있는가를 보여주는 사례도 없다 할 것이다.

그러나 기계의 도입은 자본에게 인간에 대한 초과착취, 즉 절대적 잉여가치를 24시간이라는 자연적 한도내에서 무한히 연장할 수 있는 기술적 기초를 제공했던 것과 함께, 대규모의 동질적 노동대중을 양산하여 이들로 하여금 노동시간을 통한 착취의 무한한 증대라는 자본의 입장과는 상반된 의미의 새로운 사회적 시간기획에 대한 구상의 단초를 제시할 수 있게 해준다는데 또 다른 역사적 의의가 있다. 여기서 이론적으로 중요한 것은 숙련의 상실과 그에 따른 노동자의 등질화 경향이다.

---

9) "러다이트 운동은 야누스적인 양면성을 지닌 것이었다. 이 운동의 참여자들은 자기들이 고유하게 누리고 있던 특권과 아울러 위치를 보존하고자 하였다는 점에서는 과거 지향적인 성격을 가지고 있었다. 그러나 동시에 그들은 미래를 내다보고 있었다. 그들은 원래 공장입법 및 사회입법을 요구하였고 자기네들의 노동의 권리를 주장하였으며, 기업가들의 이익을 위해 그들로부터 단결권이 박탈당하였던 시기에 단결권의 실행을 내걸고 시위하였다. 그들 가운데 많은 사람들은 이를 위하여 자신의 목숨을 바쳤으며 투옥과 추방을 당한 사람도 숱하였다"(A. Paulinyi (1982) 「산업혁명: 영국에 있어서 공장제의 성립」, H. Schneider (ed) 『노동의 역사: 고대 이집트에서 현대 산업사회까지』, 한정숙 譯, 한길사, p. 308).

마르크스는 기계제 생산단계에 들어서 숙련을 상실하고 평준화되는 노동자의 특성에 대해 다음과 같이 규정한다.

> 노동자 스스로는 자기 노동의 특수성에 대해서 완전히 무관심하다. 그는 노동의 특수성에 대해서는 관심이 없고, 그런만큼 그것은 실제의 추상노동(labour), 즉 자본을 위한 사용가치이다. 자본을 위한 사용가치와 같은 그러한 형태로 노동의 담지자가 된다는 것은 그의 경제적 성격의 총합이다. 즉 그는 **자본가**(capitalist)와 대립되는 한에서 **노동자**(worker)이다. 이것은 **장인**(craftsmen)이나 길드의 성원, 즉 그 경제적 성격이 정확히 자신들 노동의 특수성과 그리고 특정도제의 관계에 놓여있는 사람들의 성격과는 명백히 다른 것이다. 따라서 이러한 경제적 관계는 노동이 기예의 특성을 보다 상실해 가는 것에 비례하여, 그리고 그러한 특정한 기예가 더욱 추상적이고 부적절한 것이 됨에 따라, 노동이 완전히 추상적인 활동, 특정한 형식과는 무관한 완전히 기계적인 행동, 그것의 형태와는 상관없이 단순한 물질적 행위로 변화됨에 따라 더욱 적합하고, 순수하게 발전한다 (*CW*28:223).

노동의 평준화 과정은 장기적으로 숙련과 기예 차이로 발생하는 노동자 내부의 분절화, 파편화 경향을 불식시키는 계기로 작용하기 때문에, 자본의 착취기획에 적대하는 노동자 계급의 보편적 이해에 입각한 권리정치 실현 요구는 기계제 생산단계에 들어서야 본격적으로 제기될 수 있었다. 따라서 기계제생산이 전 사회로 확산되는 시기와 노동자조합운동이 활성화되는 시기가 역사적으로 중첩되어 있는 것은 결코 우연이 아니다.

마르크스는 공장제 수공업을 넘어 기계제 생산의 도입이 지니는 양가(兩價)적 특성에 대해서 다음과 같이 적시한다.

> 매뉴팩처적 분업의 산물이 이번에는 기계를 생산하였다. 기계는 사회적 생산의 규제적 원리로서의 수공업적 활동을 지양한다. 이리하여 한편에서는 노동자를 부분적 기능에 평생토록 결박시키는 기술적 토대가 제거된다. 다

른 한편에서는 똑같은 원리가 자본의 지배에 대하여 부과하고 있었던 제한
들도 없어진다(*CW*35:347).

마르크스가 『자본』에서 예로 들은 영국의 경우, 기계의 도입으로 인한
장시간 노동과 저임금체계, 그리고 이와 결합된 열악한 작업환경과 주거환
경으로 인한 육체적 영양결핍은 급기야 노동계급 전체의 단순한 육체적 재
생산마저 어렵게 만드는 사태를 초래했으며 이러한 사정은 자본축적에 심
각한 위협으로 작용했다.

> 노동력의 가치는 노동자의 재생산 또는 노동자 계급의 자기 재생산에 필요
> 한 여러 상품의 가치를 포함하고 있다. 그러므로 자본이 무제한적 자기증식
> 욕에 의해 필연적으로 추구하는 노동일의 반자연적 연장이 노동자 하나하
> 나의 생존기간을 단축시키고 따라서 그들의 노동력의 내구기간을 단축시킨
> 다면 소모된 노동력의 보다 급속한 보전이 필요하게 되고 따라서 노동력의
> 재생산에는 보다 많은 소모비가 들어가게 되는데 그것은 마치 기계의 소모
> 가 빠르면 빠를수록 매일 재생산되어야 할 가치부분이 보다 크게 되는 것
> 과 마찬가지이다. 바로 그 때문에 자본은 그 자신의 이해관계에서 표준노동
> 일을 설정할 필요성을 지시받고 있는 것 같이 보인다(*CW*35:253).

다른 측면에서 기계제 생산이 장시간의 사회적 노동과 결합된 결과, 사
회적 생산능력이 급격히 발전하여 노동생산물은 과거와는 비교되지 않을
만큼 넘쳐나는데 이것을 실현시킬 일차적 구매력, 즉 국내시장의 수요가
그대로라면 자본은 축적 자체가 불가능하게 될 일이며, 이는 실제로 수차
례의 공황으로 이어졌다. 이에 따라 자본은 실질임금수준을 동결시킨 채
노동자의 구매력을 상승시킬 수 있는 방안, 다시 말해서 임금의 소비구성
부분을 변화시킬 수 있는 수단을 찾는데 사활적 이해관계를 갖게 되었고,
영국에서는 이러한 사태가 '곡물법 파동'으로 터져 나왔다.
　영국의 '곡물법 파동'에서 자본의 이해는 노동자들의 임금가운데 식비로
지출되는 곡물가격을 인하하기 위해 국내지주계급의 곡물독점을 폐지하고

외국에서 값싼 곡물이 수입될 수 있도록 자유무역을 주창하는 것이었다. 콥덴과 브라이트 등 자유부르주아 대표자들은 지주계급에 대항하기 위해 공장입법과 표준노동일 제정을 미끼로 노동자계급을 '곡물법철폐운동'에 동원했지만, 그들은 결코 노동자계급의 이익을 위한 사회개혁을 주창하지는 않았다. 그들은 자유무역을 통해 가치증식에 장애가 되는 각종 사회적 제약을 타파함으로써 자본의 자유가 무한정 지속되기를 기대했다.[10]

> 산업의 진보는 비용이 덜 드는 생존수단을 생산합니다. 요컨대 화주가 맥주를 대신하게 되었고 면이 양모와 아마를 대신하게 되었으며, 감자가 빵을 대신하게 되었습니다. 이와 같이 더 값싸고 보잘 것 없는 것들로 노동을 부양할 방법이 끊임없이 발견되므로 임금의 최소치는 끊임없이 저하될 것입니다. 임금이 인간으로 하여금 살기 위해 일하게 하는 것으로 시작됐다면, 그것은 인간으로 하여금 기계의 삶을 살도록 하는 것으로 끝납니다. 그의 생존은 단순한 생산력으로서의 가치외에 다른 어떤 가치도 가지지 않으며 자본가는 그를 그 가치에 따라 취급합니다(……)요약해봅시다. 현재의 사회와 같은 조건에서 무역자유란 무엇입니까? 그것은 바로 자본의 자유입니다(*CW*6:463).

이와 달리, 노동자 계급은 부르주아적 시간기획 그 자체의 변경을 요구했다. 이러한 요구는 자본처럼 노동일내에서의 착취적 시간기획과 그리고 그러한 노동과정을 통해 사회적 삶의 과정을 바라보는 시선이 아니라 이와 정반대의 시각, 즉 사회적 삶의 과정으로부터 노동과정을 바라보는 새로운 시간의 주제화 방식으로 규정할 수 있다. 노동자의 권리정치의 요구는 전

---

10) 마르크스는 「자유무역문제에 관한 연설」을 통해 맨체스터 부르주아들이 주창하는 자유무역이 도입되면 노동자와 자본의 대립이 한층 격화될 것임을 예고한다. "그러나 일반적으로 말하여 오늘날 보호무역제도는 보수적인 반면, 자유무역제도는 파괴적입니다. 자유무역제도는 오래된 국민성을 해소하고 부르주아지와 프롤레타리아트 사이의 적대를 극단까지 밀고 나가게 합니다. 한마디로 말해 상업자유의 제도는 사회혁명을 촉진시킵니다. 여러분, 오직 이러한 혁명적 의미에서만 저는 자유무역에 찬성하는 것입니다"(*CW*6:465).

사회적 수준에서의 공장입법의 실현과 그 핵심으로서 '10시간노동법'(Ten Hours' Bill)쟁취를 향한 노동자의 권리투쟁으로 불타오르게 되는데, '표준노동일' 제정과 관련하여 마르크스가 『자본』에서 행한 이론적 분석은 사실상 영국노동자들의 투쟁에 바친 헌사(獻辭)였다. 이러한 역사적 사례를 통해 드러난 중요한 이론적 내용은 노동자의 권리투쟁이란 바로 부르주아 사회 내부운동의 결과인 기계제 생산에서 비롯된 것임에도 불구하고, 그러한 투쟁이 전개되는 맥락과 그 원리는 결코 자연발생적이지 않으며, 자본에 대항하는 새로운, 그리고 독자적 형태의 권리정치기획을 통해서만 올바르게 제기될 수 있었다는 점이다.

노동자계급의 투쟁은 그 시작부터 이미 근대 부르주아지의 시간기획과는 상반되는 노동자계급의 독자적 시간기획을 구성하여 이를 사회적 권리의 형태로 요구했다. 마르크스가 『임금, 가격, 이윤』에서 펼친 다음과 같은 견해는 부르주아의 권리와 노동자 계급의 권리가 시간기획이라는 관점에서 적대한다는 이 글의 주장과 맥락을 같이 한다.

> 노동자들이 노동일을 이전의 합리적인 크기로 되돌리기 위하여 투쟁하거나, 또는 표준노동일 법을 제정케 할 수 없는 경우에는 임금을 그들에게서 짜내는 추가적 시간에 비례하는 정도로 올리고 또 그 이상으로 올리게 함으로써 과도의 노동을 방지하려고 노력한다면, 그들은 오직 자기자신과 자기 후세들에 대한 자기의 의무를 수행할 따름이다. 그들은 오직 자본의 포악한 약탈을 제한할 따름이다. **시간은 인간개발의 거처(room)이다.** 자유로운 시간을 조금도 갖지 못하는 인간, 수면과 식사 등의 순전히 육체적인 요구에 의하여 일어나는 중단이외에는 전체 생활이 자본가를 위한 노동에 빼앗기는 인간, 그러한 인간은 짐나르는 짐승(a beast of burden)만도 못한 존재이다. 육체적으로 지치고 정신적으로 거칠어진 그는 타인의 부를 생산하기 위한 기계에 지나지 않는다. 그런데 현대산업의 전 역사가 보여주는 바와 같이 자본은 만일 그대로 내버려둔다면 광폭하고도 무자비하게 전체 노동계급을 이러한 극도의 악화상태에 떨어뜨리려고 애 쓸 것이다(*CW*20:142).

이 글은 제6장에서 이러한 시각에서 제기되는 노동자계급의 모든 정치적 실천을 권리정치의 구조변동이라는 관점에서 논의할 것이다. 마르크스가 〈라인신문〉에서의 도벌법 논쟁등을 통해 처음 제기했던 바, 사물과 재산의 권능에 반대하여 빈한한 농민들의 생존권을 옹호하고자 한 그의 정치적 지향과 뜨거운 열망은 근대부르주아 사회가 작동하는 실제적 토대의 원리, 즉 시간이 주제화되는 역사적 방식에 대한 탐구와 아울러 이것을 실현하기 위한 수단으로서의 근대기계제 생산의 도입이라는 인식을 통해 이제 비로소 단단한 과학적 지반위에 서게 된 것으로 규정할 수 있다.

4. 사회적 생산력발전과 권리정치의 동학: 현대의 자동화된 생산체제

마르크스가 자본주의 체제에 대한 연구를 할 당시, 기계제생산이 사회적 수준에서 도입된 나라는 영국뿐이었다. 물론 영국의 경우에도 모든 산업이 기계제생산의 원리아래 일사불란하게 움직여 나갔던 것은 아니다. 소비재 생산부문인 면사, 방직공장 등에서는 이미 눈부신 기술발전의 결과 기계에 의한 생산이 단행되었음에도, 작업기계를 제작하는 공작기계 등의 생산은 여전히 고임금-고숙련기술자의 손노동에 의존하고 있었다. 그렇지만 마르크스는 산업혁명의 역사적 의의를 기계제작도구인 공작기계가 만들어진 사실에서 발견함으로써, 생산수단의 자동화가 갖는 사회-경제적인 일반적 원리에 대해 당시의 기술발전의 한계를 뛰어넘어 정확히 정의할 수 있는 이론적 통찰력을 확보할 수 있었다.[11]

기계제작도구인 공작기계의 의의란 인간의 천혜의 노동수단인 손 그 자

---

11) 마르크스는 "공작기계야 말로 18세기 산업혁명의 출발점"(*CW*35:353)이며, 공작기계의 발명을 통해 "비로소 대공업은 그 자체에 적합한 기술적 기초를 만들어 자신의 발로 서게 되었다"(*CW*35:363)라고 말한다.

체의 기예(art)와 숙련(skill)을 정밀한 기계적 운동 법칙에 따라 역학적으로 작동하는 노동수단으로 옮겨놓았다는 점에 있다. 따라서 사회전반의 일반적 수준에서 볼 때 정밀도와 정확성, 그리고 무엇보다 그 생산성에 있어서 인간의 손노동은 아무리 정교할 지라도 공작기계의 그것과는 잽이 되지 않는다. 특히 그러한 발전의 연장선상에 놓여있는 과학－기술혁명의 결과, 이제는 단순히 손의 기능을 노동도구의 정밀동작으로 대체시킨 기계적 공작기계의 수준을 넘어 작업과정을 계측하는 인간의 지적－감각적 기관의 기능마저 전산화하여 처리하는 형태의 컴퓨터수치제어(Computer Numerical Control:CNC) 자동화기계 등의 출현으로 노동자는 이제 단지 기계를 관제(controlling)하고 작동(operating)시키는 역할만을 부여받게 된다.12)

  그러나 이 글은 컴퓨터수치제어화나 사무자동화, 로봇의 작업장 투입 등 눈부신 기술발전의 요소가 단순히 인간의 노동을 편안하게 하고 고역으로부터 해방시킨다는 식의, 노동강도가 점차 약해질 것이라는 등의 기술발전론 또는 기술결정론 시각을 취하지 않는다. 오히려 그러한 입장은 이 글의 주장에 정면으로 배치된다. 과학－기술공학발전의 제 결과, 전자감시체계 등 자본에게는 노동통제를 완벽하게 단행할 수 있는 기술적 유인이 한층 고도화될 수 있었던 것에 반해 인간의 노동력요인은 점차 직접적 작업공정 자체내에서 과거와 같은 식의 주도적 역할을 상실하게 된다.

  가치증식을 목적으로 하는 근대부르주아 생산양식내에서의 과학－기술

---

12) H. Shaiken (1984) Work *Transformed: Automation and Labor in the Computer Age*, New York: Holt, Rinehart and Winston 참조. 카베스트로와 켈리는 노동과정내에 컴퓨터 수치제어와 프로그램으로 작동하는 극소전자공학의 도입은 노동의 성격 그 자체를 변혁시켜 소위 구상과 실행의 분리라는 테일러주의적 노동형태를 근본적으로 대체해 나갈 주요한 물질적 기반으로 작용할 것이라는 식의 기술환원론적 입장을 취한다. W. Cavestro (1989) "Automation, new technology and work content," in S. Wood, (ed.) *The Transformation of Work? skill, flexibility and the labor process*, London: Unwin Hyman, 1989 과 M. R. Kelley (1989) "Alternative forms of work organization under programmable automation," *ibid.*, 참조.

혁명의 발전양상은 노동과정내에서 인간의 즉자적 반항을 무력화시키며, 수공업생산체제 이후 자본에게 불면의 밤을 지새게 한 노동자, 특히 숙련공의 작업사보타지를 그 근저로부터 제거할 수 있게 하는 기술적 토대를 제공한다. 인간의 기예와 숙련을 기계라는 대상적 노동수단으로 이전시킴으로써 인간노동력이라는 생산요인은 점차 노동의 주체에서 객체로 비켜나게 되고, 이과 함께 정밀한 기계체계가 노동과정의 핵심으로 자리잡아 나가게 되는 그러한 일반적 경향은 궁극적으로 모든 작업과정과 노동수단 그 자체를 완전히 자동화시키고자 하는 자본의 욕망을 불러일으킨다. 마르크스는 자동화의 동학에 대해 다음과 같이 분석한다.

> 자본의 완숙한 발전은 오직 노동수단이 고정자본의 경제적 형태를 취할 뿐아니라, 그 직접적 형태를 중지할 때, 그리고 고정자본이 생산과정내에서 노동과 반대편에서 기계로 나타날 때 발생한다. 전체생산과정은 노동자의 직접적인 숙련하에 포섭되는 것이 아니라 과학의 기술적 적용으로 나타난다. 자본의 그러한 경향은 생산에 과학적 성격을 부여하는 것이며, 이때 직접적 노동은 이러한 과정의 단순한 계기(moment)로 축소된다(*CW*29:85).

근대부르주아 사회에서 자동화 생산체계가 도입되는 전과정은 과학-기술발전 경향의 자연적 결과가 결코 아니다. 앞에서 고찰한 바와 같이 생산의 진화과정은 부르주아의 사회적 시간기획인 가치증식과 자본축적 목표에 의해 진행되는 것이다. 그러나 자본이 기계를 생산에 도입하게 되는 과정은 그 초기에는 절대적 잉여가치의 무한착취욕에서 비롯된 것이지만, 동시에 자본간의 사활을 건 경쟁과 노동시간을 사회적으로 확정하려는 노동자계급의 투쟁이 수반됨으로써 복잡한 양상을 띠게 된다. 이처럼 유기적으로 연관된 사회적 조건이 자본으로 하여금 상대적 잉여가치의 전유라는 새로운 사회적 노동시간기획을 강제하며, 한층 고도화된 착취형태인 상대적 잉여가치를 겨냥한 시간기획은 직접적 노동과정내에서 기계제 생산을 더욱 가속화시키는 계기로 작용한다. 자본의 자동화 노력은 이처럼 한결 고도화

된 착취기획의 연장선상에 있는 것이다.[13]

그렇다면 상대적 잉여가치의 전유를 통한 새로운 생산양식의 전개가 시사하는 사회-경제적 함의는 무엇인가. 그것은 자본간의 경쟁원리에 일단 그 설명의 기초가 있다. 노동시간이 사회적으로 확정되어 있지 않을 경우, 자본의 경쟁력은 사회적 노동시간의 무한한 연장에 기반한다. 그러나 노동시간이 전 사회적으로 고정될 경우 자본은 노동시간내에서 필요노동시간을 단축시킴으로써 잉여노동시간의 상대적 크기를 늘리는데 사활을 걸게 된다.

> 자본 그 자체는 노동시간을 최소한으로 줄이도록 압박을 가하는 반면, 노동시간을 부의 유일한 원천이자 척도로 설정한다는 점에서, 진행중인 모순이다. 따라서 자본은 잉여노동형태의 노동시간을 증대하기 위하여 필요노동형태의 노동시간을 축소하는데, 따라서 잉여노동시간은 점증하는 척도로 필요노동시간을 위한 조건--사활이 걸린 문제(*question de vie et de mort*) --으로 설정된다. 그리하여 한편으로 자본은 부의 창출을 부에 사용된 노동시간과 (상대적으로) 독립적인 것으로 만들기 위해 사회적 결합 및 사회적 교통의 힘과 마찬가지로 과학과 자연의 모든 힘을 살려낸다. 다른 한편으로 자본은 그렇게 창출된 거대한 사회적 힘을 노동시간에 따라 측정하며 이미 가치로서 창출된 가치를 유지하기 위해 필요한 한계안에 제한하기를 원한다(*CW*29:91-92).

노동시간과 임금수준이 동일한 조건에서, A 자본이 경쟁상대인 B, C 자본에 비해 더욱 많은 이윤을 남기는 길은 결국 노동생산물을 많이 생산하여 적게 생산한 B, C 기타 등등의 자본과 동일한 시장가격으로 판매하는 길밖에 없다. 따라서 이러한 방식으로 가치를 실현하기 위해서 A 자본은 가치창출이 이루어지는 직접적 생산과정내의 자본구성을 변경시켜야 한다. 그런데 그 현실적 방도는 다른 조건이 같을 경우 결국 생산수단 자체를 기

---

13) 마르크스는 자본의 가치구성과 그것의 소재적 구성이 조우하는 지점을 자본의 유기적 구성도라는 개념을 통해서 표현한다. 자본의 유기적 구성의 내용에 대해서는 *CW*37:145ff. 참조.

계화, 또는 자동화시켜 동일한 시간에 더욱 많은 제품을 생산하는 것이다. 이럴 경우 A 자본은 다른 경쟁자본에 비해 결과적으로 필요노동시간을 단축시키는 효과를 보게 되며, 따라서 평균이윤을 웃도는 초과이윤을 확보할 수 있다. 그러나 만일 A 자본이 채택한 새로운 생산방식이 여타의 경쟁자본들에게도 수용되면, A 자본과 동일 수준에서 필요노동시간과 잉여노동시간의 비율이 고정되고, 결국에는 이러한 형태의 노동시간비율이 전체 사회적 수준에서 확정된다. 바로 이것이 자본주의적 생산의 일반적 경향이라고 할 수 있다. 하지만 본 절의 핵심주제는 부르주아적 생산의 일반적 경향의 확인이 아니라 상대적 잉여가치창출이라는 목표아래 자본에 의해 사회적으로 밀어부쳐지는 자동화과정이 직접적 생산자인 노동자계급 구성을 어떻게 변화시키며, 그것이 마르크스의 정치이론 구성과 관련하여 어떤 의미를 갖는가의 문제이다.

이 글은 앞에서 자본이 사회적 생산력을 발전시키는 목적이 사회적 노동일을 단축하려는 노동자계급의 사회적 시간기획의 맥락과는 달리 노동일 내에서의 필요노동시간을 단축하는 것에 있다는 사실과 함께 임금이란 노동력의 가치로서 필요노동시간에 대한 지불임을 확인한 바 있다. 그렇다면 여기서 한가지 의문이 발생한다. 만일 가치이론의 가정에 따라 노동력 가치, 즉 필요노동시간에 대한 지불이 임금이라면 필요노동시간이 단축되고 잉여노동시간이 늘어난다면 결국 임금이 그 비율만큼 축소되어야 하지 않겠는가. 그렇다면 어떻게 축소된 임금을 통해 노동력의 정상적인 재생산이 이루어질 수 있을 것인가.

가치론의 전개를 통해 표현된 노동력 가치와 잉여가치의 관계, 또는 임금과 이윤과의 관계의 동학은 실제의 역사적 현실과는 일치하지 않는다. 왜냐하면, 현실역사에 있어서는 자본주의가 발전한 구미 선진국들의 경우 오히려 반대의 경향, 즉 사회적 생산력이 발전하면서 노동자 계급의 구매력 지표인 실질임금이 경향적으로는 상승함과 동시에 사회적 노동시간 역시 자본주의 나라들 가운데 가장 짧기 때문이다. 이러한 모순이 이론적으로 적절히 설명되어야 한다는 점에서 마르크스의 사상을 유기적으로 재구성해야 할 필요성이 제기되며, 그 모순은 착취이론으로서의 가치론과 그것의 표현양식인 노동이론의 동태적 운동과정을 통해 해명될 수 있다.

> 실질적인 부는, 순전한 추상으로 환원된 노동과 그것이 감독하는 생산과정의 힘의 질적인 불균형속에서 뿐만 아니라, 사용된 노동시간과 그 생산물간의 재앙적인 불비례속에서 스스로를 표출하며, 그리고 대공업이 이것을 폭로한다(*CW*29:91).

자본의 입장에서 자동화로 상징되는 생산력발전의 목표는 명백히 필요노동시간의 단축에 있다. 마르크스에 따르면 자본주의적 생산의 목적은 생산 그 자체가 목적인 자본축적이며, 자본축적은 현실에 있어서는 상품이라는 대상적 부와 화폐라는 가치형태로 현상한다. 그러나 화폐와 그것이 표상하는 실제적 부로서의 상품, 즉 노동생산물 크기의 비율은 고정된 것이 아니다. 바로 여기서 자본주의적 생산의 모순이 발생하며, 동시에 위에서 제기한 의문점이 해명될 수 있는 기초가 마련된다. 이러한 가치와 사용가치의 모순적 양상에 대한 마르크스의 분석은 다음과 같다.

> 자본과 노동은 상호간 마치 화폐와 상품처럼 관계를 맺는데, 전자, 즉 화폐는 부의 일반적 형식이고, 상품은 오직 직접 소비될 운명에 처한 그러한 실체이다. 자본형태의 부가 지닌 그 일반적 형식을 향한 끝모를 갈망은 노동이 부의 자연적 결핍(*Naturbedürftigkeit*)이라는 한계를 넘어서도록 강요하며, 모든 측면에서 생산과 향유 가운데 있고, 그의 노동이 더 이상 노동이 아니라 그 자체로 개인적 활동성의 완전한 발전으로 나타나는 풍부한 개성의 발전을 위한 물적 요소를 창출한다. 이러한 자본의 발전속에서 직접적 형태의 자연필연성은 사라졌는데, 그 이유는 역사적 욕구가 자연적 욕구의 자리를 차지했기 때문이다. 이것이 어째서 자본이 생산적인가, 즉 사회적 생산력 발전을 위한 핵심적 관계인가의 이유이다(*CW*28:250-251).

자본주의적 생산의 기본경향은 화폐 형태의 교환가치보다 그것이 표상하는 실제의 노동생산물이 비교가 되지 않을 정도로 빠르게 증가한다는데 있다. 따라서 자본주의적 생산이 발전할수록, 기계제생산에서 자동화된 생산으로 생산제력이 발전할수록, 동일한 필요노동시간, 즉 노동력의 가치인 임금으로 구매가능한 생필품의 실제가격은 저하된다고 할 수 있다. 그 이유는 동일한 금액이 표상하는 생산물의 양이 증가하기 때문이다. 이로 인해 필요노동시간은 생산력이 발전할수록 축소되는 '무한소'의 형태를 띠게 되는 반면, 잉여노동시간이 표현하는 상대적 잉여가치는 필요노동시간이 축소되는 것에 비례하여 증가하게 된다.

> 자본은 항구적으로 필요노동시간을 지양하려고 노력하는 (그러나 이것은 동시에 노동자를 최소한으로, 즉 그의 존재를 단지 살아있는 단순한 노동능력으로 축소하는 것이다) 반면 잉여노동시간은 대립적으로만, 즉 필요노동시간의 대립물로만 존재하고, 따라서 자본은 필요노동시간을 자신의 재생산 및 가치증식의 필요조건으로 정립한다는 점에서 자본자체는 모순이다. 어떤 점에서 물질적 생산력의 발전--이것은 동시에 노동자계급 힘의 발전이다--은 자본 자체를 정지시킨다(*CW*28:467).

자본주의적 생산이 발전할수록 노동시간내에서 필요노동시간이 0을 향해 무한소의 형태로 축소되는 경향은 또한 사회 전체가 노동활동에 쏟아넣는 총노동일을 상대적으로 감소시키는 방향으로 작용한다. 필요노동시간이 축소되는 경향성은 다른 말로 과거와 동일한 임금을 받는 노동자가 산출하는 부의 절대적 크기와 사회적 노동생산성이 그만큼 비약적으로 증가했다는 것을 의미하며, 이는 사회전체 노동생산물 가운데 필요노동시간을 표현해 주는 임금가치부분이 그만큼 축소됐다는 것과 같은 말이기도 하다. 마르크스는 이러한 문제에 대해 다음과 같이 규정한다.

> 대규모 산업이 발전하는 정도로 실질적 부의 창출은 노동시간은 물론 노동시간동안에 작동하는 매개물들, 즉 노동도구 등의 힘보다 그 과정에 고용된

노동의 양에 덜 의존한다. 그런데 그러한 매개의 '강력한 효율성'은 그 자체로 그것을 만드는데 소비된 직접적 노동시간과의 비례로부터 벗어나, 차라리 과학의 일반적 상태, 기술의 진보, 혹은 생산에 이러한 과학을 적용하는 것에 의존한다(*CW*29:91).

자본의 입장에서는 노동생산력 발전의 제 계기를 통해 표출되는 사회적 총노동일의 감축경향을 노동자에 대한 정리해고 등 착취권 회복을 위해 사용하려 하는 것과는 달리, 노동자계급의 입장에서는 그러한 경향을 사회적 수준의 노동시간 단축의 계기로 활용하려 한다는 점에서, 생산력 발전의 제 경향과 노동자-자본의 사회적 시간기획의 적대성은 긴밀히 관련된다.

자본의 시간기획에 따르면, 사회적 총노동일의 축소란 노동자 1인당 노동생산성이 그만큼 증가한 결과 다른 노동자 수십명을 노동과정에서 추방할 경제적 기반을 자본에게 그만큼 마련해준다는 것을 의미하며, 이러한 방향으로의 발전이 소위 '노동유연화' 논의의 핵심이다.14) 이러한 형태의 발전은 노동과정에 있는 노동자들의 노동시간은 축소시키지 않은 채, 아니 오히려 추방당한 노동자의 몫까지 해내기 위해 노동강도와 노동시간이 오히려 강화되는 방향으로 작용하는 반면, 노동과정에서 추방당한 노동자들은 노동에서 자유로워진 결과 생존과 생활의 기초를 박탈당하여 노동자의 내적 분열은 물론 항구적인 사회적 양극화 경향을 초래한다. 이러한 견지에서 현대 자본주의의 구조적 대량실업의 원인과 결과는 사실상 맞 닿아 있는 셈이다.

---

14) 노동유연화와 관련된 최근의 노동사회학적 논의를 정리하고 노동유연성의 흐름을 거부할 수 없는 사회발전적 요구로 포장하는 이데올로기적 물신화에 대해서는 비판하면서도, 그러한 유연성이 제기되는 사회적 노동체계의 변화에 대해서는 적극적인 이론적 착목이 필요하다고 역설하는 견해로는 R. Hyman (1991) "Plus a change? The Theory of Production and the Production of Theory," in Anna Pollert(ed.), *Farewell to Flexibility*, Oxford: Basil Blackwell, 참조.

> 가치의 척도로서 노동시간은 부 그 자체를 궁핍 위에 기초한 것으로 설정
> 하고, 그리고 가처분시간을 잉여노동시간과의 대립속에, 그리고 대립을 통
> 해 존재하는 것으로 설정한다. 혹은 개인의 전체시간을 노동시간으로 설정
> 하고 따라서 그를 단순한 노동자로 전락케 하며 노동 아래에 종속시킬 것
> 이다. **따라서 가장 발달한 기계장치는 노동자가 원시인보다 더 오래, 혹은**
> **그 자신이 가장 단순하고 조야한 도구를 가지고 일할 때 보다 더 오래 일하**
> **도록 강제한다**(*CW*29:94).

노동자 계급의 시간기획의 입장에서 사회적 생산력 발전의 결과가 외표
화되는 사회적 총노동일의 축소경향은 잉여노동시간과 필요노동시간 모두
를 포함하는 '사회적 표준 노동일'을 단축하는 계기로 적극 활용되어야 한
다는 것을 의미한다. 구체적으로 그것은 사회전체 노동자의 노동시간을 확
정하고 이를 보편적으로 적용하여 노동자의 '가처분시간'(disposable time),
즉 자유시간을 늘이는 형태를 띤다. 그런데 사회적 노동시간의 단축을 강
제할 수 있는 사회적 힘이란 결국 노동자계급의 사회적 시간기획, 즉 권리
정치의 요구를 통해서만 제기될 수 있으며, 이러한 사회적 권리 요구는 무
차별한 대량실업과 고용된 노동자들에 대한 착취강화라는 자본의 노동-생
산기획에 정면으로 대립한다. 여기서의 문제는 바로 이러한 노동자의 권리
정치적 기획이 실현될 수 있는 가능성이 자본주의적 생산의 어떠한 측면으
로부터 제기되었는가 하는 점이며, 그러한 노동자 계급의 사회적 권리기획
이 마르크스의 정치이론구성에 어떤 역할을 하는지를 밝혀내는 것이다.

마르크스는 근대부르주아 사회의 생산력 발전경향이 노동자와 사회를
어떻게 변모시키는가 하는 관점으로부터 논의를 전개한다. 여기서 우리는
마르크스가 '어떤 점에서 물질적 생산력의 발전--이것은 동시에 노동자계
급 힘의 발전이다--은 자본 자체를 정지시킨다'라고 말했던 사실을 상기할
필요가 있다. 마르크스는 물질적 생산력의 발전과 노동자계급의 힘의 발전
간의 모순적 동학이 자본의 운동 자체를 정지시킬 수 있는 가능성을 하나
의 논리적 연계 속에 위치지우고 있는 것이다. 이 글은 마르크스의 이러한

언급을 현대의 노동과정 그 자체의 발전경향에 대한 과학적 분석과 아울러 그 분석을 노동자계급의 권리정치의 맥락과 연관시킬 것을 요청하는 것으로 이해하고자 한다.

마르크스는 자동화생산이 직접적 생산자인 노동자들을 노동과정에서 어떻게 변모시키는가, 그리고 그러한 변화를 어떻게 해석할 것인가의 물음에 대해 다음과 같이 대답한다.

> 어떤 방식으로도 기계는 개별노동자의 노동수단으로 등장하지 않는다. 기계의 구별되는 특징은 노동수단을 통해서 노동자의 활동을 대상에 전달하는 것이 아니다. 오히려 노동자의 활동은 단지 기계의 작업, 기계의 활동을 단지 원료에 전달하는 것, 그것을 감독하고 중단을 방지하기 위해 감시하는 것이다. 그것은 노동자가 자신의 숙련과 활동으로 생명을 불어넣어 자신의 기관의 일부로 만드는 그러므로 그것을 다루는 것은 노동자의 솜씨에 달려있는 그런 도구들과는 다르다. 오히려 노동자를 대신하여 숙련과 힘을 보유하고 있는 기계는, 숙련과 힘을 통해 관철되고 있는 기계적 법칙들 안에 자신의 영혼을 지니고 있으며, 노동자가 계속적인 활동을 유지하기 위해 음식을 소비하듯이 석탄, 기름 등을 소비한다. 노동자의 활동을, 활동에 대한 단순한 추상적 개념으로 한정해 보면, 모든 측면에서 기계장치의 움직임에 의해서 결정되고 규제되는 것이지 그 역은 아니다(……)생산과정은 노동과정을 지배하는 통일자로서의 노동이 지배하는 과정이라는 의미에서 노동과정이기를 그친다. 오히려 노동은 단지 기계체계의 여러 지점에 위치한 살아있는 개별노동자들 속에 흩어져 있는 의식적 기관으로 나타난다(*CW*29:82-83).

우리는 위 인용에서 마르크스가 자본주의적 노동과정을 해명하는데 중요한 이론적 쟁점이라 할 수 있는 숙련이나 자동화에 따른 노동의 성격변화 등에 대해서 논의하고 있음을 확인 할 수 있다. 여기서 중요한 것은 자동화된 생산체제가 발전하면 할수록 노동생산물의 가치크기에 있어서 산노동이 부가하는 구성부분은 필수적인 것임에도 불구하고, 고정자본의 가치에 비해 급격히 축소되며, 직접적 노동자 역시 점차 노동과정 외부에 위치하는 것으로 현상한다는 점이다.

기계장치 안에 대상화된 가치는 개별노동능력의 가치창출의 힘이 무한소로 사라지는 전제조건으로서 나타난다. 기계장치의 출현과 함께 가능해진 엄청난 대량생산은 생산자의 직접적 욕구에 대한, 그리고 그에 따라 직접적인 사용가치에 대한 모든 연관을 파괴해 버린다. 생산물은 단지 가치의 전달자로서만 생산될 뿐이라는 것, 그리고 그것의 사용가치는 오직 그 목적을 위한 조건일 뿐이라는 것은 이미 생산물의 생산형태속에 그리고 그것이 생산되는 관계속에 있다(*CW*29:83-84).

바로 이 지점에서 마르크스는 '생산력의 계보학'이라 할 수 있는 생산력 구조변동의 동학을 전개한다.

생산력과 사회적 관계--사회적 개인(social individual)의 발전이 지닌 두 가지 다른 측면--는 자본에게는 단순한 수단으로 보이며, 그것이 자신의 한정된 기초위에서 생산하기 위한 수단에 불과할 뿐이다. 그러나 사실 그것들은 이러한 기초를 날려 버릴 물질적 조건이다(*CW*29:92).

제4장에서 전근대적 생산체계와 근대적 생산체계의 원리적, 질적 차별성에 대해서 고찰한 바 있다. 전 근대사회의 경우 인간노동이 자연 그 자체의 연장의 형태로서 공동체를 기반으로 시간을 공간화하는 생산양식인 반면, 교환가치의 발전이 그 직접적 기원인 근대사회는 공장이라는 특정한 장소에 생산과정을 집적함으로써 공간을 시간화하는 기획과 아울러 살아있는 인간을 노동시간이 육화된 형태로 변질시킨다는 것[15]이 주된 요지였다. 그렇다면 이러한 형태의 사회적 시간기획에 대한 분석을 생산력 발전의 동학과 어떻게 관련지을 수 있을까?

전근대 사회의 경우 노동양식이 아무리 진보할지라도 기본적으로 사회

---

15) "교환가치속에서 개인들간의 사회적 연관은 사물들간의 사회적 관계로, 개인적 능력은 대상적 부의 형태로 전환한다. 교환수단이 사회적 힘을 덜 소유하면 할수록, 공동체의 힘은 더욱 커져야만 하는데, 이러한 공동체는 개인들을 함께 가부장제의 관계나 고대의 공동체 및 봉건제, 길드체계로 묶어놓는다"(*CW*28:157).

적 생산력은 대지를 경작하고 작물을 재배하는 형태, 따라서 자연 그 자체가 생산과 인간 삶의 출발점이자 종착점인 자연적 생산력의 연장이었다. 이와 달리 근대부르주아 사회의 경우 가치창출을 통한 이윤전유가 생산의 목표로 설정됨으로써 사회적 생산력은 인간의 산노동으로부터 점차 축적된 자본의 대상적 형태를 이루는 기계 등 고정자본의 힘으로 발현[16]된다.

> 고정자본으로서 기계류는 노동자를 종속적이고, 수취당하는 존재로 정립한다. 기계의 효과는 오직 고정자본의 역할을 취하는 한에서 그리고 그러한 역할내에서 유지되는데, 이는 단지 노동자가 임금노동자로 그것과 관계하고, **활동적 개인이 일반적으로 단순히 근로하는 인간으로서만** 자본과 관련을 맺기 때문이다(*CW*29:91).

> 고정자본안에서 사회적 노동생산력은 자본에 내재한 어떤 특질처럼 정립된다. 과학적 힘은 물론 생산과정내의 사회적 힘의 결합을 포함하여, 최종적으로 숙련은 직접적 노동으로부터 기계로, 그리고 죽어있는 생산력내로 그 위치가 바뀌었다(*CW*29:100-101).

기계 등의 고정자본이 사회적 생산력 발전의 주된 힘으로 등장하는 전 과정은 그것이 자동화체계를 지향함으로써 상호모순된 양상을 띠게 된다. 고정자본이 사회적 생산력의 주력을 구성하는 순간, 이것은 자동화 생산체계로 발전하는 경향성을 필연적으로 띨 수밖에 없는데, 바로 이 시점에서 사회적 생산력 발전의 핵심적 계기는 노동이 이루어지는 직접적 생산과정을 떠나 생산의 보편적 원리 그 자체를 발전시키는 과학과 기술의 힘에 의존하게 된다.

---

16) "노동수단의 기계장치로의 발전은 자본의 우연적 계기가 아니라 전래된 전통적 노동수단이 자본에 적합한 형태로 역사적으로 재형성된 것이다. 지식과 숙련의 축적, 사회적 두뇌가 지닌 전반적인 생산력의 축적은 이렇게 하여 노동과 대립되는 자본속으로 흡수되어 고정자본의 한 속성으로 나타난다"(*CW*29:84).

노동시간--노동의 단순한 양--이 자본에 의해 유일한 규정요소로서 제시되는 정도에서 직접적 노동 및 그 양은 생산--사용가치의 창출--의 결정적 원리를 상실하며, 양적으로는 좀더 작은 비율로, 질적으로는 불가결하지만 한편으로는 전반적인 과학적 노동, 자연과학의 기술적 적용과 다른 한편으로는 총생산속에서 사회적 결합(사회적 노동의 자연스런 결과로서--비록 그것이 역사적인 산물임에도 불구하고--나타나는 결합)에서 나오는 전반적인 생산력과 비교했을 때, 부차적인 계기로 축소된다(*CW*29:85-86).

생산력 구성의 질적 변동은 직접적 생산자인 노동자의 사회적 성격과 아울러 그것의 계급구성 자체를 변화시키는 힘으로 작용한다. 이러한 변동의 핵심은 생산자인 노동자가 노동과정상의 제반 지식습득을 '손에 못이 박히는' 반복적 노동행위를 통한 숙련이 아니라 직접적 노동활동에 들어가기 이전에 이미 보편적인 공공교육체계를 통해 사회적으로 훈육된다는 것이다.17) 자본주의적 생산의 출발점이 노동의 특정 성격을 불문하고 가치증식이라는 대명제아래 산노동을 시간으로 형해화하는 식의 그 형식적 측면에서만 보편노동을 창출하는 과정이었다면, 이제는 과학-기술적 생산력의 비약적 발전으로 자본의 유기적 구성이 한층 고도화된 결과, 노동의 내용에 있어서도 사용가치를 창출하는 직접적 노동 역시 특별한 숙련을 요구하지 않게 되며, 따라서 무차별적으로 노동과정에 투입될 수 있는 그 내용에 있어서 조차 '보편 노동자'(universal worker)의 형태로 탈바꿈한다.

장인적 수공업 생산체계내에서 전체 노동과정 자체가 노동자의 특정한 기예와 숙련에 의존한다는 점에서 완제품 생산을 한 노동자의 손에 결합시키는 형태의 다재다능(多才多能)한 노동이 이루어졌다면 이제는 거꾸로 노

---

17) 현대적 교육체계와 자본주의적 생산이 맺고 있는 동태적 관계와 그에 따른 노동자계급구성의 변화를 분석하고 있는 글로는 F. Deppe (1988) "Wissen-shaftlich-technische Revolution und staatsmonopolistischer Kapitalismus der BRD: Aktuelle Widerspr che und Konflikte in den Klassenbeziehungen und im staatlichpolitischen System," in IMSF (Hrsg.) **Wissenshaftlich-technische Revolution und Krise des staatsmonopolistischer Kapitalismus**, Frankfurt am Main, 참조.

동수단 그 자체가 자동화되고, 이에 노동과정 또한 다능을 요구하는 범용적 노동과정[18]의 형태로 변모함에 따라 노동자 역시 보편적 성격을 획득하기에 이른다는 점에서 두 가지 형태의 보편노동 사이에는 질적 차별성이 존재한다. 현대 자본주의의 사회적 노동자의 보편적 특성은 그로 하여금 특정한 노동기술을 소유하지 않게 하는 대신, 어떤 노동과정에도 신축자재로 자유롭게 투여될 수 있게 하며, 그 결과 자신의 사회적 욕구를 통해 노동을 설정할 가능성을 제공한다는 점에서 사회적 노동분업 그 자체가 폐지될 수 있는 실제적 기반이 마련된 것으로 평가할 수 있다. 이제 과거 산업자본의 상징인 시커먼 연기가 뿜어져 나오는 거대한 공장과 육중한 기계가 아닌, 바로 사회적 보편 노동자가 노동생산력의 핵심적 형식으로 전환된다.

마르크스는 이미 『철학의 빈곤』에서 "모든 생산수단 중에서 가장 강력한 생산력은 혁명적 계급 그 자체"이며 "혁명적 요소를 하나의 계급으로 조직하는 일은 낡은 사회의 내부에서 발달할 수 있는 모든 생산력이 존재하고 있다는 것을 전제로 삼는다"(*CW*6:212)라고 말했다. 그리고 『요강』에서는 **"생산의 가장 주요한 힘, 즉 생산의 주력, 인간 그 자체**(*the main force of production, man himself*)"(*CW*28:422)라고 정의했다. 마르크스는 자연적 부의 형태로 존재하는 전 근대사회의 생산력 개념에서 고정자본이라는 대상적 부로, 그리고 인간 그 자체의 요소로 사회적 생산력 구조가 변동되는 방식에 대해서 다음과 같이 규정했다.

> 인격적(personal) 의존의 관계(처음에는 전적으로 자연발생적인)가 최초의 사회적 형태인데, 이 안에서 인간의 생산능력은 약간정도로만, 그리고 고립된 지점들에서 발전한다. **사물에 의해 매개되는**(*mediated by things*) 의존

---

18) 토요타 자동차 공장의 사례를 통해 전통적인 숙련개념으로는 도저히 상상할 수 없는 단 5분간 16대의 작업기계를 다루는 자동생산공정을 보여주는 논의로는 門田安弘, 『トヨタツステム』, 講談社, 1985, p. 152 (戶木田嘉久(1993) 「극소전자혁명과 노동자 계급의 상태」, 강석재/이호창 編譯, 『생산혁신과 노동의 변화: 포스트 포드주의 논쟁』, 새길, p. 324.에서 재인용) 참조.

에 기반한 개별적 독립성이 두 번째의 커다란 사회적 형태인데, 이 안에서 전반적인 사회적 물질대사, 보편적 관계, 전면적 욕구와 보편적 능력의 체계가 처음으로 형성된다. 개인들의 보편적 발전과 사회적 부로서의 공동체적, 사회적 생산성에 대한 그들의 관할에 기반한 자유로운 개성이 세 번째 단계이다. 두 번째 단계는 세 번째 단계의 조건을 만들어 낸다. 가부장제 혹은 고대적 사회조건(봉건제 역시)은 상업과 화폐, 사치, 교환가치의 발전과 함께 분해되는 만큼, 동일한 수단에 의해 근대사회가 태동하고 성장한다. 교환과 노동분업은 서로를 상호 조건짓는다(*CW*28:75-76).

하지만 자본의 시간기획에 포섭되어 모든 노동자가 범용적 성격을 획득한다는 사실은 노동의 유연화, 즉 해고와 고용이 자본의 요구대로 무차별, 무제한적으로 단행될 수 있다는 점에서 사회적 보편 노동자의 일반화는 행운이 아니라 오히려 불행[19]인 셈이다. 이제 대상적 형태의 고정자본, 즉 기계 등의 형태로부터 범용적 성격의 보편 노동자화라는 인간 그 자체의 요소가 사회적 생산력구성의 주력으로 등장함으로써 자본은 소재적, 공간적 한계를 탈피하여 전 지구를 대상으로 실질적으로 활동할 수 있게 되었다. 그 결과 사회적 생산력의 파괴현상 과거의 경제공황과 같이 생산수단이나 노동생산물의 폐기, 즉 다량의 가치파괴라기 보다는 대량의 산노동을 노동과정으로부터 항구적으로 추방하는 구조적 대량실업사태로 나타난다.

사회적 생산력 발전의 모순적 과정을 통해 노동자 역시 점차 노동과정 내에서의 작업에 따른 분절화를 탈피하고 사회적으로 단일한 고등교육을 통해 보편 노동자의 성격을 부여받게 된다. 육체노동과 정신노동, 즉 블루칼라와 화이트칼라의 차별성이 점차 의미를 상실하게 되는 최근의 서구유

---

19) "기계가 일반적으로 생산력과 사회내에서 과학의 축적으로 발전되는 한에서, 일반적, 사회적 노동은 노동이 아니라 자본안에서 그 모습을 드러낸다. 사회의 생산력은 고정자본을 통해 측정되며, 그것의 대상적 형식으로 존재한다… 기계내에서, 지식은 노동자에게 낯설고, 외적인 것으로 나타나며, 산노동은 자기활동적인, 혹은 스스로 작용하는 대상화된 노동하에 포섭된 것으로 드러난다. 노동자들은 그의 행위가 자본의 필요에 의해 결정되지 못하는 그 정도로 남아도는(superfluous) 것으로 나타난다"(*CW*29:84-85).

럽사회의 경향은 이러한 전체과정의 한 단면일 뿐이다. 노동자의 노동능력의 보편평준화, 지식 노동자의 대중화를 향한 경향성은 한편으로는 자본에게 전제적 힘을 회복시켜 주어, '구조조정'의 미명하에 노동자를 무차별적으로 정리해고 시킬 수 있는 기술적 무기를 제공한다. 그 결과, 이제는 실업자의 직업인구학적 특성 역시 특정산업부문에 국한되어 있지 않고 보편화되기에 이른다. 하지만 이러한 경향은 또한 사회적 노동자의 욕구와 이해의 맥락, 즉 그들이 실현하고자 하는 사회적 권리구조를 보편화시킨다는 점에서 마르크스의 권리의 정치이론을 새로운 차원에서 설정할 것을 제안하는 것이다.

보편적 형태로 존재하는 사회적 노동자가 자신들 이해와 요구에 대해 정치적으로 문제를 설정하는 방식은 그들이 동일한 노동과정에 속해 있다는 차원에서가 아니라 오히려 노동과정과 노동시간의 외부, 즉 사회적 욕구와 생활에의 요구가 일치한다는 차원에서 거꾸로 노동과정을 재규정하려는 형태로 변동한다. 다시 말해서 노동자 계급을 연대케 하는 권리정치의 지형과 그 내용이 전변된다. 이것은 생존권의 요구로부터 생활권의 요구로, 따라서 지금껏 근로활동을 생존의 기반으로 여겼다는 점에서 생존권 요구에 그 동안의 노동자조합과 노동자 계급의 정치운동이 근거했다면, 이제는 생활권 요구의 관점에서 생산과정 역시 민주적으로 통제하려는 욕구, 사회적 노동시간을 보편적으로 단축하려는 욕구, 최저생계비라는 동물적 생존인 아닌 생활임금의 쟁취라는 사회적 요구가 발생하는 것이다.

같은 맥락에서 과거의 노동시간 단축요구가 절대적 노동시간 그 자체의 장시간성과 노동과정 자체의 야만성을 극복하고자 하는 식의 수동적 권리요구였다면, 자동화생산체제와 생산력구조 변동의 결과 범용화된 노동과정 내에서의 최근의 노동시간의 단축요구는 반대로 사회적 삶의 과정에 대한 이해와 욕구로부터 주동적으로 노동활동을 재규정하려는 것으로 간주할 수 있다. 따라서 근로생활 그 자체, 즉 노동과정의 요구로부터 노동을 통제하려는 일본의 도요타주의를 기반으로 한 린-프로덕션(lean-production)[20)

이나, 서구의 독일 및 스웨덴 등지의 오펠, 폭스바겐, 볼보 등 세계 유수의 대규모자동차회사에서 시행된 팀작업 등 새로운 생산방식의 시도가 초기의 '노동의 인간화'라는 주장과는 달리 노동자들에게 더 많은 스트레스를 주고 작업에 대한 긴장강도를 오히려 가중시킨 것으로 드러난 것은 너무나도 당연한 일이다.[21] 노동과정 그 자체를 민주적으로 통제하려는 욕구와 그것의 정치적 표현으로서의 노동자의 자주관리요구가 발생하는 것은 노동활동 그 자체에서 제기되는 것이 아니다. 오히려 노동활동외부에서, 생활권 쟁취라는 노동자 계급의 통일적, 보편적 권리요구를 통해 노동자 생존의 기초인 노동활동이 재규정될 때 비로소 노동자의 민주적 생산통제 요구는 정치적으로 의미있는 사회적 권리요구가 될 수 있다.

노동자의 입장에서 노동을 대상적인 자기활동으로 실현하고자 하는 노동에 대한 인간적 욕구란 노동과정 그 자체로부터 제기되는 것이 아니다. 필요노동시간축소를 통한 잉여노동시간의 수탈이라는 근대부르주아의 시간기획과는 반대로, 노동자의 사회적 시간기획은 가처분시간, 또는 자유시간이라는 생활의 영역으로부터 노동과정을 민주적으로 통제하려는 새로운 권

---

20) '린-프로덕션(lean production)'이란 미국 등 서구의 자동차산업부문에서 80년대 중반부터 밀어닥치기 시작한 포스트-포드주의적 산업구조조정의 일환으로 도입되기 시작한 적기(適期)생산과 간반(看板)생산이라는 팀작업을 중심으로 하는 도요타등 일본 자동차 회사의 생산방식을 일반화하기 위해 워맥등의 연구자들이 만들어 낸 신조어(新造語)이다. J. P. Womack, D. T. Jones & D. Roos (1990) *The Machine that Change the World*, New York: Maxwell Macmillan International, 참조.

21) 베르그렌은 스웨덴의 볼보자동차회사의 칼마르 공장과 우데발라 공장의 사례분석을 통해 상용차 부문 등에서는 신생산개념이라고 묘사될 수 있을 만한 어셈블리라인의 대안이 출현하고 있지만 공장의 노동자들은 여전히 작업이 고되며 단조롭다고 느끼고 있다는 사실을 경험적으로 밝혀냈다. C. Berggren (1989) 'New Production Concept in Final Assembly- the Swedish Experience' in S. Wood (ed.) (1989) The Transformation of Work? skill, flexibility and the labor process, London: Unwin Hyman, pp. 171ff. 참조. 그리고 독일식 팀작업에 대한 분석으로는 강수돌 (1996) 「팀작업의 또 다른 얼굴--독일자동차산업 사례에서 배우기」, M. Parker & J. Slaughter (1996) 『팀신화와 노동의 선택』, 강수돌 외 譯, 강, 287~288쪽 참조.

리정치의 기초위에서 발생한다. 따라서 사회적 생산력 구조변동에 연하여 새롭게 제기되는 권리정치의 핵심적 내용은 근로 요구를 통해 생활을 규정하는 것이 아니라 거꾸로 생활의 요구를 통해 노동에 대한 권리를 주장하는 것이어야 한다. 이러한 현실적 기초하에서만 사회적, 정치적 삶에 있어서 뿐만 아니라 노동과정에 대한 직접적, 민주적 통제를 현실화하려는 욕망이 꿈틀거리게 된다. 이것이 마르크스가 자본주의적 생산의 전 기초를 그 근저로부터 그토록 집요하게 분석한 주된 이유였다.

> 자본은 기계를 오직 노동자가 자본을 위해 그의 시간 대부분을 일하도록 하고, 그의 시간 대부분을 그에게 속하지 않는 것으로 관계지으며, 타인을 위해 더 오래 일하는 것을 가능하게 하는 한에서 기계를 운용한다. 이러한 과정을 통해 하나의 주어진 대상을 만드는데 필요한 노동의 양은 최소로 줄게 되지만, 이는 오직 그것의 최대한의 수량내에서 최대의 노동을 실현하기 위한 것이다. 첫 번째 측면, 즉 노동의 양이 최소한으로 줄어드는 것이 중요한데, 왜냐하면 여기서 자본은 전혀 의도하지 않은 결과이긴 하지만, 인간의 노동, 인간 에너지의 지출을 최대한 축소시키기 때문이다. 이것은 노동을 해방시키는 데에 이득을 줄 것이며, 노동(자)를 해방하기 위한 조건이다(*CW*29:91).

마르크스의 위의 언급을 통해 우리는 이제 노동자 계급의 시간기획이 노동과정내부의 논의나 이와는 반대로 '필연의 왕국'에서 '자유의 왕국'으로의 비약이라는 식의 유토피아주의가 아닌, 사회적 필요노동시간과 가처분시간(자유시간)이나 노동활동시간과 활동적 개인들의 다양한 생활시간의 관계에 대한 논의의 형태로 주제화 될 수 있는 과학적 노동이론의 기반이 마련된 것으로 평가할 수 있다. 또한 마찬가지로 "모든 전문적 발전이 끝나는 순간부터 보편성의 필요, 개인의 완전한 발전으로 향하는 노력"이 느껴지게 되며, 따라서 "자동화된 공장은 전문가와 직업백치주의를 일소시켜 버린다"(*CW*6:190)는 『철학의 빈곤』에서의 마르크스 주장의 의미가 이제 명료하게 시야에 들어온다.

5. 현대노동이론 비판

마르크스 사상과 관련된 현대노동이론의 제 경향은 크게 두 가지 정도로 분류할 수 있다. 그 중 하나는 포스트 - 포드주의적, 또는 포스트 - 모던의 경향을 지닌 노동이론이다. 내부적으로 이러한 노동이론은 노동을 인간의 가장 본원적인 사회활동으로 간주한다는 점에서 공통되지만, 가치법칙에서 벗어난 새로운 공동체 기획을 근대사회내부로 부터 구성하는가, 그렇지 않으면 노동과정내에서 자본에 직접, 그 자체로 역행하는 산노동이라는 새로운 의미부여를 통해 근대부르주아 사회로부터 소위 '코뮌주의'라는 탈근대사회로의 '이행 전망'을 구성하는 가에 있어서 차이점을 보이는 두 가지 이론으로 구분된다. 그리고 다른 하나는 직접적 노동과정에 대한 연구를 주로 강조하며, 그것과 관련된 착취이론 및 계급투쟁 등의 정치이론에 대해서는 고려하지 않거나 고려한다 해도 부차적인 것으로 다루는 사회학적 노동이론이다.

1) 포스트 - 모던 마르크스주의 노동이론 비판

어떤 사회도 노동활동과 생산없이는 존립 자체가 불가능하며, 지금까지의 논의를 종합해볼 때, 노동은 물질적 생산활동으로서의 노동이라는 규정 이외에 달리 정의될 수 없으며, 그것은 사회적 생산력의 발달로 점차 축소되어 가는 형태를 띤다. 또한 사회구성에 있어 필연의 영역, 즉 생산의 영역으로서의 노동세계와 여타의 다양한 사회적 실천으로 조직되는 생활세계 사이의 구분은 그 어느 시대를 막론하고 유지된다고 할 수 있겠다. 하지만 그것들 사이의 관계는 고정불변의 것이 아니라 동태성을 띠는 것으로서 과학적 노동이론은 그러한 동학의 내용을 올바르게 파악할 수 있어야 하며, 근대사회의 경우 그 관계는 노동자와 자본의 사회적 시간기획간의 대립으로 현상한다.

마르크스는 부르주아적 시간기획과 노동자의 시간기획 사이의 차이와 적대성을 다음과 같이 표현한다.

> 자본주의적 생산은 노동력 그 자체의 너무 이른 소모와 사멸을 낳는다. 그것은 **노동자의 생활시간**을 단축시킴으로써 주어진 기간 안에서의 **노동자의 생산시간**을 연장하는 것이다(*CW*35:253).

인간의 물질적 노동생산활동을 사회적 시간기획의 형태로 주제화하여 특권화 시킨 최초의 사회집단이 바로 부르주아지들이다. 중세 봉건사회내부에서 부르주아사회 탄생의 견인차의 역할을 한 자치도시 코뮌은 장인노동에 기반한 자유로운 소생산자들의 결합체였으며, 이를 근대적 형태로 이상화한 것이 바로 프루동의 무정부주의 사상이다. 마르크스는 부르주아 계급형성의 모태가 중세적 노동공동체, 즉 도시코뮌에서 비롯되었다는 점을 명백히 이해했다.

> 코뮌에서부터 자신을 계급으로 구성시키기까지 부르주아지가 경과했던 상이한 역사적 단계를 이해하기 위해 많은 연구가 수행되어 왔다(*CW*6:211).

'파리코뮌'으로 유명해진 '코뮌', 즉 자치도시의 역사적 기원은 철저히 부르주아적 내용을 지닌 노동공동체에서 비롯된 것이었다. 그러나 '코뮌'이란 명칭은 같지만, '파리코뮌'등 노동자 코뮌과 중세코뮌은 그 내용에 있어서는 상반된다. 노동자 코뮌은 부르주아 코뮌처럼 자유로운 노동이 아니라 자유로운 삶과 생활이 조직할 때 노동도 자유로울 수 있는 의미에서 지금까지 존재한 사회구성체의 원리들과는 질적으로 차이가 난다. 여기서 중요한 사실은 생산이 아니라, 사회 그 자체의 성격이 코뮌적 내용을 가져야 진정 부르주아 사회로부터 탈피한 노동자 코뮌이 구성될 수 있다는 것이다. 자유로운 생활의 토대인 사회전반의 민주화를 통해 직접적 생산과정 역시 민주화되고, 그런한에서 사회적 노동활동 역시 민주적으로 통제된다는 의미에서 코뮌은 생산자들의 자유로운 연합체를 이루는 것이지, 그 역은 아니다.

> 향유능력은 향유의 한 조건이며 따라서 향유의 일차적 수단이다. 그리고 이 능력은 하나의 생산력인 개인 잠재력의 발전이다. 노동시간의 절약은 자유시간, 즉 개인의 완전한 발전을 위한 시간의 증가와 같다. 한편 그것은 거꾸로 그것 자체가 가장 커다란 생산능력인 노동생산력에 작용한다. 직접적 생산과정의 관점에서 보았을 때, 그것은 고정자본의 생산으로 간주될 수 있으며 이 고정자본은 인간자신이다. 한편 직접적 노동시간 그 자체는 부르주아 경제의 관점에서 나타나듯이 자유시간에 대한 추상적 대립물로 남아 있을 수 없다는 점은 명백하다. 푸리에가 원했던 것처럼 노동은 놀이가 될 수는 없다. 물론 분배의 지양이 아니라, 좀더 궁극적인 목표로서 (좀더 고도의 형태속에서) 생산양식 자체의 지양을 표명한 것은 그의 커다란 공헌으로 남는다. **여가시간임과 동시에 좀더 고도의 활동을 위한 시간이기도 한 자유시간은 자연스럽게 그것의 소유자를 상이한 주체로 변형시켰으며 그리하여 그 주체는 이런 상이한 주체로서 직접적 생산과정에 들어가게 된다.** 이 과정은, 생성과정에 있는 인간과 관련해서 보면 규율이며 그와 동시에 이미 형성된 인간, 그의 머리속에 사회에 대한 축적된 지식을 가지고 있는 인간에게는 실천, 실험과학, 물질적으로 창조적이고 스스로를 대상화하는 과학이다. 동시에, 두 경우 모두 농업에서처럼 노동이 실제적인 손의 사용 및 자유로운 신체움직임을 필요로 하는 한 그것은 실행이다(*CW*29:97).

지금까지의 논의를 근거로 현대노동이론의 다양한 조류들에 대해 비판적으로 검토해 보자면, 포스트 모던의 경향성을 갖는 노동이론은 앞에서 지적한 것처럼 크게 두 가지로 대별될 수 있다. 하나는 국가자본 및 독점자본등 대규모 포드주의 산업체제를 근대의 핵심적 노동생산기제로 설정하고, 이러한 노동체계에서 벗어난 새로운 노동활동공간을 만들 것을 제안하는 포스트-포드주의적 노동이론이다. 이러한 이론에는 다품종소량생산의 유연전문화를 지향하는 '신장인생산방식'의 주장22)이나 경제적 이성이라는 가치법칙의 공식적 노동세계 외부에 자기욕구를 위한 자유로운 노동조직의 구성제안[23], 또는 임노동을 통해 이윤을 창출하는 대기업 등 공식적인 노동부문에서 탈피하여 소위 '제3섹터'라고 불리는 비영리적 영역에서 사회봉사활동 등을 활용한 공공근로의 창출제안[24]등 대체로 탈노동계급적 형태를 띠는 노동이론[25]이 포함된다.

이와 달리 탈(脫)근대적 마르크스주의 노동이론의 경우 노동활동 그 자체에 새로운 의미를 부여하는 것을 통해 반자본주의적 이행기획을 도모한다는 점에서 전자의 노동이론들과는 현격한 차이가 있다. 대표적 주장으로는 러시아 혁명 초기의 수보트니크 운동에 착안하여 근대적 성격을 넘어선 노동활동 규정을 '자발성'에서 발견하고자 하는 '코뮌주의적 노동'[26] 제안이나 노동과정내에서의 필요노동시간과 잉여노동시간의 적대성을 기초로 노동자의 자기가치증식을 도모하는 방식, 즉 코뮌주의 구성의 근거를 노동과정 그 자체로부터 기획해 들어가는 이태리 자율주의 계열에 속한 '아우토노미아 운동'의 주장[27]을 들 수 있다.

(1) 네그리의 '자기가치증식' 이론 비판

---

22) 피오르와 세이블의 이러한 논의는 정확히 프루동의 '소생산자연합'의 현대적 재판이며, 그들 역시 그러한 사실을 부인하지 않는다. 피오르와 세이블 주장의 자세한 내용은 M. J. Piore & C. F. Sabel (1984) The Second Industrial Divide: Possibility for Prosperity, A Division of Harper Collins Publishers: Basic Books, 참조.
23) A. Gorz (1982) Farewell to the Working Class, Boston: South End Press; A. Gorz (1985) Paths to Paradise: on The Liberation From Work, Boston: South End Press, 참조.
24) J. Rifkin (1996) 『노동의 종말』, 이영호 譯, 민음사
25) 고르즈가 1982년에 쓴 책의 제목은 얄궂게도, Farewell to the Working Class, 즉 '노동자계급이여 안녕!'이었다.
26) 이진경 (1998) 『마르크스주의와 근대성-주체생산의 역사이론을 위하여』, 문화과학사
27) 이태리 아우토노미아 운동에 대한 개괄로는 H. Cleaver (1984) "Introduction," in A. Negri (1984) *Marx beyond Marx: Lessons on the Grundrisse*, Massachusetts: Bergin & Garvey Publishers 참조.

가치증식과정에 대한 마르크스의 분석은 경제적 잉여가치의 착취를 설정한 이론적 구성물이다. 필요노동과 잉여노동으로 분리되는 가치증식과정의 두 가지의 시간분포란 하나의 추상이며, 실제의 노동과정내에서 이러한 두 가지 형태의 시간구성은 노동 생산물을 통해 하나로 융합된다. 따라서 가변자본과 불변자본으로 자본의 가치구성을 분류하는 것은 잉여가치론의 연장선상에서 작동하는 것인 반면, 실제적 자본주의적 경제체제에서 자본의 가치구성은 유동자본과 고정자본의 형태로 현상하게 되며, 같은 맥락에서 현실에서는 필요노동에 대한 지불로서의 노동력의 가치와 잉여가치가 아니라 임금과 이윤이 그 실정적 지위를 획득하는 것이다.

결국 '잉여가치'의 추출을 통해 실현되는 노동착취기획이란 자본의 입장에서만 실현 가능한 것으로 그것은 노동과정을 필요노동시간과 잉여노동시간이라는 형태로 분리시켜내는 자본의 사회적 시간기획을 통해 표출된다. 따라서 노동과정을 필요노동과 잉여노동으로 분리시키는 근대 부르주아지의 사회적 노동기획에 노동자가 직접 개입하여 '코뮌주의'를 구성하자는 네그리의 주장은 부르주아적 시간기획과 노동자 계급의 시간기획의 적대성이 충돌하는 정치적 지점을 올바로 보지 못한 견해이다.

급진적 정치적 구상과는 무관하게 노동이론에만 한정해 놓고 볼 때 네그리는 현실적으로 실현불가능하다는 의미에서 상호모순된 주장을 펼치고 있다. 네그리의 주장대로 노동과정내에서 잉여가치의 비율을 줄이고 필요노동의 가치를 늘리자는 소위 '자기가치증식'의 주장은 아무리 세련되게 설명한다 해도 현실적으로는 노동자들의 임금인상 요구이외에는 아무 것도 아니다. 하지만 임금인상만으로 코뮌주의로의 '탈주'를 시도할 수 있을 것이라고는 네그리조차 상상하지 않을 것이다.

그러나 네그리의 '자기가치증식' 이론의 보다 근본적인 딜레마는 그의 주장대로 필요노동의 가치비율을 늘리는 자기가치증식의 현실태는 임금인상인데, 이러한 임금인상요구로는 탈근대로의 이행을 달성할 수 없으며, 거꾸로 과학-기술혁명에 힘입은 현대 자본주의적 생산력의 비약적 발전은 노동일내에서 필요노동의 가치비율을 끊임없이 축소시키기 때문에 소위 노동일내에서의 필요노동과 잉여노동의 적대에 기초한 자기가치증식은 실제로 가능하지 않을 것이라는 데 있다. 네그리의 이러한 이론적 문제점은 노동과 자본의 권리 적대성에 대한 마르크스의 주장을 노동시간과 노동외부의 생활시간의 시간기획의 적대성이라는 유기적 동학의 관점이 아닌 노동일내에서의 필요노동과 잉여노동의 적대라는 단선적 동학의 관점에서 해석하고 있기 때문에 발생한 것이다.

이 글의 주장과는 달리 네그리는 노동일내에서, 다시 말해서 잉여가치론을 통해 직접적으로 노동자 정치기획의 실현을 도모하는 방식으로 마르크스의 이론을 재구성한다. 그에 따르면 마르크스의 잉여가치론에는 '자본의 발전안에 포함되어 있고 그 안에서 규제되는 권력관계가 전도되는 어떤 과정의 정점'이 포함되어 있다. 네그리의 주장은 잉여가치론의 내부에서의 반전이며, 이러한 이유에서 '노동거부'야말로 필요노동과 잉여노동과의 관계를 전도시키는 혁명적 정치실천의 기초인 것이다.

> 잉여가치법칙이 여전히 지배하지만 그것은 전도된 형태로 작용한다. 비노동, 노동거부는 노동자의 관점이 되며 가치법칙이 전도되고 잉여가치법칙이 재해석될 수 있는 기초가 된다(……)그리고 이 모든 것들은 자본관계의 부정으로서, 즉 자본주의적 지배의 전도로서가 아니라 필요노동과 잉여노동의 관계의 전도로서, 잉여노동의 부정 및 재전유로서의 사회적 개인 및 공산주의 이론으로 나아간다. 주체성의 길은 자본관계안에 놓여 있으며, 그것은 대안들을 상상하려고 하지 않지만 자신의 분리를 심화해감에 따라 그 관계를 파괴하는 법을 안다. 주체성의 길은 내포적인 길이다. 그것은 계속적 부정을 지속적이고 일관되게 재구성한 것이다. 그것은 필요노동을 그것이 잉여노동을 파괴할 수 있는 그러한 지점에까지 고양시킨다.[28]

---

28) A. Negri (1984) *Marx beyond Marx: Lessons on the Grundrisse, Massachusetts*: Bergin & Garvey Publishers, pp. 147-149.

160

위 인용에서 잘 드러나고 있지만, 마르크스의 필요노동개념에 대한 네그리의 해석에는 상당한 문제가 있다. 네그리는 노동일을 구성하는 두 가지 구성부분 가운데 필요노동을 노동자의 자율적 가치증식이 작동하는 영역으로, 잉여노동을 자본의 착취기획이 작동하는 영역으로 사고하며 이러한 관점을 '자율주의'적 정치이론의 핵심적 내용으로 간주한다.

> 잉여가치론은 반전된다. 자본의 기획에서는 잉여노동이 필요노동을 지배하는데, 프롤레타리아트의 혁명적 기획에서는 필요노동이 재전유된 잉여노동을 지배한다.[29]

그렇다면 네그리가 이해하고 있는 필요노동이란 무엇인가.

> 필요노동은 자율적으로 스스로 증식할 수 있으며 욕구의 세계는 확산될 수 있고 또 그래야만 한다.[30]

네그리는 필요노동을 스스로 증식하며, 새롭게 확산되는 노동자 계급의 욕구의 영역으로 간주한다. 필요노동의 증대를 통해 '욕구의 세계'가 확산될 수 있으며, 나아가 이것이 노동거부를 통해 실현될 수 있다는 네그리의 주장은 마르크스 노동이론의 해석과 관련하여 문제가 있는 발상이다. 필요노동과 잉여노동의 분리란 실제의 생산과정을 통해서는 현실화될 수 없는, 다시 말해서 인간의 감성으로는 감지될 수 없는 이론적 추상의 산물이다. 그럼에도 불구하고 마르크스가 필요노동과 잉여노동간의 분리를 설정한 것은 그러한 분리에 기반해 자본의 착취가 이루어진다는 사실, 즉 필요노동시간을 넘어서는 초과노동인 잉여노동이 이윤의 기초이며, 따라서 노동자에게 지급되는 노동력 상품가격인 임금은 바로 필요노동에 대한 지불임을 설명하기 위한 것이었다.[31] 다시 말해서 필요노동이라는 추상은 자본의 착

---

29) A. Negri, *ibid.*, p. 147.
30) A. Negri, *ibid.*, pp. 100f.

취를 설정하는 잉여가치론, 곧 잉여노동에 종속되는 것이지, 그 자체로 독자적 형태의 이론을 구성하는 것은 아니다.

마르크스의 잉여가치론에 따르면, 필요노동은 그 어떤 경우에도, 다시 말해서 노동거부와 비노동을 통해서건, 아니면 노동자의 자기가치증식이라는 욕구세계의 확산을 통해서건 결코 확대될 수 없다. 잉여노동에 비하여 필요노동이 축소되는 역사적 경향이란 자본의 사회적 시간기획의 목표이며, 이는 결국 사회적 생산력 발전의 자본주의적 표현이기도 하다. 또한 노동자 계급의 자기가치증식을 위한 필요노동의 확대라는 네그리의 요구는 비록 모순되고 적대적 형태이긴 하지만 자본주의 사회가 필요노동 축소의 형태로 노동자 계급의 사회적 해방의 물질적 기초를 예비한다는 것을 이해하지 못한데 따른 것이다. 자본주의 사회내에서 조차 사회적 생산력의 발전경향이 필요노동의 축소라는 형태로 표현되기 때문에, 필요노동시간이 줄고 상대적으로 잉여노동시간이 확대됨에도 불구하고 오히려 노동자계급의 구매력을 이루는 실질임금이 유지되고, 조건에 따라 일시적 형태로나마 상승할 수 있는 일견(一見) 모순된 경향이 현실화 될 수 있는 것이다.

그렇다면 노동자의 입장에서, 다시 말해서 노동자의 생활수단을 확보하기 위한 가처분소득으로 임금을 설정할 때와 잉여가치론의 맥락에서, 즉 부르주아적 시간기획내에서의 필요노동에 대한 지불이라는 식으로 임금을 설정하는 것에는 어떤 차이가 있는가. 마르크스가 필요노동시간분에 대한 지불이라는 식으로 임금을 설정할 때의 문제의식은 자본간의 사활을 건 경쟁이나, 아니면 금가치 등귀로 발생하는 경기변동 등 생산외적 변수는 전혀 고려하지 않은 것이다. 이는 곧 자본주의적 생산을 추상화한 것으로 이때 필요노동에 대한 지불인 임금은 고정변수이며 잉여가치는 독립변수로 취급된다. 마르크스는 "자본은 잉여노동형태의 노동시간을 증대하기 위하

---

31) "상대적으로 잉여가치와 잉여가치율은 눈에 보이지 않고 알려져 있지 않은 본질로서 연구를 필요로 하는 것인 반면, 이윤율과 이윤, 즉 잉여가치의 이윤으로서의 형태는 현상의 표면에 드러나 있는 것이다"(*CW*37:43).

여 필요노동형태의 노동시간을 축소"시키며, 따라서 "잉여노동시간은 점증하는 척도로 필요노동시간을 위한 조건"[32]으로 설정되는 것이라는 점을 강조한다. 요는 이러한 마르크스의 잉여가치론내에서는 노동자들의 임금인상요구가 근거있게 설정될 수 없다는 것이다. 다만 잉여가치론이 임금론과 관련해서 의의를 가질 수 있다면 임금인상이란 사회전체의 부에 어떤 손실을 가져오는 것이 아니라 단지 잉여가치가 실현된 자본의 이윤, 즉 자본의 권리를 침해하는 것일 뿐이라는 주장에 과학적, 이론적 근거를 부여하기 위한 일일 것이다.

한편 임금율을 둘러싼 자본과 노동자계급의 전투에서 임금상승분을 자본이 무위로 돌릴 수 있는 수단은 생필품가격의 일시적 인상을 포함해서 거의 무제한적으로 널려있다.[33] 따라서 마르크스는 아담 스미스를 인용하며 "임금률을 둘러싼 격렬한 투쟁에서 고용주(the master)는 늘 대가(master)"(*CW*35:580)라는 점을 상기시켰다.

---

32) 마르크스는 자본의 이러한 요구를 자본에게는 "사활이 걸린 문제(*question de vie et de mort*)"라고 힘주어 말한다. 마르크스 주장에 대해서는 *CW*29:91ff. 참조.

33) 마르크스는 1848년 「자유무역문제에 관한 연설」에서 다음과 같이 말했다. "여러분, 여러분들이 이 공장주들의 박애를 이해하도록 하기 위해, 저는 모든 공장에 확립되어 있는 규칙들을 상기시키고자 합니다. 어떤 공장주도 특별히 자신만이 사용하기 위한 정규법전을 가지고 있는데, 여기에는 모든 고의적 혹은 비고의적 과실들에 대한 벌금이 정해져 있습니다. 예를 들어 불행하게도 노동자가 의자에 앉을 경우, 귀속말하거나 잡담하거나 웃을 경우, 몇분이라도 지각할 경우, 기계의 일부가 파손될 경우, 노동자가 요구된 질의 제품을 넘겨주지 못할 경우 등등에 노동자는 그에 상응하는 만큼을 지불합니다. 그 벌금들은 실제로 노동자들에 의해 발생하는 손해보다 항상 더 높습니다. 그리고 가능한 한 쉽게 노동자들에게 벌을 주기 위해, 공장의 시계추를 빠르게 해 놓고, 노동자에게 나쁜 원료를 주고는 좋은 제품을 만들어 내라고 합니다. 규칙위반건수를 증가시킬 정도로 충분히 능란하지 않은 직공장은 해고됩니다. 여러분, 보시는 바와 같이 이러한 내부규칙은 위반을 낳기위해 만들어진 것이며 사람들은 돈을 벌기 위해 위반을 하도록 만듭니다. 이와 같이 공장주는 명목임금을 감소시키고 노동자로서는 제어할 수 없는 사고들까지 이용해먹기 위해 수단과 방법을 가리지 않습니다"(*CW*6:456).

현실에서 노조가 임금투쟁을 조직할 때 그 승패여부는 자본과의 정치적 힘관계에 의존한다. 장기간에 걸친 시장의 평균가격으로서 임금을 고정시켜, 노동자의 임금을 필요노동시간에 대한 지불이라는 형태로 잉여가치론의 입장에서 상수로 확정하는 것과 시장의 노동력 상품가격의 등락이 노동자들의 생존과 생활에 미치는 파괴적 영향이라는 측면에서 임금인상을 정당한 노동자의 권리요구라는 관점에서 제기하는 것은 사실상 별개의 이론적 기획이라 할 수 있다. 노동자 조합운동이 임투라는 형태로 자본과 전투를 개시하는 그 순간부터 임금을 노동자들의 정상적 생존과 생활이라는 요구에 비추어 정치적으로 문제를 제기하는 것은 당연한 일이었으며, 이러한 방식으로 구성되는 임금이론을 우리는 정치적 혹은 사회적 임금론으로 명명할 수 있다.

(2) 이진경의 '노동의 자발성' 테제 비판

이 글은 마르크스의 과학적 노동이론과 관련하여 노동은 물질적 생산활동이며, 그것의 특성은 정확히 노동이 조직되는 사회의 성격과 관련해서 규정되어야 할 것이라는 점을 강조한 바 있다. 마르크스는 근대 이후의 노동활동의 특성이 일차적으로 봄나들이와 같은 오락의 형태로 존재하는 것이 아니라 격심한 노고와 수고에 있다는 견해를 피력한다. 그러나 '격심한 진지함과 최대로 긴장된 노고로서의 노동'이 자기활동이라는 긍정적 성격을 함께 갖기 위해서는 노동활동에 이러저러한 인간학적 규정을 부여해 주는 것이 아니라 그것을 실현시킬 수 있는 실제적 사회조건의 성립이 요구된다 하겠다.

> 자기활동의 주-객관적 조건이 창출된 상태에서의 노동은 매력적인 일이 되고, 개인의 자기실현이 되지만, 그러나 이는 결코 푸리에의 유치할 정도로 천진난만한 개념처럼, 단순한 장난이나 오락과 같은 것으로 된다는 것을 의미하지는 않는다. 예컨대 작곡과 같이 실제로 자유로운 작업은 동시에 가

장 격심한 진지함과 최대로 긴장된 노고이다. 물질적 생산으로서의 노동이 이러한 성격을 획득하는 경우란 오직 다음과 같을 때 뿐이다. (1) 노동의 사회적 성격이 정립되고, (2) 노동이 과학적임과 동시에 일반적 성격, 단지 특별히 동력화된 자연력으로서의 인간이 발휘하는 자연적 힘이 아닐 뿐만 아니라, 생산과정내에서 단순한 자의적, 자연적 형식이 아닌 도리어 모든 자연력을 규제하는 활동으로서 등장하는 주체로서의 인간의 노력이 될 경우이다(*CW*28:530).

노동활동이 고역이라는 형태를 벗어나 자기활동의 의미를 갖는 배경은 철저히 노동이 조직되는 사회의 성격과 노동과정의 변동사이의 유기적 관계를 통해 과학적으로 해명될 일이지, 노동개념에 '자기가치증식'이나 '자발성'등 어떤 초월주의적 의미를 부여한다고 해서 이루어질 성질이 아니다. 따라서 '노동자발성'에 입각한 '코뮌주의'적 노동이 노동자-민중의 자유로운 자기활동으로 전화될 수 있는 경우란, 그러한 자유가 실현될 정치-사회적 민주주의와 함께 고도한 물질적 기초가 전제됐을때 뿐이다. 그렇지 않을 경우 그것은 비할데 없는 인간의 고역, 즉 강제노동이라는 극단과 언제나 치환가능한 것이다. 이러한 치환가능성이야말로 소련의 전시공산주의 시기의 수보트니크, 즉 무상토요일 노동, 노동영웅인 스타하노프 운동 및 농촌 집단화, 중국의 대약진운동과 인민공사, 북한의 천리마운동이 보여준 역사적 교훈이라 할 수 있다. 유사이래 이처럼 자발적인 노동이 존재한 적이 있을까. 따라서 노동의 성격이 자발적이냐 혹은 비자발적이냐 하는 것은 문제의 핵심이 아니며, 사태해결에 실제적 도움을 주지 못한다.

노동에 대한 문제설정에 있어 네그리와 유사한 이진경의 경우, 코뮌주의적 노동활동에 여타의 사회적 실천을 규정하는 중심성을 부여하면서, '노동의 자발성' 테제를 옹호한다.

노동이 '창조적이고 생산적인 활동'이라면 '노동의 정치'는 그러한 능력이 '정치화'하는 것을, 다시 말해 정치가 창조적이고 생산적인 활동 그 자체에 의해 정의되고 이루어지는 것을 뜻한다. 이는 자발적이고 자주적인 활동으로서 코뮌주의적 정치의 잠재성을 형성한다.[34]

이진경은 정치적 실천을 노동의 의미확장을 통해서 파악하는데, 이러한 주장은 다른 각도에서 마르크스가 비판해 마지않던 '노동의 인간학'이 탈근대적 노동이론의 형태로 재현된 것으로 여겨진다. 이진경은 특히 노동의 특성이 자발적이고 가치법칙을 벗어난다는 이유에서 코뮌주의적 노동을 대안적 사회구성의 원리로 파악한다.

> 코뮌주의적 노동은 사회의 이익, 공동의 좋음을 위해 자발적으로 수행하는 노동이란 점에서 코뮌적인 공동체를 만들어가는 노동이고, 그것을 통해 스스로를 코뮌적인 주체로 만들어 가는 노동이다(……)코뮌주의적 노동은 가치화된 노동에 대한 거부고, 가치화하려는 자본의 계열에서 벗어난 노동이다. 그것은 가치화의 계열안에 생산자체를 포섭하려는 힘에 대한 거부요, 가치화를 통해 노동의 의지 자체를 가치화 하려는 자본의 의지에 대한 거부다. 네그리가 말하는 '노동거부'는 이처럼 가치화된 노동의 거부며, '노동에서 해방된 노동'은 가치화된 노동에서 해방된 생산적이고 창조적인 힘으로서의 노동이다.[35]

이진경은 진정한 노동자 코뮌이란 꼬뮌의 해방적 특성으로부터 주제화되는 사회적 시간기획에 근거한다는 사실을 간과한다. 노동활동을 통해 주제화되는 사회란 그것이 '자발적인 코뮌주의 노동'을 통해 구성된다 하더라도 실제로는 근대부르주아 사회이거나 아니면 부르주아 사회를 희화화 한 것 이상이 아니다. 코뮌을 진정 코뮌답게 하는 것은 사회를 향해 노동을 투사하는 것이 아니라, 사회 혹은 그러한 사회에 속한 구성원들의 삶에 노동활동을 종속시키는데서 찾아져야 할 것이다.

---

34) 이진경 (1998) 『마르크스주의와 근대성 ─ 주체생산의 역사이론을 위하여』, 문화과학사, p. 226.
35) 이진경, 같은 책, pp. 318-323

　사회변화가 노동의 성격변화에서 초래되고, 코뮌적 노동의 성격이 이진경의 주장대로 "(교환)가치라는 양적 계열에서 벗어나 '사용가치'라는 질적 성격을 회복한 노동이고 의무나 강제로부터 벗어나 자기가 하고자 하는 바를 자신의 의지에 따라 결정하는 노동"[36]이라면 이러한 주장은 결국 국가나 대기업이라는 공식적 가치창출공간에서의 노동의 종말이라는 사태에 직면하여, 자선단체나 지방공공사업 등 비영리적인 제3섹터가 새롭게 고용을 창출할 수 있는 공간임을 강조하는 리프킨의 자원주의 주장과도 다를 바 없다.[37] 한마디로 그러한 노동은 현존 부르주아 사회에서조차 가능한 것이다.

　코뮌사회의 특성에 대해 이진경이 피력한 논거는 그 자체로 내적 모순이 있다. 가치, 즉 노동시간으로 양화(量化)된 노동을 부정적 시각에서 보는 그의 입장은 러시아 혁명이후 파괴된 생산시설을 복구하기 위해 시행된 '토요일 무상노동'인 소위 수보트니크를 자본주의적 노동을 대신하는 코뮌사회의 대안적 노동형태로 간주한다. 그는 수보트니크적 노동이 갖는 고유한 힘이 '자발성'에 있었다는 사실을 강조한다.

> 그 성과는 매우 좋아서, 모스크바 – 카쟌 철도에서 수보트닉스 노동은 통상적인 노동생산성의 270%를 달성했고, 그 뒤 다른 곳에서도 널리 행해지면서 평균생산성은 통상 노동생산성의 200-300% 정도였다고 한다. 신문은 이전의 통상적 작업으로는 옮기지 못했던 보일러를 이 '비조직적' 작업을 통해 성공적으로 옮겨놓은 사례를 전해준다. 결국 이러한 노동의 생산성은 시간이나 공간, '기계'등을 통한 노동의 합리화와는 전혀 다른 지점에서 발생한 것이다(노동의 기계화는커녕 작업에 필요한 기계도 부족했고, 공간의 분할이나 시간적 통제도 거의 없었다). 그것은 **대중자신의 열정에 가득찬 자**

---

36) 이진경, 같은 책, p. 324
37) 리프킨과 이진경은 노동의 자발성 혹은 자원주의를 입론의 주요근거로 간주한다는 측면에서도 유사하다. 리프킨은 노동의 종말에 따른 기술적 대량실업이라는 사태에 직면하여 새로운 노동활동공간이 창출되거나 그러한 가능성이 있는 영역이란 '자원주의(voluntarism)'가 지배하는 자선사업 및 지방공공사업이라고 규정하며 이를 제3섹터 또는 '사회적 경제'로 명명한다. J. Rifkin (1996)『노동의 종말』, 이영호 譯, 민음사, 374~375쪽 참조.

발성에서 연유하는 것이다. 이런점에서 수보트닉스의 노동은 **근대적 노동체
제의 외부에 있는 어떤 힘**을 보여준 것이며, 그것으로 환원되지 않는 노동
의 잠재성을 보여준 것이다.[38]

이진경의 주장이 당시의 생산통계등 사실적 자료에 기초한 것이라면 토
요일 무상노동인 수보트니크가 종래의 노동생산성의 2-3배의 성과를 달성
했다는 점은 일단 높이 평가될 일임에 틀림없다. 하지만, 그렇다고 해서 그
성과가 대중들의 열정적 자발성에서 기인한 것으로 간주하거나 또는 토요
일 무상노동이 단지 자발성에 기초했다는 이유만으로 '시간이나 공간, 기계
등을 통한 노동의 합리화'에 기반한 과학 – 기술적 노동양식에 비해 우월한
것으로 규정한 것은 납득하기 어렵다.

일단 드는 가장 큰 의문점은 수보트니크를 통한 노동생산성 성장이 과
연 대중들의 열정적 자발성에서 연유한 것인가 하는 점이다. 왜냐하면 어
떤 사회에서도 '노동의 자발성'을 측정할 지표란 존재하지 않기 때문이다.
이진경 역시 노동의 자발성을 그것이 외화되는 생산성 지표, 즉 '200-300%
이상의 노동생산성 성장'이라는 식의, 결국 수치화되고 계량화된 노동생산
성 개념을 빌어서 표현하고 있지 않은가.

그런데 노동생산성이란 그 자체로는 결과적으로 가장 발달된 노동합리
화 지표에 다름 아니다. 이때 시간당 산출되는 노동생산물의 크기, 정확히
개개의 노동생산물에 새롭게 부가되는 노동시간에 의해 측정되는 가치야말
로 노동생산물의 질과는 무관하게 비교가능한 표준적 도량형의 역할을 한
다. 만일 사회적으로 통용가능한 노동량의 표준적 측정수단이 없다면, 이
글의 용어로 표현하자면, 사회적 시간기획의 형태가 아니라면 사회가 직접
생산을 통제하고 관리할 수 있는 가능성이란 구두선에 그칠 것이다. 이러
한 이유에서 마르크스 역시 "다양한 생산분야들 사이의 노동시간의 계획적
배분과 같은 시간의 경제는 공동적 생산의 근거위에서 첫 번째 경제법칙으

---

[38] 이진경, 같은 책, p. 317.

로 남는다"(*CW*28:109)라고 말했던 것이다. 결국 노동자발성의 의거한 생산성과를 객관적으로 양화된 노동합리화 지표인 노동생산성의 형태로 표현하면서도, 동시에 노동자발성과 노동합리성을 양립할 수 없는 것으로 대립시키는 것은 이론적 넌센스라 할 수 있다.

만일 2~3배의 노동생산성 향상이라는 생산력의 경이적 증대가 실제로 노동의 자발성에 기인한 것이라면, 이러한 자발성에 현대적 노동과정의 산물인 자동화가 더 해질 경우 수보트니크처럼 단순히 2-3배의 노동생산성의 증가가 아니라, 200-300배 아니 그 이상의 노동생산성의 증가를 가져올 수 있다는 것은 자본주의적 산업체제의 역사를 통해서 조차 입증된 사실이다. 요는 노동자발성을 통한 생산성 증가만을 놓고서 코뮌사회의 우수성을 평가할 수 있느냐 하는 점이다. 왜냐하면, 이진경이 전제한대로, 다른 사회적 요인을 제외하고 단지 노동 그 자체만 놓고 본다 하더라도, 과학-기술혁명의 성과에 의거한 사회적 필요노동시간의 단축에 기대지 않고 프롤레타리아트가 사회, 경제적으로 해방될 수 있는 길이란 필자에게는 요원한 일로 여겨지기 때문이다.

따라서 이진경이 노동 자발성의 사례로 지적한 '비조직적 작업에 의한 보일러 옮기기'는 칭송대상이 아니라 오히려 비판받아 마땅하다. 만일 합리적 노동장비인 기계가 옮기기 어려울 정도로 무거운 보일러였다면, 제 아무리 자발성이 높다 하더라도 노동자들의 육체작업만으로 얼마나 큰 희생을 감수해야 했으며, 그 자체로 얼마나 힘든 작업이었겠는가 말이다. 이는 마치 오직 이기고자 하는 신념, 달리고자 하는 자발성만으로 무장된 마라토너와 시속 300Km로 달리는 페라리 경주용차의 대결에서 마라토너의 승리를 점치는 것과 다를 바 없다.

노동의 자발성 테제는 문제의 핵심을 비껴간 것이다. 현대적 자본주의의 노동과정 혁신을 위한 노동통제기법으로서의 산업공학의 최근 연구경향은 노동수단의 완전 자동화라는 현대 과학기술혁명의 발전성과에 더해, 과거의 테일러-포드주의와는 달리 노동과정내에서 노동하는 인간의 능동적 측면

을 중시하는 추세이다. 특히 노동자 계급의 소위 '자발적 동의기제'
(commitment)를 노동생산성의 무한증가에 접속시키려는 자본의 공세적 시
도는 소위 '노동의 인간화'라는 세련된 노무관리기법을 통해 실제로 상당한
성과를 거두고 있다.[39]

이진경이 코뮌주의적 노동의 대표적 특성으로 의미지운 '대중자신의 열
정에 가득찬 자발성'이란 그것을 통해서는 노동양식의 특성을 이론적으로
파악할 수 없는 무규정적 개념이라 할 수 있다. 노동의 자발성만 놓고 본
다면 현대자본주의적 생산과정에 종사하는 노동자들, 심지어 테일러-포드
주의적 노무관리기법하에서 조차 자발적으로 노동에 임할 수 있는 현실적
유인이란 얼마든지 존재한다.[40]

첫째, 임금 등 근로관계 계약체결에 있어서 자본과 노동은 동등한 계약
주체로 취급되는데, 그 이유는 노동임대계약이 등가교환의 형식을 띠기 때
문이다. 따라서 노동자는 임노동 계약 그 자체만으로도 '자발적'으로 근로

---

39) 노동의 능동성과 자발성 요인을 잉여가치생산에 포섭시키는 자본의 새로운 전
략적 시도는 케른 슈만류의 '신생산개념'을 통해 적극 개진되고 있다. 케른과
슈만은 자본주의적 생산의 효율성은 개인적 능력의 많은 부분들을 가로막는
것이 아니라 노동자들의 능력을 활용하여 성취되어야 하며, 더욱 유연한 형태
의 생산기술이 출현함에 따라 생산에 대한 노동의 적극적인 참여에 기초한 노
동에 대한 새로운 태도가 지배적으로 되어가고 있다고 주장한다. H. Kern &
M. Schumann (1984) *Das Ende der Arbeisteilung?*, Munich: Beck, pp.
16ff. 및 H. Kern & M. Schumann (1987) "Limits of the Division of
Labour: New Production Concept in West German Industry," *Economic
and Industrial Democracy*, No. 8 참조.
40) 하이만은 전통적인 합리화형태에 대한 논의에서 테일러주의에 대한 브레이버만
입장의 문제점, 즉 노동자의 자율적 재량을 감소시키고 제한하려는 자본의 가차
없는 추구를 무조건적으로 수용하는 경향에 대해서 일면적 해석이라고 비판한
다. 하이만의 견해에 따르자면, 노동과정에서 노동자들이 획득할 수 있는 독립
성은 관리적 목적들에 대한 저항의 원천이 될 수도 있지만, 노동력으로부터 생
산적 노동으로의 변형은 테일러-포드주의적 생산체제하에 조차 어느 정도의
'자발적 지식과 솔선적 주도'를 필요로 하는 것이다. R. Hyman (1987)
"Strategy or Structure," *Work, Employment and Society*, Vol.1, No.1, pp.
40.ff. 참조.

에 임할 수밖에 없는 유인을 제공받게 되며, 만일 자신의 노동력 상품을 자본에게 양도하여 자본주의적 노동과정에 노동력을 투입하지 않는다면 노동자는 그 자신과 가족의 생존-생활여부를 장담할 수 없기 때문에, 달리 말하면 '짤리지 않기 위해' 그 자발성은 더욱 제고된다.

둘째, 콘베이어 시스템에 입각한 테일러-포드주의적 노동과정은 그 자체로 같은 동작이 수천회 반복되는 고역인 관계로 인간의 사고와 신경, 그리고 감각을 마비시킨다. 따라서 포드자동차와 같은 대자본은 이러한 노동과정에 투입될 노동자의 근로유인이 자발적으로 형성되도록 하기 위해 고임금전략을 사용하면서 노동강도에 강화에 대한 불만을 무마시켜 나갔던 것이다. 노동조건 그 자체만 놓고 본다면 그 지긋지긋한 어셈블리 조립라인에 자발성없이 한시라도 발붙이고 있을 노동자란 단 한 명도 없을 것이며, 그럴 경우 근대적 산업체제는 종말을 고했어도 벌써 고했을 일이다.[41] 그러나 만일 고용노동자들이 단지 포드주의적 노동통제의 강제성에 반발하여 노동거부하고 공장밖으로 뛰쳐나갈 경우, 그들은 더 낮은 임금과 열악한 근로조건하에도 '살기위해' 자본의 착취에 기꺼이 응하려는 공장밖 실업자들의 아우성에 소스라치게 놀랄 것이다.

셋째, 노동이 자발적으로 수행된 사례는 심지어 고대사회이래로 다양한 계급사회의 역사를 통해서도 부지기수로 발견된다. 고대문명사회, 예컨대 스핑크스와 피라미드라는 거대 축조물 건설이 채찍으로 규율된 강제노동 혹은 노예노동의 성과라는 속설과는 달리, 고대적 자유민의 자발성에 의해 수행된 집단적 노동의 결과였다는 사실이 노동사학자들의 최근 연구결과를

---

41) 1920년대의 대공황시기의 사회상을 그린 영화 '모던타임스'는 노동자들이 당한 고통이란 합리화된 노동양식 그 자체에서 기인된 것이 아니라 잉여가치의 수취를 위해 노동자를 한시라도 놀리지 않으려는 자본의 시간기획에 의거한 노동합리화에서 기인한다는 것, 동시에 착취당할 기회마저 봉쇄당한 실업에서 연유하는 것으로 묘사한다. 채플린은 이러한 상황을 공황으로 폐쇄됐던 공장에 조업이 재개되자 무수한 군중을 제치고 새치기하면서 질주하여 공장안으로 아슬아슬하게 들어가는 주인공의 우스꽝스런 동작을 통해 풍자적으로 훌륭히 표현한다.

통해 입증되고 있다.[42] 사회적 노동의 지발적으로 수행된 사례란 이처럼 계급사회에서도 얼마든지 가능할 일이며, 농경문화에 기반한 공동체의 거의 모든 노동과정이 자발적 성격을 띠었다는 사실은 과학적 노동이론의 관점에서도 타당한 측면이 있다.[43] 근대부르주아사회의 경우에도 노동의 자발성만을 놓고 본다면, 장인적 생산공동체, 즉 길드나 숙련된 손노동에 의존한 수공업 생산이 가장 자발적이었을 것이다.

결론적으로 이진경의 노동관은 마르크스의 핵심적 사상을 '노동중심적 세계관'으로 간주해온 서구 마르크스주의자들의 생산주의적 유물론, 발리바르의 표현을 따르자면 "마르크스의 인간학이 노동을 인류와 사회적 관계의 본질로, 그리고 적대를 유일하게 결정하는 근본적 실천으로 간주"[44]하는 '노동인간학'의 오류를 근대적 노동양식을 비판하고자 하는 자신의 기본의도와는 무관하게 반복하는 것이다. 그러나 노동중심적 세계관, 노동의 인간학이 이상으로 삼는 사회란 헤겔이 자신의 역사철학을 통해 잘 보여주었듯이, 근대부르주아 사회 이상도 이하도 아니다.

마르크스가 피력한 노동이론의 핵심은 사회적 노동이 실현되는 제반 사회적, 물질적 조건에 대한 과학적이고 엄밀한 이론적 조망이다. 노동자 계급의 실질적 해방이란 노동세계의 확장을 통해서 달성되는 것이 아니다. 오히려 이와 반대로 산노동을 통해서만 지속적으로 신선한 착취의 피를 보

---

42) A. Eggebrecht (1982) 「초기의 고도(高度)문화: 고대 이집트의 경우」, H. Schneider (ed) 『노동의 역사: 고대 이집트에서 현대 산업사회까지』, 한정숙 譯, 한길사, 56~57쪽 참조.

43) 전근대적 생산양식에서의 노동행위란 직접적 생산자가 노예가 아닌 한 대부분 그의 노동은 자발적으로 이루어 진 것으로 간주해야 한다. 근대이전의 사회들에 있어서 자연재해에 따른 기근과 굶주림은 연례행사처럼 다가왔으며, 심한 경우 특정한 공동체 전체를 역사에서 추방해버리는 위력을 지니고 있었다. 이러한 조건에서 어떻게 인간의 노동이 비자발적일 수 있었겠는가. 결국 노동의 성격이 자발적인가의 여부와 그러한 노동의 자발성을 통해 조직된 인간의 삶이 안락하고 복되고 자유로운 것인가의 여부는 별개의 문제이다.

44) E. Balibar (1991a) "From Class Struggle to Classless Struggle," in Wallerstein & Balibar, *Race, Nation, Class*, London: Verso, 1991, p. 181.

충받게 되는, 자본에 의해 극도로 확장된 노동세계를 축소하고 그 자리에 노동자의 사회적, 인간적 삶의 요소들을 정치적으로 새롭게 기획해 들어갈 때만 그것은 실제로 달성가능한 목표로 될 것이다. 이 글의 주장이 독단이 아니라는 것은 네그리와 함께 아우토노미아 운동의 주요 이론가라 할 수 있는 해리 클리버가 이진경이 자발성에 입각한 코뮌적 노동의 역사적 사례로 제시한 바 있는 토요무상노동, 즉 수보트니크에 대해서 다음과 같이 비판하고 있다는 사실을 통해서도 잘 입증된다.

사회주의자들이 관찰하고 이론화하는 모든 것은 자본가의 생산통제에 대한 노동자의 저항에 국한되어 있다. 따라서 사회주의하에서는 노동자가 통제한다는 결론은 당연한 것이다. 그들은 노동자들이 그들의 모든 에너지를 노동에 투입시키려는 자본가의 노력에 대항하여 벌이고 있는 또 다른 투쟁을 꿰뚫어 보지 못하는 것이다. 마르크스가 『자본론』 제10장에서 노동시간단축투쟁을 분석할 때 사회주의자들은 단지 자본에 대한 저항을 볼 뿐 삶이 노동에 의해 지배되는 것에 대한 저항은 파악하지 못한다. 사회주의자들이 권력을 잡았을 때 모든 노동자들이 소련의 노동영웅인 '스타하노프'를 따르는 사람(Stakhanovite)이 되어 대가없이 오랜 토요노동인 수보트니크 (Subbotniki:토요일의 사람이라는 뜻으로 과거 소련에서는 토요일에 무상으로 사회주의 혁명의 기치아래 일을 하였음)를 할 것을 요구했다는 데 놀랄 필요가 있을까(……)사회주의자들이 노동'의' 해방은 노동'으로부터의' 점차적 해방을 요구한다는 사실을, 소외되지 않은 노동이 출현할 수 있는 유일한 방법은 사회조직에서 차지하는 노동의 중추적 역할을 극적으로 감소시키는 사실을 인정조차 하지 않을 때 새로운 긍정적 방향의 여지가 어디에 있을 수 있겠는가?[45]

2) 사회학적 노동이론 비판: 포스트-포디즘 논쟁

1970년대 이후, 마르크스의 노동과정론과 관련하여 가장 활발히 논의되

---

45) H. Cleaver (1986)『자본론의 정치적 해석』, 권만학 譯, 풀빛, pp. 262-267.

고 있는 이론적 흐름이 바로 사회학적 노동이론이다. 사회학적 노동이론의 가장 큰 문제점은 사회적 관계와 그러한 관계를 통해 형성되는 다양한 정치-사회적 실천에 대한 인식이 배제됨으로 해서, 그 내부에서 자본주의 사회전체의 변동과정을 조망할 수 있는 정치이론을 구성해 낼 수 없다는데 놓여 있다.[46] 그 결과 사회학적 노동이론에는 직접적 노동과정과 작업장체제를 통해 정치와 사회를 해석하는 식의 환원론이 주류를 형성해왔다.

사회학적 노동이론(노동사회학)은 크게 노동통제론[47]과 노동기술론[48]적 입장으로 분류될 수 있다. 노동통제론은 대체로 브레이버만의 연구를 기점으로 형성되기 시작한 사회학적 노동이론의 한 경향이다. 이러한 노동통제론적 연구의 경우 주로 자본에 의해 행해지는 노동과정상의 통제[49]나 작업장내에서 의 노동자 포섭전략기제의 고도화[50]등에 이론적 초점을 맞춘다. 브레이버만적 노동이론에 대해서는 제2절에서 비판한 적이 있으므로

---

46) 톰슨의 70년대 이후 전개된 노동사회학의 쟁점에 대한 정리를 통해 노동과정의 '핵심이론'을 발견하고자 하는 시도는 역설적이게도 사회학적 노동이론내부의 논의만으로는 돌파할 수 없는 한계를 동시에 보여준다. P. Thompson (1990) "Crawling from the Wreckage: The Labour Process and the Politics of Production," in Knights & Willmott (eds.) *Labour Process Theory*, London: Macmillan, 참조.

47) 노동통제론 중심의 사회학적 노동이론의 연구경향과 연구성과를 잘 정리하고 있는 글로는 P. Thompson (1983) *The Nature of Work: An Introduction to Debate on the Labor Process Theory*, London: Macmillan 참조.

48) 최근의 노동기술론류의 논의와 연구경향을 소개하고 있는 글로는 S. Wood (1989) "The transformation of work?," in Wood, S.(ed.) *The Transformation of Work? skill, flexibility and the labor process*, London: Unwin Hyman 참조.

49) 노동통제의 관점에서 진행된 대표적 연구로는 S. A. Marglin (1978) 'What do bosses do?: The origins and functions of hierarchy in Capitalist production', in Gorz (ed.), *The Division of Labor: The Labor Process and Class Struggle in Modern Capitalism*, Brighton: The Harvester Press, 1978 과 Brighton Labor Process Group (1977) "The Capitalist Labor Process," *Capital & Class*, No.1 참조.

50) M. Burawoy (1979) *Manufacturing Consent*, Chicago: Chicago Univer- sity Press

여기서는 노동기술론에 입각한 사회학적 노동이론을 중심으로 고찰하고자
한다.

노동기술론에 입각한 노동이론의 가장 커다란 문제점은 자본주의적 생
산의 목표가 가치증식을 통한 자본의 이윤전유행위에 정향되어 있다는 기
본 사실을 도외시한다는데 있다. 이들 이론은 한결같이 산업적 생산체계가
그 자체로 과학-기술의 발전에 힘입어 내적으로 진화-발전할 것이라는
가정을 취한다. 물론 이들 역시 노동통제이론처럼 테일러-포드주의적 형
태의 대량생산체제를 비판한다. 그러나 이러한 비판의 목적은 대개 현재의
생산체제의 변화를 포드주의적 생산체제와 질적으로 구분되는 '제2차 산업
분기점'(The Second Industrial Divide)을 통한 다품종소량생산을 그 핵심
으로 하는 '유연전문화체제'[51)가 성립된 것으로 간주하기 위해서거나, 분업
의 종언과 다능공엔지니어에 의해 주도되는 '신생산체제'[52), 테일러-포드
주의에서 포스트-포디즘체제로의 이행의 관점을 표명하는 '신시대론자
들'(The New Times)[53) 주장의 정당성을 확보하려는 것이지, 부르주아 사

---

51) 피오르와 세이블은 1980년대 이후 현재 진행되고 있는 생산조직의 변화를 전후
  산업발전모델에 내재한 한계에 기인한 것으로 본다. M. J. Piore & C. F. Sabel
  (1984) *The Second Industrial Divide: Possibility for Prosperity*, A
  Division of Harper Collins Publishers: Basic Books, 참조.
52) 케른과 슈만은 독일 자동차 산업의 사례연구를 통해 '분업의 종언'과 '신생산개
  념'을 연관시킨다. 예를 들어 폭스바겐에서는 팀작업 등을 통해 과업통합 경
  향, 즉 생산직 직무가 보전 및 품질관리 과업을 포함하게 되고, 숙련수준이
  전반적으로 높아지는 것이 관찰된다는 것이다. H. Kern & M. Schumann
  (1992) "New Concepts of Production and the Emergence of the Systems
  Controller," in P. Adler (ed.) *Technology and the Future Work*,
  London: Oxford University Press, 1992, 참조. 토매니는 이러한 신기술 발
  전에 따른 분업의 종언과 구상과 실행을 통합하는 작업에 대한 총체적 개념화
  의 증대로 요약되는 케른과 슈만의 '신생산개념'이 노동일에서 생산행위의 수
  를 증가시키는 것을 의미하기 때문에 노동강화의 전형이상이 아니라고 비판한
  다. J. Tomaney (1990) "The Reality of Workplace Flexibility," *Capital
  and Class*, No. 40. 참조.
53) 영국 공산당 계열의 잡지인 *Marxism Today*를 통해 '신시대(New Times)'라는
  사고가 제출되는데는 피오르와 세이블의 유연전문화론이 주요한 이론적 원천이

회의 노동조직 그 자체를 비판하기 위한 것은 결코 아니다.

물론 노동기술론이 현대적 생산체제의 변화양상에 착목하고, 그 핵심을 파악하려는 이론적 노력을 기울였다는 측면에서는 큰 의의가 있다고도 하겠다. 하지만 노동기술론의 경험적 연구의 출발점이라 할 수 있는 자동화 생산이 자본주의적 산업체계의 핵심으로 자리잡아감에 따라, 인간이 노동에서 해방되기는커녕 오히려 무차별적 대량실업을 야기시켜 사회 구성원 다수를 절박한 삶의 위기에 처하게 하는 사회구조적 문제들[54]에 대해서 이들 이론이 일절 언급하지 않고 있는 것은 유연생산론을 포함한 포스트-포드주의적 노동이론이 자본주의적 생산과정과 그러한 생산방식으로 조직된 사회를 '물신화'하고 있다는 점을 반증하는 것이다. 또한 포스트-포디즘적 노동이론에 대해 별도의 비판적 검토없이 자명한 것으로 받아들이게 될 경우, 그러한 노동사회이론에 입각한 정치적 입장은 소위 '신시대'(New Times)론자의 견해에서 잘 알 수 있듯이 마르크스 이론의 속류화로 귀결된다.[55] 따라서 포스트-포디즘적 노동이론은 사회과학의 대상이 과학-기

되었다. '신시대'의 이론적 강조점은 피오르와 세이블의 분석과 밀접히 연관된 것인데, 그 양자사이의 근친성은 포스트-포드주의적 경제와 사회의 응집성과 견고함, 그리고 그것의 잠재적으로 유익한 특성에 대한 제 견해속에서 가장 두드러진다. 이들은 새처주의가 반동적이고 분열적인 방식으로 전통적인 포드주의적 국가의 결함인 시장에 대한 중앙집권적인 규제, 복지제도의 획일성에 대한 대중적 거부를 이용하기는 했지만, 그 이면에는 새로운 사회경제적 세력과 구조에 자신을 적응시키는 포스트-포드주의의 진보적인 정치공간, 다시 말해서 '포스트-포드주의적 시대에 적합한 대안적 사회주의'의 가능성이 함께 존재하는 것으로 주장한다. R. Murray (1989) "Fordism and Post-Fordism," in Hall & Jacques(eds.), *New Times: The Changing Face of Politics, in the 1990s,* London: Verso, 참조.

54) 현대 자본주의 사회의 구조적 병폐인 실업이 사회구성원들을 어떤 고통에 몰아넣으며, 극심한 삶의 위기에 처하게 하는 가를 잘 보여주는 글로는 V. Forrester(1997)『경제적 공포』, 김주경 譯, 동문선, 참조.

55) '신시대'론자들의 유연적 전문화에 입각한 포스트-포드주의 주장은 그들의 정치적 입장 가운데 하나인 소위 '실리적 노동조합주의' 노선에 반영된다. 이러한 노선은 작업장에서의 유연화된 생산기술의 도입에 따른 노동자에게 가해진 파괴적 영향과 대량실업, 그리고 사회적 권리상실에 대해서는 눈을 감은 채, 노동자들에

술의 발전과 발명이 물화된 노동수단이 아니라, 일차적으로 그러한 노동수단이 작동하는 사회적 관계, 그리고 노동수단과 사회적 관계사이의 유기적 동학에 놓여 있다는 사실을 간과한 이유로 기술결정론이라는 비판을 면하기 어렵다.

이와 달리 노동통제론은 기술적 노동론과는 반대로, 현대적 생산체계 변화의 의미를 올바로 해석하지 못한 채, 자동화로 상징되는 포스트-포디즘적 현상의 출현을 과거 테일러-포드주의적 생산체제의 양적 확대나 전자감시체계 등 통제기제의 변화로만 접근하려 한다는 점에서, 노동과정의 변화양상과 정치-사회구조 변화의 연관성을 놓치고 있다. 또한 직접적 노동과정이나 작업장에 대한 통제요인만으로 자본의 지배를 설정하고 이에 대한 노동자계급의 대항정치를 구성하려 한다는 점에서, 노동통제론에 기반해 있는 적절한 정치-사회이론적 논의가 부재한 것은 결코 우연이 아니다.

우리가 본 절에서 마르크스 사상과 관련된 현대노동이론 전반을 검토한 핵심적 이유는 노동활동을 긍정적으로 바라보든, 아니면 부정적으로 여기든 이들이 모두 공유하는 인식론적 기반, 즉 노동과정을 특권화하는 문제설정을 비판하기 위한 것이었다. 예컨대 우리는 노동행위와 의사소통행위의 연관성과 함께 그것의 차이에 대해서 말할 수 있는 것처럼, 마찬가지로 노동과 여타의 정치행위나 사회적 문화적 생활사이의 차별성 및 그러한 다양한 사회적 실천들이 맺고 있는 유기적 관계성에 대해서도 논의할 수 있어야 할 것이다. 그러나 자본주의 사회내에서 노동자들은 살기 위해서 노동하는 것이지, 노동을 위해서 살지 않는다는 것을 이해하는 것이 노동과정에 대한 정치적 해석방향에 있어서 단순하지만, 무엇보다 중요한 문제의

게 보다 '협력적'으로, 그리고 보다 '유연하게' 대처하라는 권유로 일관한다. 신시대론자들의 기술결정론에 기반한 정치적 입장에 대해서는 Manifesto for New Times(Communist Party) (1989) "The New Times," in Hall & Jacques(eds.) *New Times: The Changing Face of Politics, in the 1990s*, London: Verso, 참조.

식이다. 이러한 이유로 향후 노동과정에 대한 과학적 연구의 방향은 노동과정이나 생활과정 가운데 어느 하나를 특권화하는 방법을 택해서는 안될 것이다. 중요한 점은 둘간에 맺고 있는 유기적 연관성을 파악할 수 있어야 한다는 것이다. 이때 마르크스의 과학적 노동이론은 노동과정보다 삶의 과정을 우선하여 설정하고 이에 입각해 노동활동을 포함한 다양한 사회적 실천들 사이의 유기적 동학을 포착할 수 있는 이론적 기반으로 자리매김 된다.[56] 이처럼 사회적 시간기획이라는 부르주아의 근대프로젝트와 사회적 생산력의 구조변동을 주요 내용으로 하는 과학적 노동이론이 접속되는 지점에서 비로소 마르크스의 권리의 정치이론이 펼쳐진다.

---

56) 박영도는 하버마스의 의사소통이론적 관점에서 마르크스의 '사회적 노동'개념이 지닌 비판성과 마르크스 사유체계내에서의 그것의 중심성에 대해 논한다. 그는 마르크스가 자본주의적 경제적 모순을 해명하는 사회적 노동개념을 통해 비판적, 혁명적 활동을 모두 포괄하려 함으로써 이론적 딜레마에 빠지게 된 것으로 해석한다. 그러나 '사회적 노동행위'의 시회실천적 중심성이 마르크스의 것이라기 보다는 헤겔사상의 핵심적 개념임을 고려할 때, 박영도의 해석은 마르크스의 노동이론이 직접적 노동과정만을 다루는 사회학적 노동관이 아니라 사회적 실천을 구성하는 관계의 다양성, 그리고 그것들간의 연관성이라는 유기적 관점을 통해 정치적으로 재구성된 것임을 보지 못한 것이다. 박영도 (1994) 『현대 사회이론에서의 비판패러다임의 구조변동: 칸트, 헤겔, 마르크스, 하버마스를 중심으로』, 서울대학교 사회학과 박사논문, 203쪽 참조.

마르크스의 정치경제학 비판과 '권리의 정치' 이론

제6장 마르크스의 정치경제학 비판과
'권리의 정치' 이론

1. 들어가며

마르크스의 정치이론을 재구성하는데 있어 중요한 이론적 테마는 내적 연관을 갖는 서로 다른 사회적 실천들간의 동학을 규명하는 일이다. 왜냐하면 마르크스의 정치이론은 단선적 결정론이 아니기 때문이다. 그 내부에는 잉여가치론과 과학적 노동이론, 그리고 이에 기반한 권리의 정치이론이 유기적 연관성을 갖고 구성되는 가운데, 근대적 감성의 존재형식인 사회적 시간망을 통해 교직(交織)되고 있다. 본 장에서는 언급한 문제의식에 기반하여, 노동시간에 대한 지배를 통해 관철되는 자본의 착취기획에 대항하기 위해 노동자 계급이 제기하는 시간기획의 내용과 함께 그러한 시간기획이 사회적 권리의 형태로 전환되는 방식에 대해서『자본』등 마르크스의 후기 저작을 중심으로 고찰하고자 한다.

제 2절에서는 노동자와 자본의 권리투쟁이 노동자-자본의 사회적 시간기획사이의 대립을 정치적으로 외표화 한 것이라는 관점에서『자본』을 '정치적'으로 독해한다. 제 3절에서는 자본주의 사회의 발전이 노동자 계급의 사회적 권리구조의 변동에 미친 영향에 대해서 고찰한다. 제 4절에서는 자본주의 사회내에서 발생한 권리투쟁이 부르주아 사회 그 자체를 지양하는 사회이행의 전망과 어떻게 이론적으로 연관될 수 있는 지에 관해 분석한다.

2. 『자본』에 대한 정치적 독해: 노동자와 자본의 권리투쟁

마르크스의 『자본』해석과 관련하여 지금까지 다양한 논쟁이 벌어졌다. 논쟁의 대부분은 『자본』 서술에 적용된 마르크스의 독특한 방법론과 관련된 것들로서, 논쟁에 참여한 학자들은 대략 다음과 같은 두 개의 이론적 유파로 구분될 수 있다. 하나는 자본주의적 생산에 내재한 사물화 과정을 중심으로 그에 따른 상품물신주의 및 인간소외현상에 대해서 비판하는 루카치 등 주로 독일 비판이론계열에 속하는 인간주의의 입장이며, 다른 하나는 『자본』을 구성하는 과학적 방법론으로서의 유물변증법을 강조하는 알뛰세 등 프랑스 구조주의의 입장이다.[1] 이러한 이가적 분열양상에도 불구하고, 위의 두 가지 입장은 『자본』을 경제적 지배현상이나 혹은 사회를 구성하는 다양한 구조적 층위 가운데 경제구조를 다룬 저작으로 인식해왔다는 점에서 공통점을 보이고 있다.

그러나 이 글의 문제의식은 종래의 『자본』 해석방식과는 다른 것으로, 마르크스의 '정치경제학비판'을 '정치이론화'하고자 하는데 그 주안점이 놓여진다. 다시 말해서 『자본』에는 잉여가치, 축적, 이윤 등 자본의 운동리듬을 설정하는 기존의 정치경제학적 해석[2]이나 상품물신주의 비판 등 자본주의 사회에 대한 비판이론[3]적 접근과 함께, 근대부르주아 사회를 정치적으로 독해

---

1) 페리앤더슨은 『자본』의 해석을 둘러싸고 전개된 비판이론과 구조주의 이론의 외관상 대립에도 불구하고, 그러한 대립이 서구 마르크스주의의 전체적인 무게중심이 철학으로 이동한 것과 때를 같이하여 발생했다는 점, 그리고 무엇보다 두 입장이 『자본』 그 자체에 서술된 내용이 아니라 『자본』 서술에 사용된 통해 마르크스의 '방법론', 다시 말해서 철학적 인식론이나 유물변증법의 발견이라는 사안에 논의를 집중한 두 학파간의 기이한 인연에 대해서 언급한다. P. Anderson (1979 *Considerations on Western Marxism*, London:Verso, pp. 52ff. 참조.

2) 『자본』을 부르주아 경제학과는 전혀 새로운 각도에서 경제현상을 입론하는 경제저작으로 취급되는 게 지금까지의 주된 연구경향이었다. 이러한 견해로는 김수행 (1988) 『자본연구 I』, 한길사, 참조.

3) 『자본』을 이러한 철학적 관점을 통해 분석하는 입장에는 크게 자유주의적 견해와 비판이론적 견해가 있다. 개인적 자유라는 자유주의적 원리의 관점이 실제

할 수 있는 이론적 내용들이 포함되어 있다는 게 이 글의 핵심주장이다.[4]

『자본』에는 사회적 노동에 입각한 사적소유를 기반으로 하는 가치법칙 등 경제운동을 통해 자신의 권리를 실현하는 자본의 리듬과 함께 인간적 삶을 위한 사회적 권리를 정치운동을 통해 추구하려는 노동자 계급의 권리 정치라는 적대성을 띤 두 개의 운동리듬이 동시에 작동하고 있다. 『자본』을 이처럼 권리정치가 구성되는, 다시 말해서 가치증식이라는 부르주아의 근대 프로젝트와 이에 저항하여 자신들의 고유한 사회적 시간을 기획하고 구성하려는 노동자계급 권리사이의 투쟁지형을 노출시킨 저작으로 규명할 수 있다면, 『자본』의 중심적 모티프가 정치적인 것으로 밝혀질 일이다. 이럴 경우 마르크스에게 소위 '정치적인 것'의 내용이 근대 부르주아 사회내의 그것과는 다른 시각에서 새롭게 파악되고 있다는 것, 따라서 권리의 정치를 규정하는 내용 역시 초기의 논의와는 상당한 차이점을 보인다는 사실역시 함께 입증될 수 있다.[5]

로는 마르크스가 근대 자본주의 사회를 비판하는 『자본』의 주요테마가 되고 있다고 주장하는 글로는 윤혜준 (1996) 「〈〈자본론〉〉과 자유, 그리고 주체」, 『사회비평』 제 16호, 참조. 그리고 마르크스의 『자본』에서의 가치개념이 근대시민사회를 비판적으로 독해하는 주요한 이론적 도구로서 이를 통해 마르크스가 자본주의적 상품생산사회의 물신적 성격을 규명하고자 했기 때문에 『자본』은 정치경제학적 함의보다는 '비판이론'으로 자리매김되어야함을 주장하는 견해로는 조현수 (1997) 「사회비판으로서의 '자본'」, 『이론』, 1997, 제16호, 참조.

4) 해리 클리버의 역시 마르크스의 『자본』에 대한 독해방식을 크게 '정치경제학적 해석', '철학적 해석', '정치적 해석'등 세 가지의 형태로 분류한다. H. Cleaver (1986) 『자본론의 정치적 해석』, 권만학 譯, 풀빛, 29~30쪽 참조. 그러나 이 글의 『자본』에 대한 정치적 독해의 내용과 클리버의 정치적 해석 사이에는 상당한 차이가 있다. 무엇보다 노동의 중심성에 대해서는 이 글과 클리버 모두 비판하지만, 이 글의 경우에는 노동자(대중운동)의 중심성을 인정하는 측면에서는 그와 입장을 달리한다고 할 수 있다.

5) 필자의 주장과는 달리 앙겔리디스는 마르크스 권리이론의 출발점을 소위 공민과 사인, 즉 시민사이의 자기분열과정이라는 모순의 연장선상에서 쓰여진 『1844년 경제학-철학수고』등 '인간소외론'으로 놓고, 후기의 『자본』에 이르기까지 이러한 문제의식의 연속성속에서 마르크스의 권리정치이론이 구성된 것으로 파악한다. M. Angelidis (1995) "The Dialectics of Rights: Transitions and Emancipatory Claims in Marxian Tradition," in W. Bonefeld, R. Gunn, J.

마르크스는 먼저 근대적 형태의 경제현상, 즉 부르주아경제체제의 역사
-특수적 의미를 고찰하고 분석하는 것에서부터 논의를 시작한다. 그러한
논의의 핵심은 근대부르주아 사회가 자연발생적인 것이 아니라 특정한 역
사적 조건하에서 근대부르주아의 사회적 실천행위, 곧 사회적 노동활동을
통해 발생한 것이라는 점이다.

근대부르주아 사회는 생산을 위한 생산, 교환을 위한 생산, 즉 화폐라는
일반적 가치형태로 표상하는 자본축적이 사회적 활동성의 주된 목표로 사
회적 시간 가운데 인간의 노동시간만을 '특정화'(specialization)해서 공략하
는 형태를 띤다. 이러한 근대사회의 내적 특성을 초역사적 형태로 전환시
키는 계기가 바로 '물신숭배'이다. 인간적 감성주체인 자본가가 자본의 '인
격화'(personification)로 형태변환됨으로써 근대부르주아사회의 특성인 사
물과 세계가 전도되는 상품/화폐숭배현상, 곧 '물신숭배(fetishism)'메커니
즘이 완성된다.

사물과 세계가 전도되는 물신화 과정은 사실상 노동생산물의 오랜 역사
적 교환과정을 통해 발생한 사회적 노동분업, 곧 인간실천의 산물이라는
점에서 그것은 단순한 허위의식이 아니라, 세계를 구성하는 실정적 원리이
다. 원래 노동생산물의 교환이란 자신에게는 사용가치가 없지만 타인에게
는 그러한 생산물이 필요로 되는 욕구가 있을때나 가능한 것으로, 노동생
산물의 교환과정을 통해 실제로는 서로 다른 종류의 사회적 활동이 교환된
다. 그러나 노동분업체계내에서 다양한 사회적 활동의 교환은 그 직접적
형태를 통해서가 아니라, 화폐에 의해 노동생산물의 교환이 매개되는 형식
을 띤다. 인간의 사회적 활동이 아니라, 노동생산물이 자립적으로 교환되는
양상은 화폐를 모든 가치중의 가치, 상품중의 상품으로 자리매김하게 하는,
화폐의 가치척도 기능을 발생시킨다. 이처럼 화폐가 모든 노동생산물을 표
상하는 일반적 가치형태로 전형되는 순간, 화폐축적이 상인이라는 특정 사

Holloway & K. Psychopedis, *Emancipating Marxism: Open Marxism Vol.
III*, London: Pluto Press, 1995, 참조.

회집단에 착종하게 되는 계기가 발생하며, 역사적으로는 페니키아인, 유태인등 특정 상업종족들이 전(前)근대 사회의 기공에 침투하여 화폐의 인격체로 활동해왔던 것이다.6)

하지만 상업종족들이 근대부르주아의 직접적 조상임에도 불구하고, 화폐축적이 곧바로 자본축적으로 전화될 수 있는 것은 아니다. 자본축적이란 일반적 가치형태로 정립된 화폐의 소유자가 생산수단까지 독점하여 산노동자들과 그것을 생산과정내에서 결합시킬 때, 다시 말해서 사회적 노동이 자본을 통해 조직될 때 가능한 일이다. 자본의 인격이라 할 수 있는 자본가에게는 이처럼 전도된 세계가 현실세계인 것이며, 따라서 그는 자본의 시선으로 세계를 바라보지만, 그 시선이 임노동과 자본이라는 특수한 사회관계를 기반으로 하기 때문에 그것은 '실질적 힘'7)을 획득한다.

결국 근대 부르주아가 표방한 사적 소유권에 입각한 시민적 권리의 실체란 자본의 권리인 동시에 사물의 권리인 셈이다. 자본은 살아있는 인간을 자본축적, 즉 생산비용의 한 요인으로 '계수화'하는데 성공함으로써 인간을 노동하는 주체로 고정시키는 사회적 시간기획을 달성할 수 있었다. 근대부르주아적 시간기획의 형태를 통해 노동의 자기활동적 요소, 그 긍정적 의미는 자본에게 포섭되며, 직접적 생산자인 노동자는 오히려 자신의

---

6) "우리는 고대인들에게서 어떤 토지소유형태 등이 가장 생산적이고 가장 거대한 부를 창출하겠는가라는 탐구를 전혀 발견하지 못한다. 비록 카토(Cato)가 어떤 경작방법이 최고의 수확을 거두어들일 수 있는 가를 연구했다 하더라도, 그리고 브루터스(Brutus)가 최고의 이자율로 자신의 화폐를 남에게 빌려주었다 할지라도, 부가 생산의 목적으로 나타난 것은 아니다. 문제는 항상 어떤 소유양식이 최고의 훌륭한 시민들을 창출하는가에 있었다. 중세사회의 유태인과 같이 부는 고대세계의 땀구멍에서 사는 소수의 상업인간들, 즉 중계무역의 독점자들 사이에서만 목적 그 자체로서 나타난다"(*CW*28:411).
7) "자본가로서의 자본가는 노동자에 대립하여 고유한 의지와 인격을 갖춘 노동의 피조물인 자본이 인격화(the personification of capital)된 것일 뿐이다. 훗지스킨은 이러한 사태를 그 배후에 착취계급의 기만과 이해가 은폐되어 있는 순전히 주관적인 환각으로만 파악한다."(*CW*32:429). "자본영감과 땅부인께서 사회적 인물이자 동시에 곧장 단순한 사물로서 야단법석을 떠들어대시는, 모든게 온통 물구나무를 선, 뒤집혔으며 마법에 걸린 세계가 완성되었다"(*CW*37:830).

186

사회적 노동활동과 분열된 채 노동을 적대시하는 사태가 발생한다.

사회적 노동이 자본축적의 대상이 됨으로써 자본의 권리가 실현되는 전 과정, 즉 가치증식이라는 착취의 리듬을 마르크스는 다음과 같이 압축해서 표현했다.

M-C--C'-M'- - -M(M:Money, C:Commodity)

위 도식 가운데 C--C'라는 중간 고리가 바로 착취가 발생하는 지점이다. C--C'로 표현된 사회적 노동과정은 자본의 리듬에 포섭되어 자본주의적 생산의 핵심적 계기를 이룬다. 이 글은 4장과 5장에서 이러한 생산과정이 가치증식과정과 노동과정의 통일적 형태로서 근대적 형태의 사회적 시간기획의 산물임을 고찰한 바 있다. 그런데 자본의 착취리듬을 설정한 위 생산도식에서 특징적인 것은 살아 숨쉬는, 곧 인간의 피와 살의 흔적이 전혀 배어나오고 있지 않다는 점이다. 살과 피가 도는 산노동, 즉 노동자는 C--C'라는 착취 과정에 참여할 때만, 다시 말해서 생산의 한 계기로만 의미를 지닐 뿐이다. 여기서 우리는 위의 생산도식을 통해 마르크스가 근대 부르주아 사회에 대한 자신의 문제설정, 즉 자본의 권리가 형성되는 소재지를 적시하고 있음을 확인할 수 있다. 그러나 위의 착취도식은 자본의 권리에 적대하는 노동자 계급의 권리가 발생하는 지점도 아울러 지시하는데, 그것은 바로 노동자 계급의 권리란 자본주의적 노동과정의 '외부'로부터 발생한다는 점이다.

마르크스의 『자본』은 외형적으로는 자본의 착취리듬에 대한 분석, 즉 '정치경제학 비판'의 형식을 빌어 근대부르주아사회의 내적 구조를 폭로하는 경제저작이지만, 동시에 이에 저항하는 노동자 권리정치의 리듬이 긴장관계를 이루며 작동하는 형태의 근대적 계급투쟁지형을 아울러 지시한다는 점에서 정치적 저작의 성격을 띠고 있다. 이 글은 자본과 노동자계급이 전개하는 권리투쟁의 기본 지형이 일차적으로 양 계급간에 사회적 시간을 주제화하는 방식의 차이, 즉 사회적 시간기획의 적대성에 기반한다는 사실에 대해 앞의 장들에서 간략히 언급한 바 있는데,『자본』에서는 이러한 권리투쟁의 양상이 임금, 노동일, 공장입법의 장을 중심으로 분석된다.

제 5장에서 우리는 임금이 자본의 시선을 통해 설정되는 과정과 노동자의 입장에서 설정되는 관점의 차이에 대해서 간략히 언급한 적이 있다. 그 논의에서 중요한 내용은 필요노동시간에 대한 지불이라는 관점에선, 즉 노동력의 가치로서의 임금은 오직 자본의 시간기획의 입장에서만 실제적 일 수 있다는 것이다. 노동과정내에서의 임금과 관련한 경제적 이해관계는 자본에게 결정적으로 중요하다. 왜냐하면 필요노동에 대한 지불이 많으면 많을수록 그만큼 자본이 전유하는 잉여가치, 즉 이윤의 양은 적어지기 때문이다. 이와 달리 노동자들의 입장에서는 근대적 사회체제가 존재하는 한 자본에게 임노동을 제공하지 않고서는 생존 자체가 불투명하기 때문에 임금에 이해관계를 갖는다. 달리 표현하면, 노동자들에게 임금이란 본질적으로는 근대적 착취체제의 기반임에도 불구하고, 실제에 있어서는 자신과 그의 가족들의 생존 - 생활수준을 결정하기 때문에 중요한 것이다.

노동자의 임금이 이처럼 자신의 생존과 노동력을 정상적으로 재생산하는 데 필요한 비용의 획득이라는 관점으로 설정되면 그것은 사회적 임금에 대한 요구이자, 노동자의 가장 기본적인 사회적 권리 요구가 된다. 노동력 역시 하나의 상품인 관계로 그것의 실제가격은 시장을 통한 평균가격에 의해 결정된다. 하지만 시장은 경기 등락 폭에 따라 부침이 심하기 때문에 현실에 있어서 노동에 대한 수요가 급락한다는 얘기는 그만큼의 노동력이 자본의 가치증식과정에서 쓸모없게 되었고, 따라서 노동자들에게는 착취당할 기회마저 봉쇄되게 된다는 것을 의미한다. 결국 노동자들이 노조운동을 통해 단결하는 계기란 임금과 고용 등 자신들의 기본적인 생존권 요구가 무정부적 시장에서 결정되는 것을 막고 자본주의적 생산과정의 외부에서 정치적 방식으로 결정되어야 한다는 것을 인식할 때이다. 마르크스는 이처럼 임금 결정방식이 시장가격의 형성이나 착취과정에 의해서가 아니라, 노동자계급

의 권리투쟁에 기초한 정치적 메커니즘에 의해 형성되어야 한다는 것을 예
증함으로서 노조운동의 이론적 기초를 규명하고자 했다. 따라서 마르크스
임금론이 마치 총노동생산물의 분배영역에서 자본의 이윤과의 적대적 길항
관계에 기초해서 결정되는 것으로 간주하고, 이를 비판하는 쉐보르스키의
견해8)는 잘못된 것이다. 쉐보르스키가 이해하는 마르크스의 임금론은 마르
크스 '그 자신의 것'이라기 보다는 오히려 스라파 등 신-리카아도주의자들
의 임금론에 영향받은 서구 마르크스주의 경제학자들의 '임금론'에 가깝
다.9)

마르크스는 임금과 이윤의 관계가 적대성을 띠며, 따라서 영합(zero-
sum)적 성격을 갖는다고 주장하긴 했지만, 실제적 임금결정 방식이 생산
과정내에서 착취관계에 의해 직접 결정되는 것으로 간주하지는 않았다. 마
르크스가 자본주의적 생산과정, 곧 자본의 시선을 통해 분석하는 수준에서
의 임금은 언제나 고정된 가치총액인 가변자본으로 설정된다. 임금으로 전
형되는 가변자본의 문제설정이 지시하는 내용은 자본은 생산과정에 들어가
기 전에, 마치 우리가 시장에서 일정한 가격을 지급하고 물건을 구매하는
것처럼, 노동자들에게 노동력 상품의 가격인 임금을 지불하며, 그렇기 때문
에 자본은 임금을 직접적 생산 이전에 생산비용의 한 요소로 이미 지출한
것으로 계정한다. 반면에 이윤은 직접적 생산과정의 결과 발생하는 것이다.
그것은 잉여가치가 시장을 통해 그 가치를 실현함으로서 사후적으로 자본

---

8) 마르크스의 임금과 이윤의 관계에 대한 쉐보르스키식의 정의는 다음과 같다. "마
르크스는 자본주의 경제의 국민생산 가운데 일부는 이윤으로 분할되어 자본가에
게 전유되며, 다른 일부분은 임금으로서, 자본가가 노동력을 구매하는 부분에 지
불된다고 주장했다. 그러한 주장의 상당부분은 명백한 사실이라 할 수 있다. 왜
냐하면 생산물은 그 정의상 언제나 상수이기 때문이다. 그런데 마르크스는 여기
서 한걸음 더 나아갔다. 그는 축적이 개선될 때조차 분배투쟁은 본질적으로 비타
협적 성격을 갖는다고 말했다. 마르크스에게 이러한 투쟁은 자본주의적 한계내에
서는 결코 화해될 수 없는 것이었다"A. Przeworski (1985) *Capitalism and
Social Democracy*, Cambridge: Cambridge University Press, p. 171.
9) 스라파 등 신-리카아도주의자들의 임금-이윤이론에 대한 개괄적 설명으로는
김수행 (1988) 『자본연구 I』, 한길사, 309~310쪽 참조.

가들에 전유되는 형태를 띤다. 따라서 현실 자본의 운동과정에서 이윤과 임금은 그 자체로는 어떤 길항적 반비례 관계에 놓여있는 것은 아니다.

임금문제에 대한 마르크스 주장의 핵심은 노동자들은 임금이 자본의 착취기획에 따라 총생산비용의 일요소인 가변자본의 형태로 설정되도록 내버려둬서는 안된다는 것이다. 노동자의 관점에서 임금은 정치적으로 결정되어야한다는 것, 정확히 생산과정외부에 있는 자기 종(種)의 번식과 생존에 필수적인 생존 – 생활수단의 크기에 의해 정의되어야 할 것이라는 점이다. 자본주의내에서 임금이 다소 인상되었다는 얘기는 노동자의 입장에서는 자기 삶이 그에 비례하여 어느 정도 윤택해지고, 생활의 질과 실현할 수 있는 욕구의 양이 늘어날 수 있다는 것을 의미할 뿐 그 이상도 이하도 아니다.

임금이 실제로 결정되는 메커니즘은 직접적 생산과정의 제 결과에 이해를 갖는 자본의 이윤에 대한 전유권과 노동과정외부에서의 생존과 생활에 이해를 갖는 노동자 계급간의 권리들 사이의 적대성에 기초한다. 적어도 임금문제만 관련해서 보면, 노동자는 직접적 생산과정에 아무런 이해관계도 갖고 있지 않다는 사실이 드러난다. 오히려 임금과 이윤의 길항관계에 실제적 관심을 표명하는 쪽, 임금상승이 자본의 이윤을 잠식한다는 점에 대해 심각히 우려하는 쪽은 임금을 가변자본의 형태로 생산비용에 포함시키는 자본이다. 자본가가 자신이 투자한 자본의 수익성, 즉 자신의 이윤을 계정하는 방식은 평균이윤율이라는 요소에 의해서 고정된다는 사실이 중요하다. 다시 말해서 은행신탁금이 정기 이자의 형태로 황금알을 낳는 식으로 그 수익성을 보장해주는 것과 마찬가지로, 생산자본 역시 항상 그 시점에서 특정한 이윤을 보장할때만 투자를 하게 되는 것이다. 임금을 자신의 이윤과 연계시키는 자본의 계산법은 자본의 '구조조정기'에 가장 두드러지게 발견된다. 왜냐하면 구조조정의 핵심은 결국 자본의 총생산비용가운데 인력비용인 총노동비용을 삭감하여 자본의 효율을 높이겠다는 것으로, 이는 결국 자본이 이윤과 임금이 영합(零合)관계에 있음을 자인한 것과 마찬가지이다.

자본의 현실적 이윤율은 잉여가치/임금(필요노동에 대한 지불)의 비율에 의해 설정되는 잉여가치율과는 달리 잉여가치/총생산비용의 비율에 의해 결정된다. 이때 총생산비용에는 가변자본부분인 임금과 불변자본인 기계 및 공장건물, 노동대상을 형성하는 생산수단의 비용이 포함된다. 자본가는 생산수단비용에 대한 투자를 불변의 상수로 놓고 가변자본을 자신의 이윤수준과 반비례 관계에 놓는 방식으로 자본을 구성한다. 이러한 이유에서 공황 등 경제적 불황기가 도래할 때마다 자본은 가변자본의 축소, 즉 노동자의 대량해고를 전가의 보도처럼, '구조조정'의 핵심수단으로 활용해 왔던 것이다. 따라서 임금결정 문제에 있어 칼자루를 잡은 쪽은 자본이며, 자본의 생산전제에 맞서기 위해 노동자가 노조 등을 만들어 계급적 단결을 도모하지도, 정치적으로 투쟁하지도 않았다면, 현대 노동자는 과거의 노예와 하등 다를 바 없는, 그러나 노예는 고정적 생활수단이 보장되기나 하지만, 현대의 임금노동자는 그럴 수 없다는 차원에서, 더 비참한 생활을 영위할 수밖에 없었을 일이다.[10]

쉐보르스키가 이해하고 있는 것과는 달리, 마르크스는 임금이 오직 노동자의 정치적 권리투쟁을 통해서 향상될 수 있을 것으로 파악한다.

> 이상의 몇 가지 암시로도 현대산업의 바로 그 발전이 저울추를 점점 노동자에게 불리하고 자본가에게는 유리한 방향으로 기울게 할 수밖에 없다는 점, 따라서 **자본주의적 생산의 일반적 경향은 평균임금수준을 높이는 것이 아니라 내린다는 점**, 다시 말해 노동의 가치를 정도의 차이는 있으나 최소한계까지 억누른다는 점을 보여 주기에 충분할 것이다. 이러한 제도에서 사태의 경향이 그러하다는 것이 바로, 노동자계급은 자본의 침략에 대한 저항을 포기해야 하며 자신들의 처지를 일시적으로 개선하기 위해 가끔씩 주어

---

10) "노예는 영원히 고정된 액수의 생계비를 받는다. 임금노동자는 그렇지 않다. 그는 어떤 경우에는, 다른 경우의 임금하락을 보상하기 위해서라도 임금상승을 이루려고 애써야 한다. 만약 노동자가 자본가의 의지와 자본가의 명령을 영구적인 경제법칙으로 순순히 받아들인다면, 그는 노예가 받는 보장조차 받지 못하면서도 노예의 모든 불행은 함께 나누게 될 것이다"(*CW*20:143).

지는 기회를 최대한 이용하려는 시도를 포기해야 한다는 것을 뜻하는가? 만약 노동자들이 그렇게 하고 만다면, 그들은 구제할 때를 놓친 파탄자의 무리로 전락하게 될 것이다. 지금까지 나는, 임금수준으로 인한 노동자의 투쟁은 임금제도 전체와 뗄 수 없는 관계에 있다는 점, **임금을 인상시키기 위한 노동자의 노력은 100 가운데 99가 주어진 노동의 가치를 유지하려는 노력에 지나지 않는다는 점**, 그리고 자신들의 가격을 놓고 자본가와 싸워야 할 필요성은 자신들을 상품으로 판매할 수밖에 없는 노동자들의 조건에 내재하고 있다는 점등을 보여 주었다고 생각한다. 만약 자본과의 일상적 충돌에서 비겁하게 물러난다면, 노동자들은 틀림없이 더 커다란 운동을 주도할 자격을 스스로에게 박탈하는 셈이 될 것이다.(*CW*20:148)

이와 달리 쉐보르스키는 임금과 이윤을 둘러싼 갈등에서 노동자와 자본 모두 자신들의 이익을 추구하기 위해 합리적으로 전략을 선택할 수 있는 대등한 행위자로 취급[11]한다. 나아가 그는 노동자가 생산과정에 들어가기 전에 장기적 이익의 전망하에서 자본과의 타협전략을 적절히 선택할 수 있다면, 사회적 부를 사후적으로 배분 받을 수 있을 것으로 생각한다. 그러나 임금과 이윤이 정합성을 띨 수 있는 가능성을 직접적 생산물인 잉여가치의 배분에서 발견하고자 하는 쉐보르스키의 분석은 노동자의 입장에서 임금이 설정되는 방식과는 거리가 멀다.

쉐보르스키 역시 인정하듯이, 자본주의 사회란 이윤을 목적으로 사회적 생산, 그의 표현대로라면 자본이 '공급'을 독점하는 역사 – 특수적 사회이다. 따라서 사회적 총노동의 산물로서 '파이'(pie)가 생산되면, 그것은 '동

---

11) 자본주의사회내에서의 노동자의 계급적 위치를 자신들의 이익을 추구하기 위해 담합적으로 행위하는 추상적 개인들의 지위로 환원하여, 임금결정에 있어서 노동자들의 전투적 집단행동이 자신들의 고유한 이익추구, 다시 말해서 '총파이'라는 사회적 노동생산물 가운데 많은 배당을 노리고 행위하는 것이라는 쉐보르스키나 올슨 등 '방법론적 개인주의' 이론가들에게는 벤담류의 공리주의적 가정이 제격일 것이다. "벤담! 이것은 양쪽 모두에게 중요한 것은 오로지 자기 자신뿐이기 때문이다. 그들을 하나의 관계속에 함께 있게끔 만드는 유일한 힘은 그들의 자기이익, 그들의 개별적 이익, 그들의 사적 이해의 힘이다"(*CW*35:172).

시'(simultaneity)'에 사회구성원들에게 나뉘어 지는 것이 아니라, 비동시적으로, 다시 말해서 시간의 전이를 통해서 이루어지며, 특히 그 분배방식은 자본주의적 생산을 구성하는 계급구조의 특성을 반영하는 것이다.[12] 직접적 생산과정을 통해 창출된 노동생산물은 시장에서의 가치실현을 통해 이윤, 지대, 이자의 형태로 서로 다른 자본에게 전유되고, 이윤은 다시 임금이라는 가변자본과 기계류 등의 불변자본으로 나뉘어지는 식으로 확대재생산이 이루어지게 되는데, 마르크스는 이를 '자본축적'이라고 규정한다. 결국 임금은 자본의 관점에서는 단순히 축적의 계기일 뿐, 노동생산물의 독자적 분배형태가 아니다.[13]

이 특수한 상품, 다시 말해서 노동력의 독특한 성질에는 구매자와 판매자가 계약을 맺는다 해도 이 상품의 사용가치가 현실적으로 구매자의 손으로 옮겨지지 않는다는 성질도 포함된다. 노동력의 가치가 다른 어떤 상품과 마찬가지로 노동력의 유통에 들어가기 전부터 결정되어 있는 것은 노동력의 생산에 일정한 사회적 노동이 지출되었기 때문인데, 그러나 이 사용가치는 그 뒤에 이루어지는 힘의 발현에서 비로소 성립한다. 그러므로 힘의 양도와 그 현실

---

12) 마르크스가 "소비재의 분배는 언제나 생산조건 그 자체의 분배 결과일 뿐"이며 "그러한 생산조건의 분배는 바로 생산양식 그 자체의 특성"(*CW*24:87)이라고 규정한 것은 이와 유사한 맥락에서 였다.
13) 임금과 이윤결정의 메커니즘에 대한 쉐보르스키의 논의에는 중요한 내적 모순이 발견된다. 쉐보르스키는 계급타협에 의해 자본의 이윤가운데 지속적인 일정비율의 투자증대가 전제된다면, 노동자들은 전투적 계급전략을 포기하고, 그 대가로 임금증가와 지속적인 복지증진을 제공받는다는 식의 가설을 설정한다. 그러나 동시에 노동자의 총임금에서 저축된 부분이 생산영역으로 투자되는 부분이 극히 미미하여 0에 가깝다는 칼도의 주장에 동의한다. 그렇다면 어째서 노동자의 임금율이 지속적으로 증가해왔고, 앞으로도 그럴 수 있다고 상정함에도 불구하고 노동자의 저축에 의한 투자는 0으로 가정되어야 하는가. 이는 결국 쉐보르스키 역시 노동자계급에 의한 임금상승 노력이란 것이 부의 재분배가 아니라 자신의 노동력 재생산비용을 유지하기 위한 것에 지나지 않다는 것, 이에 반해 투자는 전적으로 자본에 의해 전유되는 이윤을 통해 이루어진다는 마르크스의 이윤과 임금의 정의를 승인한 것이 아닌가. A. Przeworski (1985) *Capitalism and Social Democracy*, Cambridge: Cambridge University Press, p. 150ff. 참조.

적 발현 곧 그 사용가치로서의 현존재가 시간적으로 상호 분리된다
($CW$35:170).

노동자의 입장에서 임금이란 자신의 생계를 영위하는 노동력 재생산비
용[14]이므로, 자본의 이윤증식과 노동자의 임금인상이라는 적대적 이해관계
가 생산공간내에서 맞부딪칠 기회란 사실상 존재하지 않는다. 그것은 서로
다른, 그러나 내적으로 적대하는 각각의 메커니즘에 의해 결정된다. 따라서
현실 자본주의사회내에서 외형적으로는 임금과 이윤의 관계는 이윤과 이윤
이 동시에 오르는 경우와 임금과 이윤이 동시에 하락하는 경우, 그리고 임
금은 오르고, 이윤이 하락하는 경우, 반대로 임금은 인하되고, 이윤은 상승
하는 네 가지 경우 모두 가능할 수 있지만, 결정적으로 중요한 것은 임금
은 그 인상의 시기에도 결국 노동자의 노동력 재생산비용 이상을 벗어나지
못한다는 것이다. 마르크스 임금이론의 핵심은 임금이란 모든 상품교환이
그렇듯이 생산전에 결정되는 관계로, 노동력 상품가격, 즉 임금을 올려받기
위한 노동자들 주장의 근거란 자본의 이윤과의 연계에 의해 주장되는 것이
아니라, 노동자 자체의 생존논리인 자신의 욕구와 생활리듬에 의해 제시되
어야 한다는 것으로 요약될 수 있다.

쉐보르스키가 주장하는 임금/이윤결정에 관한 '합리적 선택이론'을 통해
서는 1980년대 초반부터 밀어닥친 자본의 신자유주의적 공세, 즉 이윤과
임금의 정합성에 기초한 케인즈주의적 계급타협을 일방적으로 파기하는 식
의 노동자의 대량해고와 지구화를 통해 그 활로를 모색하려는 자본의 재구
조화(리스트럭춰링, 리엔지니어링, 다운사이징, 군살빼기, 슬림경영, 린프로

---

14) "노동력가치의 그 최저한계는, 그것을 날마다 공급하지 않고서는 노동력의 담당
자, 즉 인간이 자기의 생활과정을 갱신할 수 없는 어떤 상품량의 가치, 즉 육
체적으로 필수불가결한 생활수단의 가치이다."($CW$35:169) "노동력의 가치는
무엇인가? 다른 모든 상품의 가치와 마찬가지로 노동력의 가치도 그것의 생산
에 필요한 노동량에 의해 결정된다(……)지금까지의 서술에 따르면, 노동력의
가치는 노동력을 생산하고 발전시키고 유지하고 영속화하는 데 필요한 생활필
수품의 가치에 의해 결정된다는 것을 알게 될 것이다."($CW$20:129-130)

덕션등 등) 양상에 대해서 아무것도 설명할 수 없다. 계급타협체계내에 속한 공식적 노조조직이 계속 그러한 타협을 받아들일 의사가 있을 때조차 어째서 자본은 그러한 타협을 거부하고 '퇴장'(exit)하게 되었는가. 이윤율은 오르고, 주식배당은 커져가는데 왜 임금은 정체를 넘어 하락하는가. 어째서 쉐보르스키의 민주주의적 자본주의론, 또는 계급타협이론에는 노동자가 계급타협전략을 선호해야 사회적으로 또는 장기적으로 이익이라는 식의 '정합성'(positive-sum)의 게임 이론만 있고, 반대로 자본이 그러한 타협을 거부하고 오히려 계급투쟁을 선호하는 식의 자본의 '영합'(zero-sum)게임 이론은 부재한 것일까? 더구나 쉐보르스키 역시 노동자가 임금과 관련하여 소위 '전투성'(militancy)전략으로 나올 때, 자본은 항상 '투자회수'를 단행함으로써 자신의 주도권을 '합리적'으로 행사할 수 있는, 다시 말해서 생산과 고용에서 자본측이 칼자루를 쥔 독립변수임을 전제하고 있는 점을 감안한다면, 자본이 노동자계급에게 행사하는 계급투쟁전략이론의 부재는 더욱 놀라운 일이 아닐 수 없다.[15]

노동자 생존의 기초인 임금인상 주장 역시 그것이 제기되는 방식은 자본과 노동자간의 상이한 권리설정 방식, 물권과 생존권의 대립을 통해 설정되는 것이지, 결코 조화로운 '신사협정'에 의해 정해지는 것은 아니다. 마르크스는 '노동일'과 '공장입법' 역시 임금과 마찬가지로 노동자−자본간의 적대적인 시간기획을 통한 권리투쟁에 기반한 것임을 『자본』에서의 논의를 통해 잘 보여준다.

역사적으로 획득된 자본의 실정적 권리는 자본가 계급이 노동일내에서의 가치증식이라는 특정한 시간의 주제화 방식을 통해 사회를 기획해내는 데 성공함으로서 획득된 것이다. 노동일내에서의 시간기획, 즉 필요노동시간과 잉여노동시간으로 구분되는 사회적 노동의 작동방식은 자본의 시선을

---

15) 자본과 노동자의 이익이 상호전략선택에 따라 정합적 관계에 있을 수 있다는 쉐보르스키의 논의에 대해서는 A. Przeworski (1985) *Capitalism and Social Democracy*, Cambridge: Cambridge University Press, pp. 148ff. 참조.

통해서만 현실적일 수 있는, 한마디로 착취의 리듬에 종속된 시간의 주제화 방식이다. 노동시간을 통해 사회 대다수 구성원들의 여타의 사회적 삶을 지배하려는 자본의 시간기획과는 반대로 노동자의 권리정치기획은 노동과정 바깥의 자신들의 고유한 인간적 삶을 위해 노동일내에서도 자신들의 사회적 권리를 제기한다는 점에서 자본의 시간기획과 대립한다.

노동자가 설정하는 사회적 시간기획은 노동과정내에서의 필요노동시간과 잉여노동시간간의 분리를 통해 확보되는 것이 아니라 이 둘을 모두 합친 사회적 필요노동시간과 그 외의 가처분시간, 또는 자유시간(생활시간)과의 분리라는 시간의 주제화방식을 통해 확보되는 것이다. 마르크스가『자본』의 '노동일' 장(章)을 통해 다루고 있는 주제란 이처럼 자본의 노동시간기획과 노동자의 생활시간기획이라는 상반된 사회적 시간기획을 둘러싸고 전개되는 제 권리투쟁이다.

근대 부르주아적 시간기획의 핵심은 "노동자의 생활시간을 단축시킴으로써 주어진 기간안에서의 노동자의 생산시간을 연장하는 것에 있다"(CW35:253). 마르크스는 사회적 시간을 노동자 계급의 입장에서 정치적으로 기획하는 것이 매우 중요한 권리요구임을 일깨워 준다. 마르크스가 시간을 '인간개발의 거처(room)'라고 정의한 것은 바로 이 같은 맥락에서 였다. 자유로운 시간을 조금도 갖지 못하는 인간, 수면과 식사 등의 순전히 육체적인 요구에 의하여 일어나는 중단이외에는 전체 생활이 자본가를 위한 노동에 빼앗기는 인간, 그러한 인간은 짐나르는 짐승보다 못한 존재이며 육체적으로 지치고 정신적으로 거칠어진 노동자는 타인의 부를 생산하기 위한 기계에 지나지 않는다(CW20:142). 따라서 사회적 시간을 어떤 방식으로 주제화 할 것인가를 둘러싸고 벌어지는 '사회적 시간기획'의 대립은 부르주아 계급과 노동자 계급의 권리정치가 충돌하는 주요한 전장터로 부상한다.

> 상품교환 그 자체의 성질로부터는 노동일의 한계는 생겨날 수 없으며 따라서 잉여노동의 한계도 생겨나지 않는다. 자본가가 될 수 있는 대로 노동일

을 연장하고 그리하여 가능하다면 1 노동일을 2 노동일로 만들려고 애쓰는 경우 그는 구매자로서의 자신의 권리를 주장하는 것이다. 다른 한편, 이 판매된 상품의 특수한 본성은 구매자가 그것을 소비하는데에 대한 제한을 포함하고 있으며, 따라서 노동자가 노동일을 일정한 표준적인 길이로 제한하려고 하는 경우 그는 판매자로서의 그의 권리를 주장하는 것이다. 따라서 여기서 다 같이 상품교환의 법칙에 의하여 보증되고 있는 권리 대 권리(right against right)라는 이율배반이 발생한다. 동등한 권리와 권리사이에는 힘이 사태를 결정짓는다. 이리하여 자본주의적 생산의 역사에서 노동일의 표준화는 총자본 즉, 자본가 계급과 총노동, 즉 노동자 계급사이의 노동일의 한계를 둘러싼 투쟁으로 나타나는 것이다.(CW35:225)

마르크스는 노동시간을 사회적으로 확정하는 표준노동일 제정을 "자본가와 노동자사이의 수세기에 걸친 투쟁의 결과"(CW35:257)이자, "자본가 계급과 노동자 계급사이의 오랜 동안의 다소 은폐된 내전의 산물"(CW35:283)로 정의한다. 여기서 이론적으로 중요한 사실은 노동자들이 자본의 생산전제에 저항하고 투쟁하는 이 모든 권리들이 자본생산과정의 외부에서 비롯되고 근거지워진다는 점이다.

거래가 끝난 뒤에 그는 결코 자신이 '자유로운 거래자'가 아니었다는 것, 자신이 자유롭게 노동력을 팔 수 있는 시간은 노동력을 팔도록 강제된 시간이라는 것, 그리고 사실상 그의 흡혈귀는 '아직 한 조각의 근육, 한 가닥의 힘줄, 한 방울의 피라도 남아있는 한', 결코 그를 놓아주지 않는다는 것을 알게 된다. 자기네들을 괴롭히는 뱀에 저항하기 위하여 노동자들은 동료들을 규합하지 않으면 안 된다. 그리하여 그들은 하나의 계급으로서 스스로 자유의지로 자본과 계약을 맺음으로써 자신과 자기종족을 죽음과 노예상태 속으로 팔아 넘기지 못하도록 방지하는 하나의 강력한 (국가법 곧) 사회적 방지책을 쟁취하지 않으면 안 된다. '양도할 수 없는 인권'이라는 화려한 목록대신에 '노동자가 판매한 시간이 언제 끝나며 그에게 속하는 시간은 언제 시작되는가를 궁극적으로 명백히 하는' 하나의 법적으로 제한된 노동일이라는 겸손한 대헌장이 나타난다. 얼마나 기막힌 변화인가!(CW35:285-286).

마르크스는 노동자의 육신을 무한정 노동과정에 종속시키려는 자본의 착취욕구를 사회적으로 제한하는 공장입법을 "생산과정의 자연발생적인 형상에 대한 사회의 최초의 의식적이고 계획적인 반작용"(*CW*35:451)으로 높이 평가하면서, 노동자들의 이해와 요구에 입각한 사회적 시간기획이 일상적인 경제활동의 결과가 아니라 권리투쟁이라는 정치적 노력을 통해서만, 따라서 생산과정의 '외부로부터' 강제된다는 사실을 분명히 했다.

> 이윤율의 실제적 정도의 고정은 자본과 노동사이의 끊임없는 투쟁에 의해서만 확정된다. 자본가는 끊임없이 임금을 노동자의 육체적 최소치까지 감축하려는 경향이 있는 반면, 노동자는 끊임없이 반대방향으로 압력을 가하려는 경향이 있다. 문제는 결국 투쟁하는 각각의 힘의 문제로 귀결된다. 다른 모든 나라들도 마찬가지지만 영국에서의 노동일의 제한에 대해 말하자면, 그것은 법률의 개입없이 확정된 적은 단 한번도 없었다. 외부로부터(sic!) 노동자가 가하는 끊임없는 압력이 없었다면 이 개입도 결코 일어나지 않았을 것이다. 어쨌든 그러한 결과는 노동자와 자본가 사이의 사적인 확정으로는 달성될 수 없었다. **바로 이러한 일반적인 정치활동의 필요성이야말로 단순한 의미의 경제활동에서는 자본측이 한층 강하다는 증거가 되는 것이다**(*CW*20:146).

3. 권리정치의 구조변동: 생존－생활권의 역동적 구성

마르크스 사상에 대한 정치적 독해의 관점에 입각할 때, 자본의 생산기획에 적대하는 노동자의 생활기획은 그 원리상 근대부르주아사회의 외부에 위치하며 이는 활동적 개인이 사회적 삶을 평균적으로 영위하기 위한 생존－생활수단을 확보하는데 놓여있다. 물론 현실에 있어서 '생존'(subsistence)과'생활'(life)은 한 인간이 자연적 생명을 이어가는데 위장과 두뇌가 모두 필요한 것처럼, 한데 결합된, 떼어 낼래 야 뗄 수 없는, 노동과정에서 필요노동시간과 잉여노동시간이 한 데 융합되어 있는 것과 마찬가지로 하나의 유기적 전체를 형성한다. 더구나 활동적, 사회적 개인이 제 각기 생존과 생활의 독자적 절대 주체란 사실을 감안해 본다면 인간적 삶을 구성하는 이 두 가지 요소는 결코 분리될 수 없다.

하지만 자본의 시간기획내에서 노동시간이 필요노동과 잉여노동으로 분리되는 것이 실제적일 수 있듯이, 이론-분석적 차원에서 인간의 생존과 생활은 차이가 있다. 이러한 구분은 마르크스가 사회를 사회적 노동-생산 영역으로서의 '필연의 왕국'과 인간 고유의 사회적 삶이 실현되는 '자유의 왕국'으로 구분한 것과 유사한 유비(類比)이다.

먼저 '생활'이란 요소는 인간류를 다른 자연 유기체와 절대적으로 구분짓게 하는 것이다. 동물이 생명활동을 통해 단지 살아있는 상태, 즉 생존할 수는 있겠지만 인간처럼 생활을 할 수는 없다. 그 이유는 특정 유기체가 생존을 넘어 생활을 영위하기 위해서는 두뇌-언어 등 의식구조와 함께 사회적 노동을 통해 생산을 구성할 수 있는 사회적 토대가 필요로 되기 때문이다. 생존을 넘어선 생활을 가능하게 하기 위해 인류는 노동활동을 사회적으로 조직해냄으로써 만이 그 재생산기반을 확보할 수 있었다. 따라서 인간이 향유하는 모든 생활-생존의 원천은 그 자체로 사회적일 수밖에 없다. 그럼에도 불구하고 생활은 생존이라는 신체의 기본적 생리활동, 특히 먹고 마시고 수면하는 행위를 충족시킬때야 비로소 가능한 것이기 때문에, 우리는 이러한 노동자의 생존과 생활기획의 관계를 동일성속에서 차이를 파악한다는 의미에서 양자의 관계가 유기적 차이를 띠는 것으로 규정할 수 있다.

한편 같은 조건하에서도 어떤 노동자는 욕구가 많아 자신의 풍요로운 생활을 위해 소비하는 반면, 다른 노동자는 임금의 대부분을 먹고, 마시는 단순한 생존을 위해 소비할 수도 있다. 그러나 이 글의 고찰대상은 개별 인간의 욕구수준이 아니라 사회적인 평균 욕구로서의 생존권과 생활권의 관계와 그것의 내적인 구조변화를 문제삼는 것이다. 개별 인간들의 평균적 욕구를 규정하는 수준, 즉 노동자 일반의 권리수준은 사회의 발전수준에 따라 평균점에서 고정되며, 근대부르주아 사회의 경우 "소비기금으로서의 임금이 역사적, 사회적 평균의 형태로서 욕구실현의 절대적 한계"($CW$35:168)를 구성한다. 따라서 권리정치의 구조변동이라는 본 절의 주제는 생존권과 생활권으로 구성되는 노동자 계급의 사회적 권리체계가 내적으로 변동하는 제 계기를 포착하고, 아울러 그러한 구조변동에 내포된 정치적 함의를 이론적으로 규명하기 위한 것이다.

마르크스는 노동자 계급의 생존－생활기획을 둘러싼 사회적 권리 구조변동의 핵심적 계기를 '표준노동일' 제정에서 발견했다. 이는 다른 말로 '표준노동일' 제정이 노동자 계급의 권리정치의 맥락에서 차지하는 역사적 지위를 이론적으로 규명할 것을 요청하는 것이다.

노동일의 법적 제한 요구란 그 자체로는 노동자 계급의 권리정치기획을 통해 제출된 것이긴 하지만, 노동일의 사회적 제한은 역으로 부르주아의 생산기획을 변화시키는 결정적 계기로도 작용한다. 자본주의 사회내부에서 표준 노동일의 사회적 제한이 갖는 정치적 의미란 이처럼 자본과 노동자 계급이 각각의 권리를 구성하는데 있어 급격한 구조변동을 초래한데서 찾을 수 있다.

자본의 입장에서 사회적 시간기획이 갖는 역사적 의미란 주로 자본의 가치증식과정과 그에 따른 노동과정의 변화에 있다. 이러한 이유에서 근대 부르주아 사회내에서 기계제 생산의 도입과 같은 노동양식의 변동은 결코 노동시간을 자동적으로 단축시키는 요소로 작용하지 않는다. 오히려 기계제 생산의 도입 등 새로운 생산수단이 근대적 공장에 등장하는 제 계기들은 자본의 착취욕을 충족시키기 위해 자연적 시간의 한계내에서 노동시간을 무한히 연장시키고자 하는 바램이 주된 이유였다.

마르크스는 근대 부르주아의 주된 목표가 사회적 생활시간 가운데 노동시간만을 특수화하여 경제적 착취를 기획하는데 있음을 강조한다. 이러한 형태의 사회적 시간기획에 의해 고대세계에서는 예외적 형태로만 존재했던

200

'과도노동'16)이 근대 부르주아 사회에서는 그야말로 사회를 구성하는 보편원리로까지 격상되기에 이른다. 착취의 시간은 자본의 로두스이다.

> 자연일의 한계를 넘어 노동일을 야간까지 연장하는 것은 그저 완화제로만 작용할 뿐이며 노동의 생생한 피에 대한 흡혈귀적 갈망을 진정시키는 것에 불과하다. 따라서 하루 노동을 24시간 내내 점유하는 것이야말로 자본주의적 생산의 내재적 충동이다(*CW*35:245).

부르주아는 가능하기만 하다면 인간을 노동기계로 만들거나 또는 자동기계장치로 인간을 대체하기를 갈망한다. 마르크스는 부르주아적 시간기획이 노동일에 집중된 것임을, 또한 이러한 형태의 생산기획이란 '육체적 정신적 생명력의 자유로운 활동을 위한 시간'을 주요 골자로 하는 노동자의 생존－생활권 기획과는 상반된 자본의 권리실현에 다름 아님을 주장한다.

> 노동일이란 무엇인가? 자본으로부터 하루가치를 지불받는 노동력을 자본이 소비해도 좋은 시간은 얼마 만큼인가? 노동일은 노동력 그 자체의 재생산에 필요한 노동시간을 넘어 얼마나 연장될 수 있는가? 이러한 질문에 대하여 자본은 다음과 같이 대답한다. 노동일은 매일 만 24시간에서 노동력이 그 일을 반복하기 위해 절대로 빼 놓을 수 없는 약간의 휴식시간을 제외한 것이다. 우선 무엇보다도 자명한 것은 노동자는 그의 하루 생활일의 전체를 통하여 노동력 이외 아무 것도 아니라는 것, 또 그가 처분할 수 있는 시간

---

16) "자본이 잉여노동을 발명한 것은 아니다. 사회의 일부 사람들이 생산수단을 독점하고 있는 곳에서는 어디에서나 노동자는 자기자신을 유지하기 위하여 필요한 노동시간에다 여분의 노동시간을 부가하여 생산수단의 소유자를 위하여 생활수단을 생산하지 않으면 안된다(……)그렇지만 어떤 경제적 사회구성체에서 생산물의 교환가치보다 사용가치쪽이 더 큰 중요성을 띠는 경우에는 잉여노동이 넓건 좁건 욕망의 어떤 범위에 의하여 제한을 받듯이, 잉여노동에 대한 무제한적인 욕망이 생산 그 자체의 성격으로부터 발생하지 않는다는 것은 명백하다. 고대에도 교환가치를 그 독립된 화폐형태로, 즉 금, 은을 생산하려는 경우에는 놀랄만한 과도노동이 나타났다. 이러한 경우에는 치사노동의 강제가 과도노동의 공인된 형태였다. 디오도루스 시쿠르스가 쓴 글을 읽어 보기만 해도, 그것을 알 수 있다. 그러나 이런 것들은 고대세계에서는 예외였다"(*CW*35:226).

은 자연적으로나 법적으로나 노동시간이고 따라서 자본의 자기증식을 위한 것이라는 사실이다. 인간적 교양을 위한, 정신적 발달을 위한, 사회적 기능들의 수행을 위한, 사교를 위한 시간 및 육체적 정신적 생명력의 자유로운 활동을 위한 시간 등은 일요일의 안식시간에서 조차도 그리고 안식일을 지키는 나라에서일지라도 전혀 당치 않은 일이다! 그러나 자본은 잉여노동을 갈구하는 그 무제한적 맹목적 충동, 그의 늑대같은 갈망을 갖고 노동일의 정신적인 최대한뿐만 아니라 순수히 육체적인 최대한 마저 돌파한다. 자본은 신체의 성장, 발달 및 건강유지를 위한 시간을 가로챈다. 자본은 바깥 공기를 마시고 햇빛을 쬐기 위해 필요한 시간을 빼앗아 버린다. 자본은 식사시간을 빼앗고, 가능하면 생산과정 그 자체에 병합시켜 버린다. 따라서 단순한 생산수단으로서의 노동자에게 음식물이 분배되는 것은 보일러에 석탄이, 기계에 기름이 가해지는 것과 같은 것이다. 생명력을 축적하고 갱신하며 그것을 활기있게 만들기 위한 건강한 수면을, 자본은 완전히 피로에 지친 유기체의 소생을 위해서 빼놓을 수 없는 최소한의 시간만큼의 마비상태로 압축한다(*CW*35:252).

따라서 이러한 조건하에서라면 지옥을 방불케 하는 근로환경 역시 자본에게는 예외적 상태가 아니게 된다. 마르크스는 영국 성냥제조 공장들의 참혹한 노동실상에 대해 다음과 같이 폭로한다.

화이트 위원이 1863년에 심문한 증인 가운데 270명은 18세 미만이었고 50명은 10세미만이었으며 10명은 겨우 8세, 그리고 5명은 불과 6세였다. 12시간에서 14시간 혹은 15시간으로 늘어난 노동일의 변경, 야간노동, 인독으로 가득찬 작업실, 그 속에서 먹는 불규칙한 식사. 만일 단테가 이러한 공장들을 보았더라면, 그가 상상한 참혹하기 짝이 없는 지옥의 모습도 여기에는 미치지 못한다고 생각했을 것이다(*CW*35:236).

지금까지의 논의를 종합할 때 마르크스가 『자본』을 저술하는데 지녔던 핵심적 문제의식은 근대부르주아의 노동시간기획과 노동자계급의 생존-생활 시간기획의 적대성에 기반하여 전개되는 권리투쟁이라는 정치적 문제설정임이었음이 다시 한 번 입증되고 있다. 이러한 정치적 문제설정하에서만 이 근대사회가 기계제 생산의 '공장체제'를 통해 자신의 발로 서게 될 때 비로소 잉여노동에 대한 갈망을 충족시킬 수 있게 되었다라는 마르크스의 주장이 제대로 이해될 수 있을 것이다.[17]

마르크스는 자본의 권리가 잉여노동에 대한 갈망의 실현에 있으며 이러한 갈망이 얼마나 탐욕스러운 것인가에 대해 T. H. 마샬이 "구체제의 편에 선 사회적 권리"[18]라고 규정한 자본주의 초창기의 노동법령과 비교하여 설명한다.

14세기 중엽부터 17세기말까지 자본이 국가권력을 빌어서 성년 노동자에게 강요하려 했던 노동일의 연장이 19세기 후반에 아동의 피가 자본으로 전화되는 것을 막기 위하여 때때로 국가의 손으로 행해졌던 노동시간의 제한과 거의 일치하는 것은 당연하다. 오늘날 예를 들면 미국의 가장 자유로운 주인 매사추세츠주에서 12세 미만의 아동노동에 대한 노동시간의 제한은 영국에서는 17세기 중엽까지도 혈기왕성한 머슴이나 거인같은 대장장이의 표준노동일이었다(*CW*35:258).

이상적(理想的) 구빈원(救貧院), 즉 1770년의 공포의 집에서는 하루에 12 노동시! 그로부터 63년 뒤인 1833년에 영국의회가 4개의 공장부문에서 13세부터 18세까지의 소년의 노동일을 완전한 12 노동시로 단축했을 때에는 마치 영국 공업의 최후의 심판일이 닥쳐 온 듯이 여겨졌다(*CW*35:263).

---

17) "물, 증기, 기계에 의하여 제일 먼저 혁명이 일어난 산업부문들, 곧 근대적 생산양식의 최초의 창조물인 면화, 양모, 아마 및 견의 방적업 및 방직업에서 노동일의 무제한적이고 가차없는 연장에 대한 자본의 충동이 우선적으로 충족되었다. 변화된 물적 생산양식과 이에 상응하여 변화된 갖가지 사회적 관계들은 먼저 무제한적인 무절제를 낳았으며 다음에는 그와 반대로 휴식시간을 포함한 노동일을 법적으로 제한하고 규제하며 획일화하는 사회적 통제를 가져왔다. 따라서 이러한 통제는 19세기 전반기동안에는 단순한 예외적 입법으로 나타났다."(*CW*35:282)

18) T. H. Marshall (1992) "Citizenship and Social Class," in Marshall and Bottomore, *Citizenship and Social Class*, London: Pluto Press, p. 14.

마르크스는 근대부르주아의 생산기획이 노동시간의 주제화에 있다는 것[19], 노동일의 제한 등을 다루는 공장입법이 오랜 기간에 걸친 권리투쟁의 산물[20]이라는 점을 명백히 하는 가운데 대체로 1844-1847년 사이에는 공장입법의 지배를 받는 모든 산업부문에서 12시간 노동일이 일반적으로 그리고 일률적으로 실시되긴 했지만 동시에 공장주들은 노동자들의 사회적 권리진전에 대한 대가를 어떤 식으로든 보상받기 위해 수단과 방법을 가리지 않았음을 특히 강조한다.

> 공장주들은 10시간법뿐만 아니라 1833년 이후 노동력의 자유로운 착취를 어느 정도 제어하려고 한 전체 입법에 대해 공공연한 반란을 일으켰다. 그것은 노예제 옹호반란의 축소판이었으며 2년 남짓 동안 철면피한 난폭함과 테러리스트적인 정력으로 수행되었다. 이 두 가지 방법이야말로 반역적 자본가가 그의 노동자의 피부이외에 어떤 위험도 부담하지 않았기 때문에 더욱 더 값싼 것이었다(……)공장주들은 각처에서 그들에게 고용된 소년과 여성노동자들의 일부, 때로는 그 반수를 해고하기 시작했으며, 그에 반해 거의 폐지된 야간작업을 성인 남성 노동자들 사이에서 다시 부활시켰다. 10시간 노동법은 그들에게 이 방법 외에 어떤 다른 방법도 허용하지 않았다고 자본가들은 부르짖었다(*CW*35:270-271).

---

19) 아드리안 빌딩은 마르크스의 통찰력은 무엇보다 자본주의 그 자체가 역사적 시간에 대한 우리의 경험구조를 전환시키는 방식을 드러낸 것에 있다고 말한다. 그는 현대적 시간개념의 기원은 노동을 일반적으로 부과하기 위한 시간규율에서 일차적으로 비롯된 것이며, 이런 한에서 마르크스의 『자본』에서 투쟁대상은 "시간 그 자체"라고 올바르게 지적한다. A. Wilding (1995) "The Complicity of Posthistory," in W. Bonefeld, R. Gunn, J. Holloway & K. Psychopedis (eds.), *Emancipating Marxism: Open Marxism Vol. III*, London: Pluto Press, 1995, pp. 143ff. 참조.

20) "노동의 시한이나 한계, 중단을 시계 종소리에 따라 군대식으로 일률적으로 규제하는 이러한 세밀한 규정은 결코 의회적 사고의 산물은 아니었다. 그것들은 근대적 생산양식의 자연법칙들로서, 점차적으로 갖가지 관계들로부터 발전한 것이다. 그것들의 정식화나 공인 및 국가적 선언은 오랜 기간에 걸친 계급투쟁의 결과였다. 이것들이 조만간에 보여준 결과의 하나는, 대부분의 생산과정에서는 아동이나 소년 및 여성의 협력이 불가결한 것이었기 때문에 실질적으로는 성인남자 노동자의 노동일까지도 동일한 제한을 받게 하였다는 사실이다"(*CW*35:268).

공장입법에 대한 자본의 광기어린 도발에도 불구하고, 영국의 노동자 계급은 노동시간의 제한이 자신들의 생존-생활권 방어를 위한 가장 기본적 전제라는 사실, 자본의 시간기획에 적대하는, 그리고 그것과는 상반된 독자적 시간기획없이는 그 어떤 조그마한 생활상의 진전도 허락되지 않는다는 사실을 직감했다. 우리는 노동시간 제한에 비례하여 단행된 자본측의 임금 삭감에도 불구하고, 영국 노동자들의 대부분이 노동시간을 제한하는 공장입법을 옹호했다는 것을 『공장감독관보고서』를 통해 확인 할 수 있다.

나는 1주일에 10실링을 받고 있던 사람들이 10%의 일반적 임금인하로 말미암아 1실링을 깎인 데에다 시간단축 때문에 또 다시 1실링, 6펜스를 깎여 모두 2실링 6펜스를 인하당했음에도 불구하고 대다수가 10시간 법안을 계속 주장하는 것을 보았다(『공장감독관 보고서』,1848년10월31일16쪽)(CW35:269 f.n. 2).

마르크스는 영국에서의 표준노동일 제정을 둘러싸고 전개된 노동자와 자본가 사이의 투쟁사례를 바탕으로 그러한 투쟁이 지닌 역사적 의미에 대해 다음과 같이 평결(評決)했다.

자본주의적 생산의 어느 일정한 성숙단계에서 개별 노동자, 곧 자기노동력의 자유로운 판매자로서의 노동자는 저항을 못하고 굴복한다는 사실을 보게 되는데 몇몇 생산양식에서의 노동일 규제의 역사가 이를 증명하고 있다. 또 어떤 생산양식에서는 이러한 규제를 둘러싸고 지금도 계속되는 투쟁이 명백히 이를 증명하고 있다. 따라서 표준노동일의 창조는 자본가 계급과 노동자 계급사이의 오랜 동안의 다소 은폐된 내전의 산물이다. 이 투쟁은 근대산업의 범위에서 개시되기 때문에 근대산업의 모국인 영국에서 제일 먼저 일어났다. 영국의 공장노동자들은 영국뿐만 아니라 근대노동자 계급 일반의 전사였으며 그들의 이론가 또한 자본의 이론에 대하여 최초로 도전하였다. 그러므로 공장철학자 유어는 영국의 노동자 계급이 '노동의 완전한 자유'를 위해서 남자답게 진군하는 자본에 대해 '공장법'이라는 노예제를 자

신의 기치로 한 것은 그들의 지울 수 없는 수치라고 비난했던 것이다
($CW$35:283).

여기서 특별히 눈에 띠는 점은 마르크스 역시 노동자 계급의 권리구조
가 변동하게 되는 계기를 개별 작업장이나 개별 노동자의 관점이 아니라,
노동자 계급의 권리수준의 보편적 증대에서 찾고 있다는 사실이다. 이러한
인식에 근거하여 마르크스는 투쟁의 성격이 개별적인가, 아니면 노동자 계
급 일반의 보편적 성격을 띠는가의 문제로 경제투쟁과 정치투쟁을 구분했
다.[21] 노동자 계급일반의 존망이 걸린 그 모든 사회적 권리투쟁에는 불가
피하게 국가가 개입할 수밖에 없다는 점에서 노동자가 자본의 지배에 대항
하여 전개하는 모든 권리투쟁은 정치적 성격을 띠게 된다.[22]

1866년 9월, '국제노동자협회 제1차 제네바 대회'에서 채택된 다음 결의
사항은 노동자 계급의 권리정치 기획이 무엇인가를 이론적으로 훌륭히 응
집시켜 놓은 것이다.

노동일의 제한이야말로, 그것 없이는 해방을 위한 다른 모든 노력이 수포로

---

21) "노동자 계급이 계급으로서 지배계급에 맞서고 또 밖으로부터 압력을 가해서
그들에게 강요하려고 하는 운동은 어느 것이나 정치적 운동이다. 예를 들어
개개의 공장에서, 또는 개개의 직장에서 파업을 일으켜 개개의 자본가로부터
노동시간의 단축을 쟁취하려는 시도는 순전히 경제적인 운동이다. 이에 반하
여 8시간제 등의 법률을 쟁취하려고 하는 운동은 정치적 운동이다. 그리고 이
렇게 하여 도처에서 노동자의 여러 가지 경제적 운동으로부터 정치적 운동이
성장한다"($CW$44:258).
22) 마르크스는 갖가지 예외조항이나 재판상의 분규 등으로 보편적인 법률적용이
방해되고 지연되는 영국에서 노동자들의 권리의 정치로 쟁취된 공장입법이 성
년들에게까지 일반적으로 확대－적용될 수밖에 없는 경향과 그 의의를 지적하
기 위해 『공장감독관 보고서』를 인용한다. "결국 공장감독관들도 결연히 다음
과 같이 말하고 있다. 이같은(노동시간의 법적 제한에 대한 자본의) 반대는 노
동의 권리라는 대원칙앞에 무릎을 꿇지 않으면 안된다(……)설령 피로가 문제
되지 않는다고 하더라도 자기 노동자의 노동에 대한 고용주의 권리가 정지되
고 노동자의 시간이 노동자 스스로의 것으로 되는 시점이 있는 것이다(『공장
감독관보고서』, 1862년10월31일, 54쪽)"($CW$35:284 f.n.3).

돌아갈 수밖에 없는 하나의 예비적인 조건이다. 그것은 노동자 계급, 즉 각 국민의 다수의 건강과 육체적 에너지를 회복하기 위해, 나아가 그들에게 지적 발전(intellectual development) 및 우의를 다지는 교류, 그리고 사회적, 정치적 활동 등의 가능성을 보장하기 위해 필요하다. 우리는 노동일의 법률적 한도로서 8시간노동을 제안한다. 이것은 아메리카 합중국의 노동자들에 의해 전반적으로 요청되고 있으며, 대회의 결의는 그것을 전세계 노동자의 공동의 강령으로 치켜 들 것이다(*CW*20:187).

인터내셔날 강령은 노동자 계급의 건강과 육체적 에너지를 회복하기 위한 생존권 요구와 아울러 지적발전과 친선을 도모하는 사회적 교류 등 생활권 실현, 나아가 이러한 요구를 바탕으로 자유로운 사회적, 정치적 노동자 운동의 보장을 촉구하는 권리정치기획의 산물로, 이러한 사회적 권리실현을 위한 전제조건으로 무엇보다 '8시간노동제'를 전세계 노동자의 공동기치로 내걸 것을 주장하고 있다.[23]

한편 마르크스 이론의 구체성은 실제적 일차자료들에 대한 면밀한 검토를 통해 확보된 내용이라는 점에서 더욱 설득력이 있으며, 이러한 점에서도 마르크스는 동시대의 다른 사상가들과 잘 구별된다. 『자본』의 연구방법 역시 예외가 아니다. 마르크스는 노동일을 둘러싸고 한층 격렬해진 자본과 노동자계급의 권리투쟁의 이론적 기초를 구명(究明)하기 위한 '기본자료'로 레너드 호너 등이 작성한 『공장감독관 보고서』를 원용한다. 흥미로운 사실은 『공장감독관보고서』 역시 부지불식간(不知不識間)에 자본과 노동자 계급의 적대적 권리투쟁이 시간기획의 적대성에서 비롯되고 있다는 점을 예

---

23) "우리 덩커크의 노동자들은 다음과 같이 선언한다. 현재의 제도 아래에서 요구되는 노동시간은 너무나 길며, 노동자들에게는 휴식과 교육을 위한 시간을 조금도 남겨주지 않고 오히려 노예제도와 다를 바 없는 예속상태로 노동자를 억누르는 것이다. 그러므로 1노동일은 8시간으로 충분하며 또 법률에 따라 충분하다고 인정되어야 한다는 것, 그리고 우리는 강력한 지렛대인 신문(新聞)에게 원조를 요청하는 바(……)이 원조를 거부하는 경우, 그러한 모든 것은 노동개혁과 노동자 권리의 적으로 간주될 것임을 결의한다"(「뉴욕주 덩커크에서의 노동자의 결의, 1866년」)"(*CW*35:284. f.n.3.).

증하고 있다는 것이다.[24]

보다 큰 이익은 노동자 자신의 시간과 고용주의 시간사이의 구별이 드디어
명확해졌다는 것이다. 이제 노동자는 자기가 판매한 시간이 언제 끝나는가
그리고 그 자신의 시간이 언제 시작되는가를 알고 있다. 그리고 그에 대한
확실한 지식을 가짐으로써 자기의 시간을 그 자신의 목적을 위하여 미리
할당해 둘 수 있게 되었다.(『보고서』, 52쪽) 그들 노동자들이 자신의 시간
의 주인이 되게 함으로써 (여러 종류의 공장법은) 결국에는 그들이 정치적
권력을 장악하게끔 할 어떤 정신적 에너지를 그들에게 부여했다.(『보고서』,
47쪽) 공장감독관들은 노골적이지 않은 풍자와 조심스러운 표현으로 현재
의 10시간 법이 단순한 자본의 화신으로서의 자본가까지도 그의 자연발생
적인 잔인성으로부터 어느 정도 해방시켜 그에게의 다소간의 교양을 위한
시간을 주었다고 넌지시 말하고 있다. (이전에는) 고용주는 화폐이외에 다
른 어떤 것을 위한 시간을 갖고 있지 않았고, 노동자는 노동이외의 다른 어
떤 것을 위한 시간을 갖고 있지 않았다(*CW*35:286. f.n.1).

『공장감독관보고서』는 노동일의 법적제한이 노동자 자신의 시간과 고용
주의 시간사이의 구별을 분명하게 하여 양 계급의 시간기획사이의 적대성
을 드러낼 수 있게 했으며, 노동자들을 그들 자신의 시간의 주인이 되도록
성장시키는 계기가 되었다는 점을 특히 강조하고 있다. 노동일의 사회적
제한은 생존-생활권기획을 실현하기 위해 노동자 계급의 입장에서 반드시
필요한 조치였다. 반면에 이것은 자본의 입장에서는 착취양식의 변경, 즉
24시간이라는 자연적 한계의 극한까지 노동일을 연장하는 절대적 잉여가치
추출의 시간기획으로부터 노동일 내부의 필요노동시간과 잉여노동시간간의
구성비율의 변경을 통해 주로 상대적 잉여가치를 추출하는 방향으로 노동

---

24) "10시간법은 그 적용을 받는 산업부문에서는 노동자를 완전한 퇴폐로부터 구해
    내고, 그들의 육체상태를 보호하였다"(『보고서』, 1859년10월 31일, 47쪽) "공
    장에서 자본이 기계를 한정된 시간이상 가동하기 위해서는 반드시 고용노동자
    의 건강과 도덕을 해쳐야만 한다. 그리고 노동자들은 자기 자신을 보호할 수
    있는 입장에 놓여있지 않다(같은 글, 8쪽)"(*CW*35:285 f.n.4).

양식 자체를 변혁시키는 계기로 작용한다.

우리는 제5장에서의 논의를 통해 표준노동일의 제정이 자본의 시간기획을 가치증식과정의 측면에서는 절대적 잉여가치의 기획에서 상대적 잉여가치의 기획으로 전환시킨다는 것, 그리고 이러한 변화가 직접적 노동과정의 측면에서는 노동자와 생산수단비율의 변화, 즉 적은 노동력으로 더 많은 기계와 생산수단을 운용하는 방식의 자동화된 생산체계로 이동한다는 사실을 마르크스의 『요강』을 중심으로 확인한 바 있다. 또한 자본이 생산과정을 절대적 잉여가치의 기획에서 상대적 잉여 가치로 변경시키는 원인은 노동자들의 권리투쟁이라는 요인과는 별도로 자본 그 자체의 운동논리, 즉 초과이윤의 확보를 위한 자본들간의 무한경쟁에도 주된 원인이 있다는 사실에 대해서도 아울러 고찰했다. 결국 자본주의적 생산양식과 노동양식의 변동이 자본 운동의 존재형식이라 할 수 있는 자유경쟁의 논리와 노동자계급과의 권리투쟁을 통해 촉발된다고 할 때, 마찬가지로 노동자계급의 권리정치를 구성하는 생존－생활권 기획 역시 자본주의적 생산양식의 변동에 따라 내적 구조에 변화가 생긴다.

노동시간의 무한 연장을 통한 절대적 잉여가치가 주된 착취기제로 작동하는 조건에서는 노동자들의 권리투쟁 역시 단지 생존권 방어라는 목표에만 집중될 수밖에 없다. 산업혁명을 통한 기계제 생산의 도입은 자본에게 인간은 '노동하는 동물'(Homo Faber)이라는 부르주아적 이상을 실현가능하게 해 주었다. 마르크스가 언급한대로 "1833년과 1844년 및 1847년의 공장법은 이들 중 어느 하나도 18세 이상의 남성노동자의 노동일을 제한하지 않았고, 이들 법령에서는 1833년 이후 아침 5시 반부터 저녁 8시 반까지의 15시간이 법적인 '낮'"(*CW*35:271)인 노동조건하에서 노동자들이 노동으로부터 벗어난 별도의 생활을 기획하는 것은 물리적으로 불가능한 일이었다. 이러한 조건이라면 생존 그 자체가 삶의 목표일 것이며 노동자의 일상생활 역시 공장에서의 노동을 준비하기 위한 막간극에 불과하다.

개별 노동자를 예로 든다 하더라도 상황은 마찬가지이다. 5-6세의 유년

기부터 공장생활을 시작하는 산업혁명기의 노동자들에게 결코 노동활동이외의 사회적 욕구를 충족시키기 위해 요구되는 문화적 교양수준을 갖추기란 가당치도 않았을 일이며, 자본이 유소년 노동자들에게 문화적 교양을 습득할 수 있도록 많은 돈이 드는 교육문화시설을 자발적으로 제공했을리 또한 만무했다. 노동자들이 노동을 통한 생존이외에 생활을 향유할 권리를 향한 욕구와 아울러 그러한 권리실현을 위해 정치적 힘을 결집시킨다는 것은 자본에게는 도무지 이해되거나, 용납조차 될 수 없었을 것이다. 그러나 이러한 사정은 노동일이 사회적으로 확정되어 자본의 착취양식이 변동하는 순간을 기점으로 해서 변동양상을 띠게 된다.

노동일의 사회적, 법적 제한은 개별자본에게 경쟁에서 살아남으려면 상대적 잉여가치의 생산으로 착취양식을 급격히 변경시킬 것을 강요했다. 상대적 잉여가치의 생산이란 노동생산물에 포함된 총가치가 불변일 때, 노동생산물 단위당 가치가 감소되는 형태, 다시 말해서 한 개의 상품을 생산하는데 소요되는 사회적 필요노동시간이 감축되는 방향으로 노동양식이 변경되는 것이다. 이것은 다른 말로 동일한 화폐가격이 표상되는 노동생산물이 과거와는 비교가 되지 않을 정도로 늘어나게 되었다는 것을 의미한다. 노동수단의 혁명적 변화는 내구소비재의 폭발적 생산증가를 가져왔고 동시에 자본에게 임금분에 해당하는 필요노동시간 비율을 급격히 감축할 수 있도록 하는 기술적 유인을 제공했다. 반면에 노동자의 입장에서 보면, 자본의 시간기획에 의한 상대적 잉여가치로의 노동양식의 변동은 과거와 동일한, 또는 그보다 적은 액면가의 임금을 받으면서도 더욱 많은 욕구를 실현시킬 수 있게 되었다는 것을 의미한다.

한편, 이러한 사정은 다른 자본과의 경쟁의 기초가 이처럼 필요노동시간의 단축에 놓여지게 된 관계로 개별자본은 생산시간 단축을 실현시켜 줄 신기술 확보에 총력을 기울였으며, 초과이윤확보를 위해 노동과정의 완전 자동화를 갈망하게 되었다.[25] 기계화와 자동화로 이어지는 사회적 생산력

---

25) 80년대들어 소위 정보통신혁명으로 일컫는 과학기술의 눈부신 발전에 힘입어 자

구조의 변동과정은 노동자의 숙련을 무의미하게 하는 토대[26]로 작용했으며 그 결과 다량의 사회적 형태의 '보편노동자'군의 창출을 자본의 사활이 걸린 문제로 설정하게 했다.

> 대공업은 자기의 본성 그것에 의하여 노동의 변환, 기능의 유동성, 노동자의 전면적인 가동성을 필요로 한다(……)대공업은 바로 그 파국을 통해서 노동을 전화시키고 이에 따라 가능한한 노동자가 지닌 최대의 다면성을 일반적인 사회적 생산법칙으로 승인할 뿐 아니라 이 법칙의 정상적인 실현에 갖가지 관계들을 적합하게 만드는 것을 하나의 사활적 문제로 삼는다. 대공업은, 죽음의 형벌(penalty of death)아래에서, 한 가지의 그리고 똑같은 사소한 동작을 평생동안 반복하는 것에 의해 불구화되며, 그러한 이유로 단순한 조각들로 변질되어버린 오늘날의 세부노동자를, 사회로 하여금 생산의 어떠한 변화에도 기꺼이 직면할 수 있고, 다종다양한 노동에 적합하도록 충분히 발전된 개인으로 대체하도록 강제한다. 이러한 발전된 개인에게 있어서 그가 수행하는 서로 다른 사회적 기능들이란 단지 그가 지닌 본연의 그리고 새롭게 획득한 능력에 자유로운 활동범위를 부여하는 여러 양상에 다름 아니다(*CW*35:458).

생산 자동화를 향한 자본의 사활을 건 경쟁은 실험실과 대학에서의 과

동화논의는 과거의 자동화된 컴퓨터 수치 작업기계의 도입수준을 뛰어넘어 프로그램을 바꾸면 기계의 목적과 기능을 바꿀 수 있는 자동화기계(programmable automation)와 CAD(Computer Aided Design:컴퓨터 지원설계/CAM (Computer Aided Manufacture:컴퓨터 지원생산)이 널리 사용되면서 FMS (Flexible Manufacture System)생산라인의 자동화를 넘어 CAD/CAM, FMS 등이 통합된, 정보통신기술을 토대로 생산과정전반을 컴퓨터가 통제하는 이른바 컴퓨터 통합생산(CIM:Computer Integrated Manufacture)이 이루어지고 있다. 이강국 (1998)「자본주의 구조를 변화시킨 정보통신혁명」, 김수행 편저, 『청년을 위한 경제학 강의』, 한겨레 신문사, 81~82쪽 참조.

26) 현대의 자동화 체제를 기계화된 기계체계로부터 인공지능적인 기계체계의 전환으로 위치 지우며, 그 연속성과 불연속성, 그리고 인공지능적인 자동화된 생산체계가 실제적 작업자들을 어떻게 변모시키는 가를 분석하는 글로는 L. Hirschhorn (1986) *Beyond Mechanization: Work and Technology in a Post-industrial Age*, Cambridge: The MIT Press, 참조.

학-기술연구가 노동수단에 체현되는 형태, 다시 말해서 과학, 기술적 요소가 직접적으로 사회적 노동생산력 구성의 핵심요소로 장착되게 되었음을 의미한다. 생산력 구조의 혁명적 변화과정은 노동과정 그 자체의 성격은 물론 직접적 생산자로서의 노동자의 사회적 규정과 및 노동자 내부의 계급적 구성에도 심대한 영향을 미친다. 그 결과, 시간이 지날수록 유년시절부터 노동현장에 참여하여 오랜 기간의 노동활동을 통해 숙련공이 되는 형태의 육체노동자의 수는 비율적으로 급격히 축소되는 반면, 현대의 노동자들 대다수는 '자동화'와 '정보화'에 의해 야기되는 노동수단의 혁명에 힘입어 생산현장에 투입되기 이전부터 노동과정에 대한 사전지식을 십년 이상의 보편적 교육체계를 통해 습득하게 된다.

선진자본주의의 역사를 통해 잘 입증되었듯이, 미래의 노동자가 될, 전체 국민을 대상으로 행해지는 보편적 의무교육체계와 함께 의무교육체계가 고등교육, 나아가 사회구성원 대부분을 대학교육을 습득하게 하는 형태로 발전하는 식의 교육구조 고도화의 일반적 경향은 결코 사회구성원들에게 질 높은 교양과 생활수준을 향유할 기초를 제공하기 위한 것이 아니라, 일차적으로 자본주의적 생산양식의 변동과정에 사회구성원들을 적응하도록 하기 위해 고안된 것이다. 그럼에도 불구하고 보편적 고등교육체계의 실현은 노동자의 사회적 특성은 물론, 권리정치의 내적 구조변화에도 심대한 영향을 미쳤다.

과거에는 노동자의 숙련도, 곧 공장에서 손에 못이 박히도록 일을 해서 습득하는 소위 '짬밥', '기름밥'이 노동자의 임금체계는 물론 노동력 구성을 내적으로 분절시키는 주된 요인이었다면 지금부터는 어떤 수준까지 교육을 받고, 어느 정도의 교육적 능력을 형성했느냐가 노동자의 임금수준은 물론 사회내에서의 지위와 작업장내에서의 역할을 상당 부분 사전에 결정해 주는 사회적 요인으로 작용한다.

과거에는 노동자간의 경쟁이 노동시장과 작업장에서 주로 발생했다면, 이제는 경쟁공간이 전이되어 사회적 교육공간이 그것을 대체한다. 그러나 교육공간내에서의 경쟁과정 역시 그리 오래 가지 못한다. 왜냐하면 자본주의적 생산과정 자체의 변화속도가 교육을 통한 노동자내부의 파편화 과정을 앞질러 발전하기 때문이다. 그 결과 과거에는 특히 임금측면에서 상대적으로 높은 특권적 지위를 향유했던 고등교육과정을 이수한 전문기술노동자들이 이제는 노동과정 및 노동수단 자체가 자동화 및 정보화를 통해 범용화됨으로서 자본주의적 노동과정내에서 보편화되는 방향으로 사회적 노동력 구성의 급격한 구조변동이 발생한다.

> 대규모 산업이 발전하는 정도로 실질적 부의 창출은 노동시간은 물론 노동시간동안에 작동하는 매개물들, 즉 노동도구 등의 힘보다 그 과정에 고용된 노동의 양에 덜 의존한다. 그런데 그러한 매개의 '강력한 효율성'은 그 자체로 그것을 만드는데 소비된 직접적 노동시간과의 비례로부터 벗어나, 차라리 과학의 일반적 상태, 기술의 진보, 혹은 생산에 이러한 과학을 적용하는 것에 의존한다(……)노동은 더 이상 생산과정 내에 포함된 것으로 나타나지 않으며, 오히려 인간은 생산과정자체에 대한 감시자 및 규제자로서 관계하게 된다(기계에 대하여 타당한 것은 인간활동의 결합 및 인간적 교통의 발전에 대해서도 타당하다). 이제 더 이상 노동자는 변형된 자연대상을 대상과 그 자신사이의 중간고리로 끼워넣지 않는다. 오히려 그는 산업과정으로 변형된 자연과정을, 자연과정을 지배하는 비유기적 자연과 그 자신 사이의 수단으로 삽입한다. 그는 생산과정의 주요 담당자가 되기보다는 그 옆에 서서 따르게 된다. 이런 변형에서 생산과정은 인간자신이 수행하는 직접적인 노동도, 그가 일하는 노동시간도 아니며 오히려 그것은 그 자신의 종합적인 생산력의 전유, 자연에 대한 이해, 사회체로서 자신의 존재를 통한 자연에 대한 지배이며, 한마디로 말해서 생산 및 부의 커다란 반석으로 나타나는 사회적 개인(the social individual)의 발전이다(CW29:91-92).

마르크스가 위에서 언급한 '사회적 개인' 개념은 바로 과학-기술이 생산에 직접 적용되는 형태로 실현되는 범용노동화 경향과 보편적 교육체계의 실현이라는 재생산 메커니즘간의 내적 연관성을 통해 부르주아 사회내부에서 모순적으로 형성되는 노동자 계급의 새로운 주체화 양식을 간명하게 표현한 것이다.

처음에는 노동시간의 사회적 확정과 그것의 보편적 적용이 생존권에서 생활권으로의 노동자 권리정치 구조변동에 사회적 시간기획의 형식측면에서의 일차적 충격을 제공했다면 전 사회적 수준의 교육체계의 보편화 과정과 고등교육을 향한 일반적 경향은 노동자 계급의 권리정치에 제 2차 충격을 제공한다. 그것은 사회적 비용으로 고등교육을 누구나가 차별없이 받을 수 있는 사회적 권리의 주장과 함께 더욱 중요하게는, 노동자 계급의 사회적 권리요구를 생활권의 형태로 구성하게 하여 노동자 권리정치의 내용을 질적으로 변동시키는 주된 요인으로 작용한다. 2차 대전 이후 서구에서 대학이라는 교육공장과 상품생산공장이라는 노동공간은 뗄레야 뗄 수 없는 유기적 관련성을 형성하게 되었으며, 이는 권리정치의 구조변동과 궤를 같이하는 것이다.

만일 우리가 자본주의 사회내부의 발전에 의해 촉발된, 노동현장과 대학 교육현장이 유기적 연관되어 통합되는 지점을 올바로 읽어내지 못한다면, 1960년대 말부터 1970년대 초반까지 전 세계, 특히 미국과 전 유럽 차원에서 발생한 노동자와 대학생들의 저항운동과 민권운동에 대해 그 어떤 적절한 이론적 해석도 가하지 못한 채, 그러한 권리투쟁을 단지 돌발적이고 우연히 발생한 일회성 해프닝 정도로만 여기게 될 것이다. 1960년대 말 서구에서 전개된 저항민권운동은 1848년 전후에 발생한 유럽 차원의 혁명적 사태에 충분히 비견될만한 수준의 사회적 대폭발이었다. 미국 대학생들의 반전운동이 가능했던 이유, 프랑스의 자유주의적 교육개혁에 반대한 대학생들과 노동자의 권리신장을 위한 운동으로 촉발된 노학연대시위가 급기야 드골 권위주의체제의 몰락과 함께 68혁명을 가져왔다는 사실, 이태리에서 연금개혁을 둘러싸고 근 2년간 전국적 파업을 전개한 소위 '뜨거운 가을'투쟁, 나아가 1960년대 말부터 본격화된 노동과 생산과정 그 자체를 민주적으로 통제하고자 하는 욕구와 이러한 방향으로의 노동자들의 문제제기는 노동자 – 민중의 권리정치 실현의 논거속에서만 합리적으로 이해될 수 있는 것이다. 또한 이러한 사건들은 노동자 계급의 권리정치기획에 내장된 정치적 폭발력이 사안에 따라 혁명적 사태로 언제라도 발전될 수 있다는 '우발성'을 여실히 보여준 것이라 하겠다.[27]

1960-70년대 '저항의 정치'를 통해 표출된 중요한 이론적 사실은, 이들이 제기한 사회적 권리목록에는 19세기 노동운동을 대표하는 챠아티스트 운동 등이 제기했던 권리정치의 문제설정과는 전혀 다른 새로운 권리요구가 포함되어 있다는 점이다. 이런한에서 우리는 노동자 계급의 사회적 권리구조가 생존권 기획에서 생활권 기획으로 구조변동을 가져오게 된 것이라고 주장할 수 있다. 물론 권리구조의 변동으로 생존권 기획의 맥락이 이제는 전혀 필요없게 된 것은 물론 아니다. 다만 과거의 권리정치의 기획이 생존권의 맥락에서 생활을 기획해 들어가는 것이었다면 20세기말의 노동자 계급이 요구하는 권리정치의 내용은 생활권의 실현을 위해서 생존권 요구를 기획해 들어가야 하지 않을까 하는 점을 강조하기 위한 것이다. 물론 이러한 구분은 절대적이라기 보다, 단지 권리정치의 이론적 재구성을 통해 변화된 권리의 내용을 파악하기 위한 방법적 구분일 뿐이다. 왜냐하면 노동자 계급의 권리목록은 예나 지금이나 대개 생존권이라는 이름으로 통칭해서 불려지고 있기 때문이다. 그러나 동시에 노동자 계급의 사회적 권리요구를 생존권과 생활권 등으로 구분해서 분석해줄 수 있는 권리이론적 문제설정이 부재하다면, 우리에게 근대부르주아 사회에서 발생하는 다양한 정치현상은 예나 지금이나 아무런 차이나 구별도 두지 못한 채, 동일한 형태의 투쟁이 단지 반복되는 양상으로만 비쳐지게 될 것이다.

---

27) 데페는 20세기 후반 들어 더욱 중요해진 '정치적 해석권'을 둘러싸고 전개되는 지배계급과 피지배계급의 헤게모니 투쟁을 강조한다. F. Deppe (1985) "Arbeiterbewegung in Westeuropa 1945-1985:Von der Bewegung zur Stagnation?," **Marxistisch Studien**, Jahrbuch des IMSF 8, Frankfurt am Mein Deppe, pp. 63ff. 참조.

4. 이행의 정치학: 『프랑스에서의 내전』(1871)과 『고타강령비판』(1875)

'파리코뮌'에 대한 본격적 논의에 앞서, 그러한 사건이 터져나오게 된 당시의 유럽정세에 대해 검토하도록 하자. 당시의 유럽정세는 흔히 말하는 소위 '혁명적 정세'가 아니었다. 1848년 유럽혁명, 특히 파리 노동자의 6월 봉기가 부르주아지 공화정부에 의한 대학살극으로 무참하게 종결된 이후, 유럽은 정치적 소강상태에 접어들며, 오히려 경제적 번영을 앞세운 자본의 공세와 유럽열강의 정복전쟁이 본격화된다. 이러한 정치적 반동의 기운에 힘입어 혹은 그러한 반동의 촉매제로, 프랑스에서는 1851년 나폴레옹1세의 조카, 루이 보나파르트가 '브뤼메르(12월) 18일 쿠데타'로 제2공화정을 붕괴시키고 황제로 즉위하는 사태가 발생했다.[28]

당시 프랑스와 러시아의 제정체제는 유럽 각국의 민주주의 운동을 앞장서서 분쇄하는 유럽내 정치반동의 청부업자 역할을 자임했다. 하지만 정치적 반동세력의 힘이 너무 강해지면 언젠가는 프랑스와 러시아의 대포가 독일이나 영국 등 기존의 유럽 강국들에게도 직접 향해질 수 있었기 때문에 유럽 제 열강은 각국의 노동자 운동과 민주주의 운동을 분쇄하는데에는 그 이해관계가 일치했음에도 국제정세는 자국 자본의 이익과 국가이익을 둘러싸고 첨예한 대립양상을 띠게 되었으며, 그러한 대립양상은 크림전쟁과 프로이센 - 오스트리아, 프로이센 - 프랑스 전쟁으로 표출되었다.

몇 차례의 침략전쟁에서 패배를 거듭한 루이 보나파르트는 자신의 실추된 정치적 위신을 회복하기 위해 1870년 7월 프로이센 전쟁을 감행함으로써 유럽 전역은 일촉즉발의 위기에 빠져들게 된다. 프랑스의 개전(開戰)은 프로이센의 입장에서는 그 상대가 루이 보나파르트의 제정(帝政) 프랑스인

---

28) 루이 보나파르트의 제정 쿠데타 성립과정을 사회계급, 특히 노동자와 부르주아지 들간의 투쟁의 교착에 의한 파국적 과정으로 묘사하는 마르크스의 뛰어난 정치분석으로는 The Eighteenth Brumaire of Louis Bonaparte(*CW*11:99-197) 참조.

한에서 '방어전쟁'의 성격을 띤 것이었다. 왜냐하면 루이 보나파르트는 독일의 분할을 획책하고, 독일의 통일을 줄곧 방해해왔기 때문이다. 민족국가적 통일은 독일부르주아들에게 조차 초미의 관심사였기 때문에 프로이센은 프랑스가 침략할 경우, 어떠한 희생과 대가를 치르고서라도 방어해내야 하는 상황에 처하게 되었다. 같은 이유로 마르크스는 독일 노동자들에게 루이 보나파르트의 프랑스가 도발할 경우, 전쟁의 성격을 철저하게 방어전쟁에 한정지을 것을 촉구하면서 "만일 노동자계급이 이 전쟁의 방어적 성격의 상실 및 대 프랑스 국민전쟁으로의 변질을 허용한다면, 승리든 패배든 그것은 하나같이 재앙이라는 것이 증명될 것"(*CW*20:6)이라는 경고를 잊지 않았다.

1870년 9월 4일 스당 전투에서 프랑스군이 대패함에 따라 루이 보나파르트 자신은 포로신세가 되었고, 프랑스에서는 동년 9월4일 공화국이 선포되어 소위 '국민방위정부'가 수립되었다. 개전초기에는 방어전쟁을 공언했던 비스마르크의 프로이센군은 전황이 자신들에게 유리하게 되자 전선을 넘어 파리공격을 감행하기에 이른다. 프로이센군의 침공에 두려움을 느낀 자유부르주아적 공화정부는 적과 내통하여 항복을 결정했지만, 파리의 노동자들은 부르주아의 굴욕적 항복에 반발하여 '국민방위군'을 중심으로 1871년 3월 18일 '파리코뮌'이라는 독자적 정부를 수립했다.

파리코뮌 수립을 전후해 전개된 긴박한 유럽정치상황에 대한 마르크스의 분석과 관련하여 흥미있는 대목은 그가 프로이센군이 파리의 문을 두드리고 있는 절대절명의 위기상황하에서 자유부르주아적 공화국에 반대하는 파리 노동자의 봉기는 절망적인 바보행위가 될 것이라고 경고하며, 새로수립된 공화국 정부에 조력할 것을 권고했다는 점이다.[29]

마르크스가 파리의 노동자들에게 이러한 권유를 하게 된 것은 당시의 정세적 조건에 기인한 것이었다. 노동자의 국제적 정치역량의 면에서는 인

---

[29] 마르크스가 인터내셔날 총평의회 보고연설에서 프랑스 노동자들이 봉기하지 말 것을 권유하는 내용에 대해서는 K. Marx, *CW*20:269 참조.

터내셔날이 창립되어 노동자운동내에서 주요한 역할을 하고 있었지만, 실제로는 유럽내에서 유일하게 조직된 형태로 노동자 정치활동을 활발히 벌여왔던 영국의 챠아티스트 운동마저 자유부르주아 정당에게 흡수되는 등 당시의 유럽정세는 자본이 압도적으로 우세한 힘[30]을 행사하고 있었기 때문이다. 더구나 프랑스와 프로이센의 전쟁상황이 장기화됨에 따라 유럽반동의 보루인 제정(帝政) 러시아가 전쟁에 개입하여 유럽전체가 전쟁의 포연에 뒤덮이게 될 경우, 각국의 노동자들이 서로에게 총부리를 겨누게 되는 사태가 발생하는 것을 인터내셔날은 가장 우려했다. 따라서 마르크스가 파리노동자에게 권유한 내용과 당시의 정치정세는 혁명적 봉기와는 전연 거리가 멀었다. 아무튼 전 유럽차원의 '정치-군사적 위기'라는 불리한 조건하에서 파리코뮌이라는 역사상 초유의 사건이 발생했다.

이러한 상황은 누구도 예견치 못한 사태의 발전이었다. 파리코뮌은 당시 유럽 사회주의운동가들은 물론 일반 정치관측가들의 예측을 빗나가게 한 완전히 돌발적인 일로 프랑스에서 거의 연례행사처럼 있어 왔던 노동자와 자본의 대립이 도화선이 되어 혁명을 이끌어낸 것 또한 아니었다. 오히려 당시와 같은 조건하에서라면, 파리코뮌은 파리노동자들을 완전히 굴복시켜 더 이상 노예주에 대한 반란을 감히 꿈꾸지 못하게 하기 위해, 계급의 적 앞에서 하나가 된 프랑스 부르주아와 프로이센군의 이해관계가 일치하여 노동자들이 절망적 봉기이외는 달리 선택의 여지가 없도록 몰고 간 정치적 책략의 산물이었을런지도 모른다. 냉정히 따져볼 때, 고립된 조건하에서 다른 유럽나라들이나 적어도 프랑스 전역에서 혁명이 발생하지 않는 한, 코뮌의 군사적 패배가 충분히 예견될 수 있었던 상황이었음으로 우리는 코뮌의 봉기행위 그 자체가 정치적으로 미화될 필요는 없다고 생각한다. 마르크스 역시 "부르주아지의 마음을 범민케 하는 스핑크스인 코뮌" (*CW*20:328)이나 '우발사건들'이라는 용어로 파리코뮌에 대한 경이로움을

---

30) '파리코뮌' 수립 당시의 유럽의 정치정세에 대한 내용으로는 E. Hobsbaum (1983)『자본의 시대』, 정도영 譯, 한길사, 참조.

표시할 뿐 파리 노동자의 봉기행위 그 자체에 대해서는 별도의 유의미한 이론적 설명과 정치적 분석을 가하지 못하고 있는 실정이었다.

> 어떻게 당신은 1849년 6월13일자의 쁘띠부르주아 시위 따위를 현재 파리에 서의 투쟁과 비교할 수 있는 것인지, 나는 도저히 이해할 수 없습니다. 만 일 투쟁이 절대 확실한 유리한 기회의 여건 속에서만 이루어진다면, 세계사 창조는 진실로 매우 용이할 것입니다. 반면에 '우발사건들'이 아무런 역할도 하지 않는다면 세계사는 매우 신비한 성격을 지니게 될 것입니다. 이러한 우발사건들 자체는 자연스럽게 전반적인 발전과정속에 흡수되는 것이며, 아 울러 다른 우발사건들에 의해 상쇄되는 것입니다. 그러나 진행의 완급은 이 와 같은 '우발성'(accidents)에 크게 좌우되는 것이며, 여기에는 처음에 운 동의 선두에 서 있는 자들의 특성이라는 '우발적 요소'가 포함되어 있습니 다. 결정적이고 불리한 '우발성'은 이번에는 결코 프랑스 사회의 전반적 제 여건속에서가 아니라, 프랑스에서 등장한 프로이센인들과 파리 코 앞에 자 리잡은 이들의 위치에서 찾아져야 합니다(*CW*44:136-137).

마르크스는 코뮌정부가 종결될 즈음에야 비로소 사후적으로 파리코뮌의 역사적 의의와 그 성격을 일반화할 기회를 갖게 되었다. 파리의 노동자들 과 코뮌전사들이 봉기 행위를 통해 부르주아 공화정부에게 권력을 빼앗고 새롭게 국가권력을 조직한 일차적 원인은 이름 그대로 조국을 앞장서서 수 호해야 할 임무를 지닌 '국민방위정부'가 오히려 적군과 내통하여 프랑스 전역을 파멸로 이끌려는 시도에 맞서 자위권을 행사하게 된 일련의 군사적 상황이 촉발시킨 말 그대로 '우발성'이 사태를 지배하게 된 결과였다. 하지 만 코뮌정부는 단 두달의 정부수립이라는 매우 짧은 시기동안, 프랑스 대 혁명이래 근 100년동안 부르주아 정부가 실행에 옮기지 못한 민주적 개혁 을 과감하게 단행함으로써 혁명의 우발성을 코뮌정부가 수립될 수밖에 없 는 필연성으로 바꾸어 놓았다.

코뮌정부의 필연성이란 파리코뮌의 정치적 의의가 혁명을 통한 노동자 민중의 생존-생활기획, 즉 권리정치의 구현에 있었기 때문에 가능했던 측면이 컸다고 할 수 있다. 이러한 견해는 파리코뮌이 성립되어 실제로 행한 일이 무엇이었는가를 분석한다면 보다 설득력이 있을 것이다. 먼저 코뮌수립 직후 '파리코뮌 중앙위원회' 명의로 발표된 선언서를 보도록 하자.

> 통치(지배)계급의 쇠약과 배신의 한 가운데 있는 수도의 프롤레타리아트는 **공무(국가사무)의 지휘(관리)를 자신의 수중에 장악함으로써 상황을 수습하여야 할** 시간이 왔음을 알았다(……)모든 것을 생산하면서도 아무 것도 향유하지 못하는, 자신들의 노동과 땀의 결실인 생산물이 쌓여있는 가운데에서도 빈궁에 시달리는 노동자들(……)**그들이 자신들의 해방을 위한 사업에 힘쓰는 것이 영원히 허락되지 말아야 한단 말인가?**(……)자신들의 권리(rights)에 대한 항구적 위협, 자신들의 모든 정당한 열망의 절대적 부정, 조국과 자신들의 모든 희망의 몰락 등에 직면한 프롤레타리아트는 국가권력을 장악하여 자기자신의 운명을 자기수중에 넣고 자신의 승리를 확보하는 것이 자신의 긴박한 의무이며 자신의 절대적 권리(absolute right)임을 이해하였다(*CW*22:500).

그 무엇이 코뮌으로 하여금 스스로를 자기운명의 주관자로 만들었고 동시에 그러한 행위를 절대적 권리로까지 주장하게 하고 있는가? 그것은 사변적인 미사여구나 혁명적 공언이 아니라 실제로 그들이 행한 정책을 분석함로써만 올바르게 이해될 수 있을 것이다.

코뮌은 먼저 인민들의 정치적 권리신장을 가장 철저한 방식으로 단행함으로써 형식과 내용이 조응하는 형태의 민주주의, '인민에 의한', '인민을 위한', '인민의 정부'라는 민주주의적 이상을 구현하고자 한다.

> 코뮌은 시의 다양한 각 구에서 보통선거로 선출되어 시민에게 책임을 지며 즉시 소환 가능한 시의원들로 구성되었습니다. 그 구성원의 다수는 당연히 노동자들이었으며 또는 노동계급의 공인된 대표들이었습니다. 코뮌은 의회기구가 아니라, 활동하는 행정부인 동시에 입법부였던 것입니다(……)보통선거권은 3년 또는 6년에 한번씩 지배계급의 어느 위원이 의회에서 인민을 잘못 대표하게 될 것인가를 결정하는 대신에 각 꼼뮨에서 구성된 보통선거

는 인민에게 봉사하도록 되어있었습니다. 그것은 어떤 고용주가 자기 사업을 위해 노동자와 지배인을 구하는데 있어서 개인적 선택권이 자신에게 있는 것과 마찬가지입니다. 잘 알려진 바와 같이 회사들은 개인과 마찬가지로 실제적인 사업문제에 있어 적재적소에 적합한 사람을 쓰는 방법을 일반적으로 알고 있으며, 만일 한번 실수를 범하게 된다면, 이에 대한 즉각적인 시정방법을 알고 있습니다. 다른 한편으로 보통선거권을 위계적 서임으로 대체하는 것보다 코뮌의 정신에 더욱 생소한 것은 없을 것입니다(*CW*22:331-333).

코뮌이 실시한 제반 사회적 개혁안이란 엥겔스가 정확히 지적했듯이, 공화파 부르주아가 오로지 겁 때문에 통과시키지 못하였던 것이나, 노동계급의 자유로운 활동에 기껏해야 필수적인 기반을 제공하는 그러한 민주주의적 개혁정책들이었다. 노동계급은 코뮌으로부터 기적을 기대하지 않았다.

노동계급은 코뮌으로부터 기적을 기대하지 않았습니다. 그들은 인민의 명령을 통해 도입하게 될 아무런 기성 유토피아를 갖고 있지 않습니다. 노동계급은 자신들의 해방을 성취하기 위하여 그리고 이와 아울러 그 자신의 경제적 제 작용으로 인하여 현 사회가 어쩔 수 없이 지향하게 될 좀 더 고차적 형태를 성취하기 위하여 자신들이 오랜 투쟁과정을 거쳐야 하며 환경과 인간을 변모시키는 일련의 역사적 제 과정을 거쳐야 한다는 것을 알고 있습니다. 그들은 실현시킬 아무런 이상도 갖고 있지 않습니다마는 붕괴중인 부르주아 구사회 자체가 잉태한 신사회의 제 요소를 해방시킬 이상을 지니고 있습니다(*CW*22:333).

파리코뮌이 실행에 옮긴 정책은 부르주아 사회의 기반을 직접적으로 뒤흔드는 것이라기 보다는 프랑스 인민들의 권익을 옹호하고 실제화하는 권리정치의 연장선에서 제시된 것이 그 대부분이다.

코뮌은 부유한 자본가만을 제외한 상점주, 수공업자, 상인들의 대다수 파리 중산계급에 의해서조차도 노동계급이 사회를 선도할 수 있는 유일한 계급으로 공공연히 인정되었던 최초의 혁명이었습니다. 코뮌은 중산계급 자체내에서 논쟁 재발의 요인을 항상 지니고 있는 채무자, 채권자간의 결산에 대한 현명한 조정안을 통하여 이들을 구제하였던 것입니다(……)코뮌의 승리는 농민들의 유일한 희망이라고 농민들에게 말함에 있어 코뮌은 완전히 옳았습니다(……)코뮌은 혈세에 찌든 농민을 구했을 것입니다. 그리고 농민에게 돈이 적게 드는 정부를 선사했었을 것이며, 현재 농민들의 피를 빨아먹는 공증인, 변호사, 집달리 및 다른 법무관계 종사 흡혈귀들을 농민에 의해 선출되고 농민에 대하여 책임을 지닌 코뮌의 유급집행인으로 바꾸어 버렸을 것입니다(……)코뮌의 위대한 사회적 조처는 코뮌 자체가 행동으로 존재한다는 것이었습니다. 코뮌의 개개 조치들은 인민에 의한 인민정부의 성향을 예시하지 않을 수 없었습니다. 이러한 것들에 속하는 것이 직인 제빵공의 야간 작업 폐지, 그리고 위반시 처벌되는 일로써 고용주가 잡다한 구실로 자기 고용인들로부터 벌금을 징수함으로써 임금을 삭감하는 관행의 금지 등 입니다(……)노동계급의 또 한가지 법령은 개개 자본가가 도망쳤든 조업중단을 원했든간에 폐쇄된 모든 작업장과 공장을 노동자 협동조합에 보상을 조건부로 양도하는 것이었습니다(*CW* 22:336-339).

이 글은 위 인용문 가운데, 마지막 문장 즉 코뮌이 내린 결정들 중 하나가 "개개 자본가가 도망쳤든 조업중단을 원했든간에 폐쇄된 모든 작업장과 공장을 노동자 협동조합에 보상을 조건부로 양도하는 것"이었다는 사실에 주목하고자 한다. 이 얘기는 거꾸로 말하면, 도망치지 않았거나, 조업중단을 하지 않은 자본가의 작업장과 공장은 폐쇄하지 않고 생산을 계속 허용했다는 말이기도 하다. 여기서 중대한 모순이 발생하는데, 그 이유는 정치-사회적으로는 코뮌정부에 의해 노동자의 생존-생활기획의 실현이라는 차원에서 무한한 정치, 사회적 권리의 확장이 이루어지고 있는 반면 경제적 생산의 영역에서는 여전히 근대부르주아의 착취기획이 작동하고 있기 때문이다.

엥겔스가 코뮌의 심각한 정치적 실수라고 말했던 부분, 즉 "프랑스 은행 정문 밖에서 존경스런 마음으로 서 있으면서 가졌던 신성한 외경심으로 인해 코뮌이 자기수중에 있던 은행을 적절히 정치적으로 활용하지 못했다"(*CW*27:185)고 언급한 것 역시 이러한 모순범주를 크게 벗어나지 않은 것으로 생각된다. 왜냐하면 엥겔스는 위의 언급에 이어서 바로 "코뮌의 수중에 있는 은행, 이것이야말로 만 명의 인질보다 더 가치가 있었을 것이며, 그것은 프랑스 부르주아지 전체가 코뮌과의 평화를 희망하여 베르사이유 정부에 가하는 압력을 의미했었을 것"(*CW*27:187)이라고 말하고 있기 때문이다. 엥겔스 역시 이처럼 파리은행에 대한 코뮌의 통제를 부르주아적 경제질서 그 자체를 흔드는 당장의 사회화 조치라기 보다, 파리코뮌정부를 프랑스 부르주아들로 하여금 인정하게 하고 합법화하기 위한 정치적 압력 수단으로 권유하고 있다. 따라서 마르크스의 다음 언급들은 실제로 작동했다기 보다 이론적 단상의 수준에서 파리코뮌의 미래와 발전전망을 다루고 있는 셈이다.

코뮌제도는 사회의 자유로운 운동을 희생시켜 생존하고 또한 이를 방해하는 국가라는 기생충에 의하여 여태까지 흡수된 모든 힘을 사회조직체에 복귀시켜 주었을 것입니다(……)코뮌에 대한 다양한 해석과 코뮌을 호의로 해석하는 다양한 관심은 이전의 모든 정부형태가 억압적이어왔던 반면에 코뮌이 철저하게 개방적인 정치형태임을 보여주고 있습니다. 코뮌의 진정한 비밀은 이것이었습니다. 코뮌은 본질적으로 노동계급의 정부였으며, 생산계급의 착취계급에 대한 투쟁의 성과였으며 노동자에 대한 경제적 해방이 이루어질 최종적으로 발전된 정부형태였던 것입니다. 이 마지막 조건을 제외한다면 코뮌제도는 불가능과 망상이었을 것입니다. 생산자의 정치적 지배는 생산자에 대한 사회적 노예제의 영속화와는 병존할 수 없는 것입니다. 그런고로 코뮌은 제 계급의 존재에 근거하는 따라서 계급지배의 존재에 근거하는 경제적 기반을 뿌리뽑기 위한 지렛대 역할을 담당하였던 것입니다. 해방된 노동과 함께, 만인이 노동자가 되고 생산적 노동은 하나의 계급적 속성이기를 멈추게 되는 것입니다(……)이러한 표현들이 외쳐댄 바는 코뮌이 모든 문명의 기반인 재산의 철폐를 의도하고 있다는 것이었습니다. 그렇습니다, 신사여러분, 코뮌은 다수의 노동을 소수의 재산으로 만드는 바로 그 계급재산을 철폐하고자 의도하였던 것입니다. 코뮌은 착취자에 대한 착취를 목표로 했던 것입니다(*CW*22:333-335).

마르크스가 『프랑스에서의 내전』을 파리코뮌이 끝난 이후에야 쓸 수 있었던 사정을 감안한다면, 따라서 코뮌설립의 궁극적 목표인 '착취자에 대한 착취'가 하나의 가능성으로만 존재했지 실제로 그런 것은 아니었기 때문에 이 글은 마르크스의 이행기 사회에 대한 이론적 단상수준의 언급들을 마르크스의 권리정치의 연장에서 재구성하는 식으로 '징후적 독해'를 해야 할 것이다.

이 글은 우선 마르크스의 언급을 빌어 파리코뮌정부가 실제로 했던 일과 하지 못한 일 또는 미래에나 가능했을 일을 구분하고자 한다. 혁명을 통해 부르주아 국가 권력을 폐절한 코뮌이 실제로 행한 조치들이란 '직인 제빵공의 야간 작업 폐지'나 '고용주가 잡다한 구실로 자기 고용인들로부터 벌금을 징수함으로써 임금을 삭감하는 관행의 금지'등 민주적, 혹은 사회적 권리의 보편적 실현과 확장이었다. 이와 달리 마르크스는 부르주아의 사회 –경제적 생산기반으로서의 사적 소유의 권리 그 자체를 공격하는 일은 현재형이 아니라 미래형으로 설정된다. 그것은 "노동자에 대한 경제적 해방이 이루어질(to work out)", "모든 문명의 기반인 재산의 철폐를 의도하는(intends to)", "착취자에 대한 착취를 목표(aimed)"로 하는 식으로 표현되는 것이다. 이러한 모순을 의식한 듯 마르크스 또한 '생산자의 정치적 지배 형태'인 파리코뮌은 '생산자에 대한 사회적 노예제의 영속화'인 근대부르주아 사회와는 '병존할 수 없는 것'으로 규정한다. 그러나 정작 실제의 파리코뮌하에서는 노동자 정부의 민중민주주의적 지배와 부르주아적 생산양식이 병존하지 않았던가.

따라서 상술한 분석은 비록 노동자들이 정치권력을 장악하여 국가라는 공동체를 구성할 수 있는 정치적 권리를 획득했을 때조차 사회적 생산을 계획적으로 조직하는 일은 그것이 실제로 가능한 사회–경제적 조건이 확보될 수 있을 때 가능할 수 있다는 것을 지적한 것으로 받아들여져야 한다. 한 사회가 노동과 생산을 사회적 계획에 입각해서 실제로 조직할 수 있는 가의 여부는 다음과 같은 두 가지 전제조건을 필요로 하는 것으로 여겨진다.

첫째, 그것은 사회적 통제의 욕구가 부르주아적 생산기획의 외부에서 노동자의 생존－생활권기획을 통해 발생했을 때나 가능한 일이다.

둘째, 그러한 욕구가 발생하기 위해서 조차 직접적 생산자인 노동자계급에 의한 사회적 생산과 노동과정의 민주적 통제는 사회적 노동생산력이 그만큼 발전했을 때나 실제 가능한 전망으로 제출된다. 근대부르주아 사회가 지양될 수 있는 현실적 길이란 정치적으로는 자본의 착취기획, 즉 사회적 노동활동 규정만을 특권화하는 시간기획에 대항하여 노동자－민중의 생존－생활권 실현이라는 독자적 시간기획을 통해 정치－사회적 권리의 무한확장을 가져오는 것과 함께, 경제적으로는 사회적 생산력 발전을 그 극한까지 밀어붙일 때나 가능할 수 있다. 정치와 경제의 현실 역사에서의 이러한 부조응때문에 그만큼 이행기에 대한 정교하고 섬세한 분석이 더욱 요망되는 것이다.

그런데 여기서 우리가 이론적으로 유의해야 할 점은 사회적 생산을 새롭게 조직하여 생산력발전을 가져오는 계기란 결코 소위 ‘인민들의 노동자발성’을 통한 ‘인민공사’, ‘수보트니크’, ‘천리마운동’등 집산주의적 노동동원체계를 조직한다고 해서 달성될 성질은 아니라는 것이다. 이것을 알 수 있는 과학적 고찰방식은 오직 시간의 주제화라는 문제설정을 통해서만 가능하다. 자본의 사물권에 적대하여 발전하는 노동자－민중의 사회적 생존－생활권 요구 역시 사회적 시간기획의 형식을 통해서만 실현될 수 있다. 그러나 부르주아와 노동자계급의 시간기획에 사이에는 중대한 차이점이 있다. 근대사회에서는 시간기획이 가치형태라는 형식으로 그 자체로 자립화된 채 인간의 삶이라는 내용을 지배했다면, 부르주아 사회를 넘어선 사회에어서는 이와 반대로 사회구성원들이 향유해야 할 권리의 내용이 사회적 시간기획의 형태를 규정할 것이다.

근대부르주아 사회이건, 파리코뮌이건, 아니면 소비에트 러시아건 인간의 사회적 노동생산력 발전을 표시할 수 있는 계측기란 한 사회가 가용할 수 있는 사회적 총시간 가운데 얼마만큼을 물질적 생산활동에 덜 투여하느냐, 다른 말로 사회적 필요노동시간을 얼마나 단축시키느냐의 여부에 달려 있는 것이다. 이것은 다른 말로 노동이 그만큼 생산적으로 되었다는 사실, 그리고 보다 적은 노동시간만으로도 사회적 생존과 삶을 충분히 가능하게 할 수 있는 생활수단을 확보할 수 있게 된다는 것을 의미한다. 차이가 있다면, 근대부르주아 사회에서는 사회적 노동시간의 단축이 자본축적이라는 부르주아적 시간기획의 목표로 인해 사회구성원들 다수의 생존을 위협하며, 사회적 생산력의 대량파괴를 의미하는 구조적 실업사태로 현상한다는 점이다. 그러나 구조적 대량실업사태 역시 그 이면을 들여다보면, 사회적 노동이 범용화-보편화되어 숙련이 노동능력을 결정하지 않는 대신, 보편적 고등교육 체계를 통해 지적 능력을 갖춘 사회적 보편노동자가 이행기 사회의 대중적 주체로 자리매김 되어야 한다는 사실을 함께 지시해 주는 것이라 하겠다.

마르크스가 파리코뮌의 정치에 대한 분석을 통해 말하고자 한 이행전략의 핵심은 당시와 같은 조건하에서 노동자정부가 유지될 수 있는 최선의 길을 프랑스가 도달한 사회적 생산력 발전수준을 감안하여 경제적 관계영역에서 착취자의 권리를 탈권하여 사회적 계획경제를 단행하는 식의 급속한 경제적 민주주의 조치라기 보다는 장래에 그것을 실현시킬 수 있는 확고한 정치적 기반으로서의 사회적 민주주의의 무한 확장에서 발견하고자 한 것이다. 이와 달리『고타강령비판』등의 저작은 여기서 한 걸음 더 나아가 권리정치의 원리를 이행기 또는 이행기 이후의 사회에까지 포괄해서 좀 더 이론적으로 그리고 보다 일반론적으로 해석한 것으로 간주할 수 있다.

이 글의 문제의식에 비추어 볼 때『고타강령비판』의 주요한 이론적 특징은 마르크스가 사회적 시간기획을 통해 표상하는 권리의 정치를 이행기 문제와 관련해서도 계속 언급하고 있는 데서 찾을 수 있다. 노동자계급의 권리정치와 관련된 마르크스의 분석은 그 범위에 있어서 근대부르주아 사회의 지평을 넘어 이제 이행기 사회에까지 확대-적용되기에 이른다.

마르크스는『자본』에서 사회적 시간기획과 이행의 기획을 명시적으로 연관짓는 문제의식을『자본』의 처음과 마지막, 즉 제Ⅰ권의 첫부분인 제1편 1장과『자본』제Ⅲ권의 마지막 부분이라 할 수 있는 제7편 53장에서 서술하고 있다. 마르크스는 이미 『자본』의 연구노트인 『요강』에서 사회적 노동시간을 어떻게 기획하느냐의 문제가 근대부르주아 사회이후의 생산에 있어서도 중요하다는 점을 언급한 적이 있다.

우리가 공동체적 생산을 가정한다면, 시간요인은 자연스럽게 핵심적인 것으로 된다. 한 사회가 옥수수, 가축 등을 생산하는데 시간을 적게 들이면 들일수록, 더 많은 시간을 물질적으로나 정신적으로 여타의 생산물을 산출하는데 쓰일 수 있다. 개인들과 마찬가지로, 그러한 사회의 발전과 향유와 활동의 전 포괄성은 시간의 저축에 의존한다. **궁극적으로, 모든 경제는 시간의 경제, 즉 시간의 절약이 관건이다.** 한 개인이 그의 활동에 대한 다양한 요구를 만족시키기 위해 또는 적절한 비율로 지식을 획득하기 위해서 그의 시간을 정확하게 할당해야만 하는 것과 마찬가지로, 사회 역시 그의 시간을 적절하게 배분하여 그 사회의 총 욕구에 조응하는 생산을 획득해야만 한다. 따라서 다양한 생산분야들 사이의 노동시간의 계획적 배분과 같은 **시간의 경제는 공동적 생산의 근거위에서 첫 번째 경제법칙**으로 남는다. 그것은 정말 상당한 정도로 법칙이 된다. 그러나 이것은 노동시간에 의한 교환가치(노동 혹은 생산물)의 측정과는 본질적으로 다르다. 동일한 노동부문내에서 개인들의 노동과 서로 다른 다양한 종류의 노동은 양적으로는 물론 질적으로도 서로 다르다. 사물들간에 단지 양적 차이란 것은 무엇을 전제로 하는가? 그것은 그들 성질의 동일성이다. 따라서 노동의 양적 척도는 그들 질의 동일성, 등가성을 전제로 한다(*CW*28:109)(강조는 인용자의 것).

노동시간의 계획적 배분은 근대이후의 공동체적 생산에 있어서도 중요한 경제요소이다. 그렇다면 두 가지 형태의 사회적 노동시간 배분방식, 즉 노동의 양적차이에 의해 가치형태로 현상하는 부르주아의 사회적 노동 시간기획과 질적차이에 의해서도 주제화되는 노동자계급의 생산의 기획은 어떤 점에서 차별성을 지니는가? 그것은 주로 사회적 생산의 목표의 차이에 의해 주어질 것이다. 이것을 사회적 시간기획의 차이라는 관점에서 조망해보면, 자본의 시간기획은 노동과정의 기획을 통해 사회를 재구조화하는 생산의 기획, 즉 필연의 기획이라 할 수 있다. 반면 노동자의 시간기획은 생산외부의 가처분 시간으로 구성되는 다종다양한 욕구의 영역에서 생산과 노동을 규정하려는 생활의 기획, 즉 자유의 기획이다. 자유의 영역에서 발생하는 사회적 욕구란 그 양적 측면에서만 차이가 나는 것이 아니라, 더욱 중요하게는 질적인 면에서도 같을 수 없기 때문에 노동의 내용 역시 질적 차이를 갖게 되는 것이라고 말 할 수 있다.

탈근대사회의 노동의 성격이 양적 차이는 물론 질적 차이를 지니게 됨은 분명하지만, 그러한 노동 역시 물질적 생산으로서의 사회적 노동의 형태를 띠게 되므로 특정한 시간기획의 연속선상에 있어야 함은 주지의 사실이다.31) 이는 노동이 시간의 경제에 의해 양화되는 현상 그 자체에 대해서 우리가 적대적 태도를 취할 필요는 없다는 얘기이기도 하다.

> 자본주의적 생산양식을 철폐한 후에 그러나 여전히 사회적 생산을 유지하는 단계에서 노동시간의 규율, 다양한 생산집단사이의 사회적 노동의 분배 및 궁극적으로 이 모든 것을 포괄하는 부기(簿記)는 그 어느 때보다도 본질적이 된다는 의미에서 가치의 결정은 계속 통용된다(*CW*37:851).

마르크스는 이행기 사회에서 노동시간이 지니는 이중적 의미에 대해 다음과 같이 규정한다.

> 공동의 생산수단으로 노동하면서 자신들의 많은 개인적 노동력을 하나의 사회적 노동력으로서 자각적으로 지출하는 자유인들의 공동체를 생각해보자(……)상품생산과 대비시켜보기 위해서 여기서는 다만 각 생산자에게 돌아가는 생활수단의 배당이 각자의 노동시간에 의해 규정된다고 전제하자. 그렇게 하면 노동시간은 이중의 역할을 수행하게 된다. 사회적으로 계획된

---

31) 이와 달리 헬러는 노동과 생활을 모두 '필요체계'라는 틀 속에 통합해서 고찰할 것을 제안한다. 이처럼 노동과 생활을 혼재하는 것은 겉보기에는 혁신적인 제안같지만, 실제로는 부르주아사회에 대한 문제설정과 그속에서의 노동－생산의 지형도를 고려하지 않고 마르크스의 이론을 재구성한다는 측면에서 '노동의 인간학'적 논의에서 벗어나 있는 논의는 아니다. A. Heller (1990)『마르크스에 있어서 필요의 이론』, 강정인 譯, 인간사랑, 113~114쪽 참조.

노동시간의 배분은 다양한 욕망에 대한 각종 노동기능상의 정확한 비율을 규제한다. 동시에 다른 한편으로 노동시간은 생산자의 공동노동에 대한 개인적 참가도를 재는 척도로서 이용되고 그리하여 공동생산물 가운데에서 개인적으로 소비할 수 있는 부분 가운데 생산자의 개인적인 몫을 재는 척도로서도 이용된다. 여기서는 사람들이 자신들의 노동이나 노동생산물에 대해서 갖는 사회적 관계가 생산에 있어서나 분배에 있어서나 한결같이 투명하고 단순하다(*CW*35:82-83).

마르크스는 탈(脫) 부르주아 사회내에서 이루어지는 생산 및 노동생산물의 분배 역시 사회구성원들의 직접적 노동시간이 배분되는 형태의 사회적 시간기획에 입각해 구성된다는 것을 명백히 한 후, 생산과 생활의 접속방식에 대해 분석한다.

자유의 영역은 사실상 궁핍과 외적 합목적성에 의하여 지시되는 노동이 없어지는 곳에서 비로소 시작된다. 따라서 그것은 사물의 본성으로 보아 본래의 물질적 생산분야의 맞은 편에 있는 것이다. 미개인이 자기의 욕망을 충족시키며 자기의 생활을 유지하고 재생산하기 위하여 자연과 투쟁하지 않을 수 없듯이, 문명인도 그러한 투쟁을 하지 않을 수 없으며, 어떠한 생산양식하에서도 그러한 투쟁을 하지 않을 수 없다. 인간이 발전함에 따라 이 자연적 필연의 영역이 확대되는데 그것은 인간의 욕망이 확대되기 때문이다. 그러나 동시에 욕망을 충족시키는 생산력도 확대된다. 이 영역에서의 자유는 오직 사회화된 인간, 연합된 생산자들이 자연과 자기들의 물질대사를 합리적으로 조절하고 이 물질대사가 맹목적인 힘으로 그들을 지배하지 않도록 자기들의 공동통제 밑에 두며, 가장 적게 힘을 들이고, 그들의 인간성에 가장 알맞고, 가장 적합한 조건하에서 물질대사를 수행하는 데만 있을 수 있다. 그러나 이것은 여전히 역시 필연의 영역이다. 필연의 영역의 맞은 편에서 자체 목적으로서의 의의를 갖는 인간의 힘의 발전이 시작되고 자유의 진정한 영역이 시작된다. 그러나 자유의 영역은 이 필연의 영역을 토대로 해서만 꽃피울 수 있으며, 무엇보다 노동일을 줄이는 것이 기본조건이다(*CW*37:820).

위 인용을 통해 우리는 이 글을 통해 이미 논의된 적이 있는 이행기 사회의 성격과 관련된 중요한 이론적 내용이 분석되고 있음을 알 수 있다. 그러한 논의의 핵심은 탈근대적 이행이란 노동 또는 생산영역만의 성격변화를 통해서는 성취될 수 없다는 점이다. '자발성에 의한 코뮌주의적 노동'이건, '디오니소스의 자유로운 노동'에 기반한 '자기가치증식'이건, 노동은 여전히 물질적 생산으로서의 노동이며, 그런 한에서 자유의 왕국, 즉 진정한 인간적 생활영역은 외적 합목적성에 의하여 지시되는 노동이 없어지는 곳에서 비로소 시작된다. 같은 이유에서 사회적 노동은 근대사회라는 협소한 지평을 넘어선다 하더라도 여전히 '필연의 영역'에 속한다. '필연의 영역'의 맞은 편에서 그 자체의 목적을 갖는 인간의 진정한 힘의 발전이 시작되고 '자유의 진정한 영역'이 시작될 수 있다는 것, 그럼에도 불구하고 이러한 '자유의 영역'은 '필연의 영역', 즉 사회적 노동을 토대로 해서만 꽃피울 수 있기 때문에 노동일 단축이 주요한 전제조건이라는 언급속에서 우리는 마르크스 정치이론 특유의 유기적 동학이 이행기 이론속에서도 고도화되어 표현되고 있음을 발견할 수 있다.

마르크스는 이행기 정치를 이론적으로 구성하는 문제에 있어서도 이처럼 노동을 통한 사회적 생산력 발전, 시간기획, 사회적 권리의 확장이라는 세 가지 문제를 유기적으로 연관짓고 있는 것이다. 이 글은 앞절의 논의를 통해 노동자 계급의 권리정치의 맥락에서 지시되는 시간기획이란 노동일 그 자체, 즉 사회적 노동시간의 감축에 있다는 사실을 예증한 바 있다. 그런데 그것이 가능할 수 있는 조건이란 사회적 노동생산력발전과 아울러 궁극적으로는 생활이 생산을 규정하는, 마르크스식으로 표현하면 풍부하고 다양한 질을 갖는 현실인간의 사회적 욕구의 세계인 자유의 영역이 물질적 생산의 영역, 노동세계인 필연의 왕국을 규정할 때 뿐이다. 마르크스는 노동, 시간, 권리라는 세 가지 이론적 주제를 통해 노동자 운동이 지향해야 할 과학적 정치강령을 정초하는데, 그 대표적 저작이 바로『고타강령비판』이다.

『고타강령비판』에서 마르크스는 이행기 사회가 사회적 노동시간의 기획에 있어서 부르주아의 착취기획과 다르다는 점을 분명히 한다. 사회적 노동시간이 설정되는 방식부터 근대 부르주아 사회의 시간기획인 노동시간을 필요노동과 잉여노동시간으로 구분하는 것과는 차이가 있다. 이행기 사회의 사회적 시간기획과 관련하여 의미있는 것은 적정한, 그러나 계속 감축추세에 놓이게 될 잉여노동과 필요노동을 모두 포괄하는 보편적 성격의 사회적 노동시간이다.

> 생산자 개개인은 정확히 그가 사회에 주는 것만큼, 공제할 것을 공제한 후에 사회로부터 돌려받게된다. 그가 사회에 준 것은 그의 개인적 노동량이다. 예컨대 **사회적 노동일은 개인적 노동시간의 총계**이며, 각 생산자의 개인적 노동시간은 사회적 노동일 중 그가 제공한 부분, 즉 사회적 노동일 중의 그의 몫이다(*CW*24:86).

합리적 기초위에서 설정되는 사회적 노동시간이란 매우 적은 크기임에 틀림없지만, 사회적 노동시간에는 노동자 자신과 가족의 생활을 위한 생활수단의 몫과 공동체를 운영할 생산기금 및 사회기금이 포함되며, 무엇보다도 중요한 것은 노동시간이 부르주아사회에서처럼 필요노동시간과 잉여노동시간으로 분리되지 않을 것이라는 점이다.

마르크스는 공산주의의 낮은 단계인 사회주의내에서 생활수단이 배분되는 원리와 관련하여 권리정치적 논지를 전개한다. 마르크스는 먼저 생활수단이 분배되는 방식이 '동등한 권리'에 입각한 것임을, 그리고 자신이 말하는 동등한 권리규정이 그 내용에 있어서 여전히 부르주아적인 권리의 성격을 띠는 것임을 명백히 한다. 그 이유는 생산자들 각각의 노동에 비례한 권리기준이란 그 동등함의 기준이 사회구성원들이 수행한 '노동량'에 의해 규정되는 것이기 때문이다.

여러 진보에도 불구하고 동등한 권리는 여전히 부르주아적 한계를 벗어나지 못하고 있다. 생산자들의 권리는 그가 제공하는 노동에 비례한다. 평등은 동등한 척도, 즉 노동으로 측정된다는 데 있다. 그러나 어떤 사람은 다른 사람보다 육체적 또는 정신적으로 뛰어나서 같은 시간안에 더 많은 노동을 제공하거나 아니면 더 오랫동안 노동할 수 있다. 그런데 노동이 척도 노릇을 하자면 그 길이와 강도가 일정해야 한다. 그렇지 않으면 그것은 척도가 될 수 없다. 이 동등한 권리가 불평등한 노동에 대해서는 불평등한 권리인 것이다. 이 권리는 어떠한 계급적 차이도 인정하지 않는다. 왜냐하면 모두가 다 같이 노동자에 지나지 않기 때문이다. 그러므로 그것은 모든 권리가 다 그렇듯이 그 내용상 불평등의 권리인 것이다(*CW*24:86).

마르크스는 동등한 권리가 사실상 불평등의 권리임을 직시한다. 그러나 이러한 불평등은 계급적 차이를 인정하지 않은 채, 오직 개별 노동자들이 지니고 있는 노동능력의 차이만을 인정하는 한에서만 발생하는 불평등이다. 여기서는 단순노동과 복잡노동, 그리고 고도의 기능을 요하는 정신노동(예를 들어 의사나 과학자)과 육체노동의 차이가 인정된다. 따라서 일정한 시간과 강도라는 동일척도로 이들이 수행한 노동을 측정할 경우 그 성과에 있어서 차이가 발생함으로 소비재의 분배량 역시 차이를 지니게 되는 것은 당연하다.

마르크스는 동등한 노동능력을 갖고 있는 노동자라 할지라도 그가 처해 있는 개인적 상태, 예컨대 가족 수(數)등에 따라 동일한 노동에 따른 동등한 권리란 사실상 불평등한 것이기에, 이러한 폐단을 피하자면 권리가 오히려 동등하지 않고 차등적으로 불평등하게 적용될 때 실질적 평등이 달성될 수 있다는 견해를 피력한다. 마르크스는 권리가 적용되는 정치적 메커니즘이 추상적이서는 안된다는 것, 다시 말해서 사회발전의 실제적 토대위에서 작동하는 구체적 권리어야만 사회구성원 모두가 인정할 수 있는 공통의 기반위에서 '사회정의'가 실현될 수 있다는 사실을 적시함으로써 이행기의 정치를 권리정치이론의 관점에서 설정함과 동시에 추상적 자연권 이론의 한계를 일거에 뛰어넘는다.

권리라는 것은 본래 똑같은 척도를 적용하는 경우에만 성립할 수 있다. 그런데 불평등한 개인들 (만일 그들이 불평등하지 않다면 서로 다른 개인들이 아닐 것이다)이 똑같은 척도로 측정될 수 있다면 그것은 그들을 똑같은 관점에서 보는 경우, 즉 어떤 특정한 측면에서 파악하는 경우에 한해서 이다. 예컨대 여기서는 그들이 단지 노동자로만 간주되고 그 이상의 것은 무시되며 다른 모든 측면은 일체 도외시되는 것이다. 더구나 어떤 노동자는 결혼하였는데 다른 노동자는 결혼하지 않았고, 어떤 노동자에게는 아이가 많은데 다른 노동자에게는 적다든가 하는 일, 똑같은 노동을 하고 따라서 사회적인 소비기금에서 똑같은 몫을 갖고 있음에도 불구하고 어떤 사람은 다른 사람보다 실제로 더 많이 받으며 다른 사람보다 더 풍족하게 된다든가 하는 일, 이 모든 폐단을 피하자면 권리가 동등하지 않고 오히려 불평등해야 할 것이다. 그러나 오랜 산고 끝에 자본주의 사회로부터 막 생겨난 공산주의 사회의 첫 단계에서는 이러한 폐단이 불가피하다. 권리가 사회의 경제제도 및 그 제도의 제약을 받는 문화발전보다 더 높을 수는 결코 없기 때문이다(*CW*24:86-87).

지금까지의 논의를 통해 이 글은 이행기의 마르크스의 권리정치이론과 관련해서 중요한 이론적 함의를 발견할 수 있는데, 그것은 근대부르주아사회를 정치-사회적으로 변혁하는 이행의 정치란 결국 동등한 권리라는 부르주아적 권리를 극한까지 밀어붙이는 일이라는 사실이다.

마르크스가 말한 동등한 권리는 사회구성원 모두가 자신의 노동량에 비례하려 사회적 삶을 영위할 수 있는, 즉 노동이 유일한 권리척도가 된다는 사실을 의미한다. 그러나 근대부르주아 사회의 권리체계와 이행기의 권리정치의 차이점은 이행기 사회내에서 실현되는 동등한 권리란 어디까지나 사회적으로 활동적인 개인의 삶을 영위하기 위해 자신의 생활수단을 취득을 목적으로 사회적 노동에 참여하기 때문에 문제되는 것이지 노동활동에 생활이 종속되는 자본의 착취기획에서 연유한 것은 아니라는데 있다. 이행기 사회에서도 자신의 사회적 노동량에 비례하여 개인의 권리가 규정되기는 하지만, 사회적 노동생산력 발전의 진척정도에 따라 새롭게 구성되는 권리기준은 점차 노동량이 아니라 생활욕구에 의해 동등한 권리 역시 불평등한 권리체계로 전화될 수 있다는 점에서 근대사회와는 질적 차별성이 존재하는 것으로 규정할 수 있다.

마르크스의 권리의 정치이론은 이처럼 노동과 사회적 생산력 발전, 그리고 이에 조응하는 권리체계라는 유기적 구성을 통해 형성된 것이다. 그러나 근대 부르주아 사회에서는 이러한 세 가지 요소가 정합성을 띠는 것이 아니라, 오히려 적대성하에서 결합된다. 그 이유는 부르주아와 노동자계급 간의 사회적 시간기획사이의 적대성 때문이다. 자본의 인격적 담지자인 부르주아는 착취와 노동의 시간만을 겨냥하여 기획된 자본축적을 통해 자신의 권리를 실현하려는 계급인 반면, 노동자 계급은 임노동이라는 부르주아 사회에서의 유일한 사회적 노동활동규정을 생존수단 취득의 기초로밖에 간주하지 않기 때문이다.

지금까지의 논의를 바탕으로 이 글은 사회적 노동활동, 즉 생산행위라는 측면과 여타의 사회적 활동의 정점에 있는 정치행위 등 다양한 사회적 실천편제를 분석기준으로 각각의 사회구성체의 발전양상을 구분해 보고자 한다. 물질적 생산활동으로서의 노동과 정치행위 등 인간과 인간이 맺는 사회적 제반 활동과의 관계를 문제삼는 것은 마르크스를 포함해 아리스토텔레스 이래 헤겔 등 소위 '실천철학자'들의 주요한 논구대상이었다.

본원적 소유양식인 공동체로부터 발생한 계급사회는 일반적으로 고대노예제와 중세봉건제 사회, 그리고 아시아적 생산양식의 사회가 대표적 사례에 해당한다. 고대 계급사회에서 상대적으로 정교한 사회이론은 플라톤과 아리스토텔레스의 '사회유기체론'에서 발견된다. 이들에게 고대 사회는 기본적으로 귀족제의 성격을 띤 것이었다. 사회는 하나의 유기체로 설정되며, 각각의 사회집단은 신체의 구성부분과 유사한 사회적 기능을 배당받는다. 사회구성의 기본원리는 결국 유기적으로 결합된 인간의 사회적 활동을 서로 다른 인간집단들에게 배분하는 식의 사회적 노동분업이다. 그러한 이론은 지식권력을 독점한 귀족계층이 피지배 계급의 통치를 위해 요구되는 정신노동 일반, 예컨대 정치, 철학, 예술, 여가 등 개인적 도야를 위한 실천활동을 그들만의 사회적 활동으로 전유하는 반면 평민과 노예계급은 천역, 즉 기계적인 생산활동에 종사케하는 식의 카스트적 성격의 신분제도의 완성을 목표로 하는 것이다.[32]

근대 사회는 정치적으로 평등한 일반적 권리를 통해 정치적 특권이 보편화된 고대사회에 대한 직접적, 그러나 부정적 안티테제로 발생한 것이다. 대상적인 사회적 실천으로서의 자유로운 노동활동 규정을 그 모든 자연적 한계와 사회적 속박으로부터 해방시켜 일반적 권리로 승격시킨 부르주아의 근대프로젝트는 노동의 인간학과 생산의 유물론으로부터 직접 도출된 것이긴 하지만, 직접적 생산자를 그 모든 사회-경제적 억압과 속박으로부터 해방시키기 위한 정치적 기획은 아니었다.

근대사회의 가장 큰 특징은 지배계급, 곧 귀족이 노동생산물의 주된 소비자 혹은 향유자였던 고대사회와는 달리, 부르주아 계급 자신이 사회적 생산활동의 조직자로 부상했다는데 있다. 헤겔은 근대부르주아의 출현과정과 역사적 의의를 유명한 '주인과 노예의 변증법'을 빌어 전개했다. 헤겔 논의의 핵심은 주인과 노예의 인정투쟁과정에서 정신의 소유자인 주인보다는 노동활동의 담지자인 노예가 오히려 자립적 의식의 소유자로 주인의 의식이 결국 자기의 것임을 체득하게 된 결과, 주인의식을 지닌 노동주체, 즉 부르주아 계급으로 구현되기에 이른다는 것이다.[33] 이러한 견지에서 볼 때

---

32) 아리스토텔레스는 귀족주의적 정치체제를 이상적 형태로 제창한다. 이러한 귀족제를 통한 폴리스 정치의 보수는 윤리적 정치세계와 노동 세계에 종사하는 계층의 급격한 분리와 이원화된 활동의 구상이며, 정신활동과 육체활동을 전혀 다른 인간에게 배속시키는 정치기획이다. 따라서, 이러한 구상은 마르크스에 따르면 "생각없는 활동과 활동없는 생각"(*CW*5:45.f.n.3)으로 양극화하는 사회적 노동분업기획이다. 아리스토텔레스의 사회적 노동분업 구상으로는 Aristotle (1952) *The Politics of Aristotle*, ed. and trans., Ernest Barker, London: Oxford University Press, 1328b, 1329a ff. 참조.

33) 헤겔은 『정신현상학』의 「자기의식」편에서 노예, 즉 노동하는 비자립적 존재가 어떻게 자립적인 주인의 의식을 획득하고 최종적으로 대자적 존재로 형성되어 근대적 상공계급을 형성하기에 이르는가에 대해서 고찰한다. '주인과 노예의 인정투

헤겔의 『정신현상학』은 근대상공계급의 역사적 탄생을 알리는 거대한 매타
-서사로 간주될 수 있다.

사회구성원 대부분이 자신의 삶을 영위할 생산수단을 박탈당한 결과, 자
본에게 자신의 노동력 상품을 판매하는 것에 의해서만 생존과 생활이 유지
되는 근대사회에서는 노동과 생산 그 자체가 사회발전을 추동하는 가장 강
력한 힘이다. 생산은 사물의 사용과 소비에 의해 규정되는 공동체적 욕망
의 모든 제한을 돌파한다. 생산과 자본축적이 사회를 구동시키는 '기
관'(engine)이 되는 가운데 무한한 생산력 발전 자체가 이제는 거꾸로 생
산을 향한 사회적 욕구를 가일층 배가하는 동력으로 작용한다. 노동자는
바로 이러한 자본기관의 연료이다. 소모품이지만, 그것이 없이는 결코 자동
차가 움직일 수 없는 휘발유와 같은 물질 말이다.

중세 유럽을 하나로 통합시킨 이데올로기적 구조로서의 기독교를 대신
하여 경제구조(Economic Structure)가 세계를 표상하는 보편권력으로 부상
함에 따라,[34] 경제행위, 즉 노동-생산활동은 여타의 다른 사회적 실천행
위와의 연관을 상실한 채, 인간의 의식 혹은 인간의 행위와는 무관하게, 그
자체의 내적 법칙에 의해 움직이는 자동기구와 같은 불가해한 구조로 전환
된다. 경제란 근대부르주아의 이데아다. 근대는 사회적 노동을 모든 자연적
-사회적 한계로부터 해방시켜 경제의 형태로 구조화 하는데 성공했다. 그
러나 그 내부에 생산의 직접적 주체인 살아있는 인간으로서 노동자 계급을
자신의 직접적인 안티테제로 적대적 권리주체로 설정한다는 점에서 여전히
살아 있는 모순이다.

사물적 권능이 인격화된 자본에 대한 노동자 계급의 최초의 저항은 그
자체로 노동생산영역에서 비롯된 것이라고 할 수 있다. 자본주의 초창기에

쟁'에 관한 헤겔의 논의로는 G. W. F. Hegel (1977) *Phenomenology of Spirit*,
Oxford: Oxford University Press, pp. 115ff. 참조.
34) "자본은 부르주아사회의 모든 것을 지배하는 경제적 권력이다(Capital is the
economic power that dominates everything in bourgeois society)"
(*CW*28:44).

발생한 노동자 투쟁의 경우, 노동과정상에서의 자신의 특정한 기예와 숙련에 대해서 보상받기 위한 소위 '초과임금'에 대한 요구가 주된 이슈였다 할 것이다. 자본주의 초기 노동자들의 임금투쟁과 생산사보타지에 접하게 된 자본은 대공장내에서의 기계제 생산을 도입함으로써 노동자의 저항을 점차로, 그러나 완벽하게 무력화시킬 수 있었다.

하지만 전(前)기계제 생산단계에서 작업장이라는 노동활동현장이 노동자들의 권리투쟁의 주된 공간이었음에도 불구하고, 당시의 노동자들에게 노동과정 그 자체를 자신들의 삶에 종속시키고자 하는 민주적인 생산통제의 욕구가 발생한 것으로 보기는 어렵다. 노동자가 생산활동 자체를 통제하고자 하는 욕구, 다시 말해서 생존-생활기획이라는 권리정치의 내용이 노동-생산활동이 구성되는 경제영역에까지 확장되는 실제적 계기란 노동자의 사회-경제적 해방을 지향하는 투쟁형태와 그러한 노동해방의 이념적 지향이 자본에 저항하는 최초의 단계에 이미 출현했음에도 불구하고, 실제로 경제영역에서의 부르주아의 권리에 대한 '탈권(脫權)'은 자본과의 최후의 권리투쟁의 성격을 지니는 것으로 규정할 수 있다. 그 이유는 노동자계급의 사회-경제적 해방이란 현실적으로 그것이 가능한 물질적 생산력의 확보라는 주요 전제조건을 기초로 해서만 달성될 수 있으며, 그럴 때야 이러한 과제가 노동자 대중의 보편적 권리 형태의 수준에서 제출될 수 있기 때문이다.

> 사회적 생활과정, 즉 물질적 생산과정의 자태는 그것이 자유롭게 사회화된 인간의 산물로서 인간의 의식적이고 계획적인 통제아래 놓여질 때 비로소 그 신비의 베일을 벗는다. 그러나 그렇게 되려면 사회의 물질적 기초, 그 자체 또한 장구하고 고통에 찬 발전사의 한 자연발생적 산물인 일련의 물질적 존재조건을 필요로 한다(*CW*35:84).

마르크스의 경우 이행기의 정치 역시 그 시대가 도달한 사회적 생산력 발전의 제반 성과에 따라, 사회구성원들이 실제로 향유할 수 있는 사회적 권리의 내용을 조망한다는 점에서 권리정치이론의 유기적 관점을 일관되게 유지한 것으로 간주된다.

근대부르주아 사회 이후의 모든 정치적 갈등의 지형은 기본적으로 내용에 있어서 만큼 영속적 권리투쟁이 작동하며, 그러한 권리투쟁을 담아내는 사회적 형식 또한 그 절대성이란 측면에서 근대이건 탈근대이건 사회적 시간기획의 형태를 띨 수밖에 없다. 하지만 내용에 있어서 질적 변화가 발생한다. 노동자와 자본간의 구조적 적대에 근거한 근대부르주아 사회와 생활영역에서의 '사회적 개인들'간의 미시적 관계설정을 정치행위의 주요 내용으로 하는 이행기 사회는 노동자계급의 생존－생활권 기획의 관점에서 권리정치의 내적인 구조변동이 초래되는 것이다.

5. 마르크스 권리정치이론의 새로운 지평

지금까지 이 글은 마르크스의 권리의 정치이론이 정치경제학연구를 통해서 풍부화되는 과정을 중심으로 살펴보았다. 마르크스의 초기 권리정치의 방향은, 제3장에서 살펴본 바와 같이, 주로 부르주아적 권리라 할 수 있는 인권 개념 비판에 그 초점이 맞추어 졌다. 마르크스는 1844년경 파리체류시절 저술한 「유태인문제에 대하여」등의 저작에서 프랑스 혁명에 기초한 근대적 '인권'개념이 부르주아의 계급적 권리에 다름 아님을 비판했다. 그러나 그는 단순히 비판만 한 것이 아니라, 어째서 특정계급의 권리가 사회 일반의 보편적 권리로 참칭될 수 있는가의 동태적 과정에 주목하면서, 향후 자신의 정치활동 방향과 관련하여 주요한 이론적 원칙을 개진했다. 그것은 도래할 새로운 혁명의 성격이 부르주아 혁명의 성과이자 한계인 '정치적 해방'을 뛰어넘는 '사회적 해방'에 있다는 것이다. 마르크스는 그 혁명의 성격을 '정치적 혼을 가진 사회혁명'으로 규정한다.

그 '프로이센인'(아놀드 루게 – 자주)이 정치적 혁명에 반하는 '사회적 혁명'을 사회적 혁명으로 이해하고, 그럼에도 불구하고 동시에 그가 사회적 혁명에 사회적 혼대신에 정치적 혼을 부여할 경우, **정치적 혼**을 가진 '**사회적**' 혁명이란 완전히 복합적인 불합리이다. 그렇지 않다면 '**정치적 혼을 가진 사회적 혁명**'이란 사람들이 '**정치적 혁명**' 혹은 '**단지 혁명**'으로 불렀던 것의 **의역**에 지나지 않는다. 모든 혁명은, 그것이 **정치적인** 한, **낡은 권력**을 전복시킨다. 그 '프로이센인'은 의역과 불합리 중에서 하나를 선택하지 않을 수 없었다! 그러나 '**정치적 혼을 가진 사회혁명**'(a social revolution with a political soul)이라는 것은 의역주의적이거나, 무의미하다. 이와 마찬가지로 '**사회적 혼을 가진 정치적 혁명**'(a political revolution with a social soul)은 합당하다. 요컨대 **혁명**--기존 권력의 전복과 기존관계의 해체 – 은 정치적 행동이다. 그러나 혁명 없이는 사회주의를 이룰 수 없다. 사회주의가 **파괴와 해체**를 필요로 하는 한, 그것은 이러한 **정치적** 활동을 필요로 한다. 그러나 자신의 **조직화** 활동이 시작되는 때, 즉 자신의 **적절한 대상**, 자신의 혼이 나타나는 때, 사회주의는 **정치적** 외피를 던져 버린다(*CW*3:205-206).

마르크스는 초기의 사회적 해방과 정치적 해방의 대립성을 후기 저작에까지 연결시켰다. 이러한 구분은 마르크스 자신의 말년 저작이라 할 수 있는 『프랑스에서의 내전:첫번째 초고 – 파리코뮌』의 공화제 국가형태 분석을 통해 계속 유지되고 있다.

명백하게 사회적 공화국으로만 가능한 공화국(Republic Only Possible As Avowedly Social Republic). 제정이 국가헌병과 목사들의 수중에 있는 조직되지 않은 '일반선거권'이라는 미혹을 파괴한 것처럼, 이번 내전은 '공화국'에 관한 최후의 미혹을 파괴해 버렸다. 프랑스의 모든 활력있는 구성원들은, 공화국은 프랑스와 유럽에서 '사회적 공화국'으로서만, 다시 말하면 자본가와 지주계급에게서 국가기구와 소유권을 빼앗아 그것을 코뮌으로 대신하며 '사회해방'(social emancipation)이 공화국의 위대한 목표라는 것을 솔직하게 공언하고 따라서 코뮌조직에 의한 저 사회개조를 보장하는 공화국으로서만 가능하다는 것을 승인하고 있다(*CW*22:497).

마르크스는 파리코뮌을 부르주아적 의회공화국과 대비되는 의미의 '사회적 공화국'으로 그리고 코뮌의 역사적 의의를 "인민대중의 사회적 해방의 정치적 형태"(*CW*22:487)라고 규정한다. 나아가 코뮌은 노동자 계급의 "사회운동, 따라서 인류의 전반적 재생의 사회운동 그 자체가 아니라 그러한 행동의 조직적 수단"(*CW*22:490)으로 자리매김된다. 이처럼 정치적 국가영역의 존립근거를 무정부주의적으로 부정만 하는 것이 아니라, 정치적 의미성을 사회적 의미 지평으로까지 확장시켜 '정치적인 것'의 내용을 이론적 구체의 형태로 풍부하게 재규정하는데 마르크스 이론의 독창성이 존재한다.

마르크스가 「유태인 문제에 대하여」등의 초기저작에서 프랑스 혁명을 통해 제기된 '인권'개념에 대한 비판적 분석에 착목한 것은 근대사회내에서 정치영역과 사회영역이 '권리' 형식을 통해서 유기적으로 연관된다는 사실을 보여줌과 동시에, 근대부르주아 사회를 넘어서는 노동자 계급의 정치적 실천 역시 권리라는 담론으로 표상될 수밖에 없음을 간파한 결과라 할 수 있다. 마르크스의 권리정치이론에는 정치경제학의 핵심적 내용인 사회적 시간기획과 마찬가지로, 그 형식에 있어서는 부르주아 사회에서 발생한 것이지만, 노동자계급이 권리의 형식을 빌어 자신들의 사회-경제적 이익추구의 정당성을 유보없이 관철시켜 나가려 함으로써 실제로는 노동자 계급 스스로의 힘으로 자신들의 사회-경제적 해방을 기도한다는 '이중(二重)의 정치동학'이 함축되어 있다.

[보론 1] 엥겔스의 『주택문제에 대하여』: 권리정치에 대한 본질주의적 입장

엥겔스가 저술한 『주택문제에 대하여』는 별개의 논쟁을 다룬 세 개의 단편으로 구성된 글이다. 제1편 「프루동은 주택문제를 어떻게 해결하는가」는 프루동주의자인 밀베르거가 제시한 주택문제에 대한 해결책을 엥겔스가 반박한 글이며, 제2편 「부르주아는 주택문제를 어떻게 해결하는가」는 에밀 쟉

스라는 미국인 학자의 주택문제에 대한 박애주의적 접근을 엥겔스가 비판한 것이다. 그리고 마지막 제3편 「프루동과 주택문제에 관한 덧붙임」은 뮐베르거가 엥겔스의 제1편의 글 「프루동은 주택문제를 어떻게 해결하는가」에 대해서 비판한 글을 엥겔스가 다시 반비판하는 형식을 띤 보론형식의 글이다.

이 글이 고찰하고자 하는 것은 엥겔스가 뮐베르거와 에밀쟉스와 벌인 논전 자체라기 보다는 엥겔스의 주택문제에 관한 문제설정이 권리정치이론의 관점에서 과연 적실한 것인가의 여부이다.

제1편 「프루동은 주택문제를 어떻게 해결하는가」라는 글에서 엥겔스는 "가옥보유자에 대한 임차인의 관계는 자본가에 대한 임노동자의 관계와 같다"라는 뮐베르거의 주장에 대해 노동자와 자본가의 관계는 부불노동에 기초한 부등가 교환, 즉 착취관계인 반면, 임차인과 임대인의 관계는 등가교환에 근거한 상품판매이기 때문에 자본가와 임노동자의 관계와 주택소유자와 임차인의 관계는 명백히 다른 것이라고 반박한다.

주택문제에는 서로 대립하는 두 당사자가 있으니, 임차인과 임대인 혹은 가옥소유자가 그들이다. 전자는 후자에게서 주택의 일시적 사용을 구매하려고 한다. 그는 화폐, 혹은 신용을 가지고 있다. 설령 그가 이 신용을 다시 가옥소유자 자신으로부터 고리대의 가격으로, 요컨대 할증임대료의 형태로 사들여야 할지라도 그렇다. 이것은 단순한 상품판매이다. 이것은 프롤레타리아와 부르주아 사이의, 노동자와 자본가사이의 거래가 아니다(……)노동자는 자본가가 그의 노동에 대하여 가치이하로 지불하건 가치대로 지불하건 언제나 그의 노동생산물의 일부를 사취당한다. 임차인은 주택에 대하여 그 가치이상으로 지불하지 않으면 안되는 경우에만 사취당한다. 따라서 임차인과 임대인 사이의 관계를 노동자와 자본가 사이의 관계와 동렬에 놓으려는 것은 전자의 관계를 완전히 왜곡하는 것이다. 반대로 우리가 여기에서 다루고 있는 것은 두 시민사이의 아주 일상적인 상품거래이며, 이 거래는 일반적으로는 상품판매를 규제하고 특수하게는 다음과 같은 상품의 판매를 규제하고 특수하게는 다음과 같은 경제법칙에 의거하여 처리된다. 토지소유, 가옥 또는 해당가옥 부분의 건축비용과 유지비용이 우선 산정된다. 가옥위치의

좋고 나쁨에 제약되는 토지의 가치가 두 번째로 산정된다. 그 순간의 수요,
공급관계의 상태가 마지막으로 결정을 내린다(*CW*23:320).

인용한 논거를 바탕으로 엥겔스는 노동자들이 더 이상 야만인 이하의
상태에 처하지 않기 위해 노동자 개개인이 자기 소유의 주택을 가져야 하
며, 노동자의 주택소유를 실현하기 위한 현실적 방법으로 임대인은 이자를
지불하지 않고 주택에 대한 원리금만 상환하게 하여 주택을 소유하게 할
수 있도록 해야 한다는 뮐베르거의 주장을 터무니없는 거짓말로 반박한다.
왜냐하면 자본주의사회내에서 임차인은 주택의 원가격보다 열 배나 넘는
이자를 지불하기 때문에 아무리 오랜기간이 지나도 임차인이 주택소유자가
될 수 없는 것은 명백하기 때문이다.

　따라서 엥겔스는 지금과 같은 사회-경제적 조건, 즉 자본주의적 생산관
계하에서 주택문제의 해결이란 사실상 불가능하므로 그것의 유일한 해결책
은 프롤레타리아트 혁명을 통해서만 가능하다고 주장한다. 그런데 여기서
이론적으로 문제가 되는 것은 엥겔스가 주택문제 해결의 근거를 부르주아
적 생산관계와 모순에 처한 자본주의내에서의 공업발전 등 사회적 생산력
발전에서 찾고 있는 점이다.

> 공업발전은 개인적 노동을 기계 및 활용가능하게 된 자연력에 의해 뒷받침
> 되는 사회적 노동으로 대체하는데, 이 사회적 노동이 제작한 즉각 교환 가
> 능하거나 사용 가능한 생산물은 여러 개인들의 손을 거치지 않으면 안되는
> 공동작품이다(……)여기에 결정적인 점이 있다. 인간노동의 생산력이 이러
> 한 정도의 높이로까지 발전하자마자, 지배계급이 현존할 온갖 구실은 사라
> 진다(……) 지배계급의 현존은 공업생산력의 발전에 대해서나, 또한 마찬가
> 지로 과학, 예술, 특히 교양있는 사교형식에 대해서나 나날이 더욱 장애가
> 되고 있다(*CW*23:324-325).

엥겔스의 주장은 이 글의 논의에 비추어 볼 때 대단히 큰 착각을 하고
있다. 왜냐하면 엥겔스가 주택문제의 근본적 해결책으로 제시하는 공업발

전이야말로 부르주아의 착취기획으로부터 연유되는 시간의 주제화로부터
직접적으로 비롯된 것이며, '공업 생산력의 발전'과 근대 부르주아사회는
뗄레야 뗄 수 없는 관계를 맺고 있기 때문이다. 엥겔스의 이러한 문제점은
그로 하여금 주택문제의 해결책을 오직 사회적 노동생산력 발전의 귀결에
따른 프롤레타리아의 권력쟁취라는 생산력주의에 기대게 한다.

> 주택문제는 어떻게 해결될 수 있는가(……)확실한 것은 이미 지금 대도시
> 에는 합리적으로 이용할 경우 모든 현실의 '주택난'을 즉각 시정할 수 있기
> 에 충분한 주택용 건물이 있다는 것이다. 그러한 일은 물론 오늘날의 소유
> 자들로부터의 몰수를 통해서만, 즉 숙소가 없는 사람들이나 이제까지의 주
> 택에 과도하게 밀집해 있는 노동자들을 그들의 가옥에 수용함으로써만 이
> 루어질 수 있는데, 공공의 복지가 필요로 하는 그러한 조처는 프롤레타리아
> 트가 정치권력을 전취하자마자, 마치 오늘날의 국가에 의한 다른 몰수 및
> 수용이 그렇듯이 쉽게 실행될 수 있을 것이다(*CW*23:330).

주택문제에 대한 엥겔스 접근방식의 문제점은 제2편의 논설, 즉 '에밀작
스 박사에 대한 논박'에서도 그대로 나타난다. 엥겔스는 부르주아 사회에서
임대주택의 형식을 통해 주택소유를 노동자에게 위탁함으로서 노동자를 주
택소유자로 만들려는 시도는 부르주아적 기만에 불과하며, 나아가 만일 노
동자가 주택소유자로 되는 사태는 그들에게 이로운 게 아니라 오히려 해로
울 것이라고 주장한다.

> 우리 대도시의 노동자들에게는 이동의 자유가 제일의 생활조건이며, 토지보
> 유는 그들에게 오로지 족쇄가 될 수 있을 뿐이다. 그들에게 자신의 가옥을
> 마련해 주어 그들을 다시 흙덩이에 잡아맨다면, 공장주들의 임금인하에 대
> 한 저항력을 꺽게 할 것이다.(*CW*23:344)

노동자들이 자기 주택을 갖게 되면 임금인하에 대한 저항력이 약화된다
니, 참으로 기묘한 논거가 아닐 수 없다. 어쨌든 이러한 이유에서 엥겔스는

뮐베르거에 대해서 논박했던 것처럼 주택문제를 근본적으로 해결하기 위해서는 그러한 문제를 발생시키는 근본악인 자본주의 제도를 폐절할 때만 가능하다고 주장한다.

> 주택문제의 해결이 동시에 사회문제를 해결하는 것이 아니라, 사회문제의 해결을 통해, 즉 자본주의 생산방식의 폐지를 통해 비로소 동시에 주택문제의 해결이 가능하게 된다(……)하지만 처음에는 어떤 사회혁명도 사물을 있는 그대로 접수할 수밖에 없으며, 가장 극심한 악도 기존의 수단으로 시정할 수밖에 없다. 그렇다면 우리가 이미 본대로 주택난은 유산계급에게 속하는 호화주택의 일부를 몰수하고 그 나머지 부분에 그들을 수용함으로써 즉각 시정될 수 있을 것이다(*CW*23:347-348).

> 자본주의 생산방식이 현존하는 한, 그런한에서 주택문제나 노동자의 운명과 관계되는 다른 어떤 사회문제라도 개별적으로 해결하려 하는 것은 어리석은 일일 것이다. 반대로 해결은 자본주의 생산양식의 폐지, 노동자계급 자신에 의한 모든 생활수단 및 노동수단의 전유에 있는 것이다(*CW*23:368).

이 글은 지금까지 엥겔스가 주택문제를 둘러싸고 뮐베르거와 에밀작스 박사와 벌인 논쟁을 살펴보았다. 뮐베르거와 에밀 쟉스의 주장이 공상적이며, 현실적으로 가능하지 않은 대안을 제시한다는 엥겔스의 비판은 그렇다 치고 엥겔스 자신이 설정한 주택문제에 대한 접근방식은 과연 올바른가? 자본주의사회내에서 조차 정당하게 제기될 수밖에 없는 주택문제에 대해 이론적으로 적극 끌어안지 않고 사회혁명에만 기대는 엥겔스의 견해는 사실상 권리정치에 대한 본질주의적 견해에 다름 아니다.

엥겔스가 노동자와 자본가의 관계와 주택소유자와 임차인 관계의 근본적 차이를 뒷받침하기 위해 제시한 논거에는 상당한 문제점이 있다. 둘간의 경제적 관계는 물론 다르다. 그러나 엥겔스는 하나만 알지 둘은 모른다. 노동자계급의 입장에서 볼 때, 주택문제가 중요한 이유는 단지 자신의 임금잔액을 저축해서 소유자로서 집주인과 상품거래 관계를 맺기 때문이 아니라 생존과 생활을 영위하기 위한 주택의 사용가치 때문이다. 다시 말해서 노동자가 좋은 주거공간에서 보다 인간적인 삶을 영위하고자 하는 욕구란 그것이 상품소유자간의 거래관계냐, 그렇지 않으면 착취관계냐가 중요한 것이 아니라, 보다 안전하고, 쾌적한, 그리고 좋은 노동조건에서 노동을 영위하고자 하는 노동자 계급의 작업장내에서의 요구와 사실상 연장선상에 있는 것이다.

주택문제가 마르크스의 권리의 정치이론과 관련하여 중요한 이유는 노동자가 자신의 노동력 상품을 좀 더 많은 화폐와 교환하고자 하는 생존권 요구와는 달리 쾌적하고 좋은 주거환경에서 생활하고자 하는 욕구는 법적으로 표준노동시간이 제한됨으로서 그만큼의 잔여시간을 공장바깥에서 보내기 때문에 발생하는 생활권 실현의 요구 때문이다. 물론 주택문제가 노동자의 생존권 요구의 측면에서도 중요한 문제이긴 하지만 노동자가 공장에서 보내는 사회적 노동시간이 단축되면 될수록 고된 일과의 노동으로부터 벗어나 휴식을 취하고 정신과 육체의 기력을 재충전하는 공간으로서, 그리고 보다 좋은 환경에서 자녀교육을 실행하고, 문화적 생활을 즐기기 위해 쾌적한 주거환경을 욕구하는 것은 노동자들에게 매우 절실한 행복권 추구의 요구이다. 왜냐하면 안락한 주거환경은 질 높은 문화적 삶의 핵심으로서 노동자들의 일상이 시작되고 마무리되는 중요한 생활공간으로 자리매김 되기 때문이다.[35]

엥겔스는 주택문제를 뮐베르거라는 프루동주의자가 제기했다는 사실에만 눈을 빼앗겨 노동자계급의 권리정치의 맥락에서, 주거권 실현이라는 측면에서 주택문제에 대한 올바른 이론적 대응을 하지 못하고 있다. 더구나 뮐베르거와 에밀 작스박사 등이 다른 때도 아닌 전 유럽적 차원에서 그것도 노동일이 법적으로 제한되는 그러한 시점에서 주택문제를 제기했다는

---

35) 영국의 새처정권의 등장으로 본격화되기에 이른 전 유럽차원의 신자유주의적 공세와 함께 노동자의 임대주택권리에 대한 철회 등 사회적 권리의 기각사태를 자본의 노동자 계급에 대한 권리만회 기획으로 요약하는 논의로는 최형익(1998) 「신자유주의공세와 사민주의」, 김성구/김세균외 지음, 『자본의 세계화와 신자유주의』, 문화과학사, 참조.

사실은, 그들 주장의 옳고 그름을 떠나 주택문제가 노동자 계급은 물론 사회전체의 정치적 현안으로 제기되었음을 시사해 주는 것이다. 이는 노동자들이 단순히 임금수취를 통한 생존권 기획에서 벗어나 생활권적 요구에 조금씩, 그리고 새롭게 눈뜨기 시작했다는 사실을 반증한다. 따라서 이러한 문제에 올바르게 대응하기 위해서는 생활권 기획의 관점에서 주거권 실현을 위한 노동자 계급의 주택에 대한 권리요구가 정당한 것임을 내세우는 그러한 문제설정방식이 올바른 것이지 주택문제가 노동자-자본과의 관계와는 질적으로 상이한 '두 시민사이의 아주 일상적인 상품거래'라는 식으로, 그리고 노동자들의 주택에 대한 요구가 이들을 다시 흙덩이에 잡아매 공장주들의 임금인하에 대한 저항력을 꺽게 될 것이라고 주장하면서 '주택문제의 해결이 동시에 사회문제를 해결하는 것이 아니라, 사회문제의 해결을 통해, 즉 자본주의 생산방식의 폐지를 통해 비로소 동시에 주택문제의 해결이 가능할 것'이라는 식으로 단정하는 것은 현실의 노동자들에게는 그다지 설득력이 없을 것이다.

엥겔스는 노동자계급의 생활권 실현이라는 권리정치적 문제설정을 통해서만이 그가 '사회문제의 해결'이라고 지칭한 자본주의 생산방식의 폐절이라는 혁명적 문제의식에까지 이르게 될 것이라는 점을 적어도 주택문제에 연해서 만큼은 적절히 해명하지 못하고 있는 인상이다. 그는 노동자들의 주택에 대한 요구가 공장주들의 임금인하에 대한 저항력을 상실하게 될 것이라고 말한다. 하지만 『자본』에서 인용된 바 있는 『공장감독관보고서』등에 따르면, 자신들의 임금인하가 강제되는 상황에서도 대다수의 영국 노동자들은 하루 10 시간으로 노동일을 제한하는 표준노동일제정에 대부분 찬성한 것으로 나타났던 바, 엥겔스의 주장을 놓고 따지자면 동일한 근거에서 노동시간의 법적제한이 노동자들의 임금인하에 대한 저항력을 상실하는 계기가 될 것이라고 말해야 하지 않겠는가.

자본주의 사회내에서 주택문제가 소부르주아적인 성격을 지니며, 자본주의사회 그 자체가 폐절되야만 온전하게 해결될 것이라고 말하는 것은 마치 자본주의 사회내부에서 장시간노동은 결코 사라지지 않을 것이기 때문에, 자본 그 자체가 폐절되기 전까지 노동자들이 노동시간단축투쟁을 전개하는 것은 무의미하다고 말하는 것과 유사한 논법이다. 따라서 사회적 권리문제 등에 대해 이런 방식으로 접근하는 것은 자본주의 사회만 폐절된다면 당신들의 요구가 한꺼번에 실행될 수 있다는 식의 천년왕국의 도래를 얘기할 뿐 노동자들에게 매우 절실한, 예를들면 주택문제 등 생활의 권리에 대해서 구체적으로 아무런 대안도 제시할 수 없게 하는 잘못된 문제설정이다.

엥겔스가 주택문제에 대해서 노동자들에게 전한 핵심적 메시지를 요약하자면 자본주의 사회내부에서 주택문제란 노동자와 자본의 적대에 기초한 착취관계에서 비롯된 것이 아니라 어느 정도의 재산을 소유한 시민적 거래자들, 즉 상품소유자간의 관계이기 때문에 소부르주아적 성격을 갖는다는 것이다. 나아가 주택문제에 대한 문제제기는 자본가들이 노동자들을 노동자들로서 착취하는데 따른 직접적 귀결이 아니며 '태생적' 한계를 지닌, 그 성격상 소부르주아적 권리요구이기 때문에 노동자의 주요한 정치적 관심사가 될 수 없다는 것이다.

엥겔스의 다음과 같은 주장은 주택문제에 대한 고전적 마르크스주의의 문제설정방식이 그 출발지점부터 문제가 있었음을 보여준다.

> 우리의 현대 대도시의 노동자들과 일부 소부르주아들의 주택난은 오늘날의 자본주의 생산방식으로부터 발생하는 수많은 비교적 작은 이차적 폐단들 가운데 하나이다. 주택난은 자본가들이 노동자들을 노동자들로서 착취하는데 따른 직접적 귀결이 결코 아니다. 이 착취는 사회혁명이 자본주의 생산방식을 폐지하면서 폐지하기를 바라는 근본적 악이다(……)주로 이러한 종류의 고통, 즉 노동자 계급이 다른 계급들, 특히 소부르주아 층과 공통으로 당하는 고통에 즐겨 몰두하는 것은 소부르주아 사회주의이며, 프루동도 거기에 속한다. 그리고 앞에서 본 것처럼 결코 전적으로 노동자들의 문제가 아닌 이 주택문제를 우리 독일의 프루동주의자가 그 무엇보다도 먼저 부여잡는 것, 거꾸로 주택문제를 진정으로 전적으로 노동자들의 문제라고 선언하는 것은 결코 우연한 일이 아니다(*CW*23:318-319).

자본주의 사회내에서의 주택문제가 "오늘날의 자본주의 생산방식으로부터 발생하는 수많은 비교적 작은 이차적 폐단들 가운데 하나"이며, 따라서 주택문제를 생존-생활기획이라는 권리정치의 맥락에서 제기하는 것조차, 다른 이유도 아닌 단지 주택문제의 성격 자체, 즉 '주로 이러한 종류의 고통, 즉 노동자 계급이 다른 계급들, 특히 소부르주아 층과 공통으로 당하는 고통에 몰두한다는 이유로 '소부르주아 사회주의'라고 규정하는 것은 잘못된 것이다. 주택문제와 관련된 고통이 노동자계급에만 가해지는 것이 아니라 소부르주아 층과 공통으로 당하는 고통이기 때문에 이차적 폐단이라는 주장, 그리고 그러한 주장을 기반으로 자신과 소부르주아적 사회주의를 구분하는 구별방식은 이론적으로 유치한 발상이다. 또한 임금과 노동시간의 문제 등은 노동자와 자본의 직접적인 생산관계에서 발생한 문제이기 때문에 과학적 사회주의이고, 자본주의적 생산으로부터 연유된 것이긴 하지만, 이차적 폐단인 동시에 노동자와 소부르주아가 함께 겪는 고통이기 때문에, 주택문제 등에 몰두하는 것은 '소부르주아 사회주의'라고 규정하는 것 역시 마르크스 정치이론을 속류화시키는 결과를 낳을 것이다.

자본주의 사회에서 자본의 착취기획에 맞서 사회적 진보를 달성한 실제 사례는 대개 노동자 대중운동의 생존-생활기획의 실현을 위한 권리정치에 기반한 것이라고 할 수 있다.[36) 오히려 엥겔스처럼 노동-자본간의 생산관계는 부불노동이 수취되는 부르주아사회의 근원적 관계이고, 주택문제 등은

---

36) 러시아 10월혁명 직후 페트로그라드 노동자-병사 대표 소비에트 혁명군사위원회가 발한 「전(全) 러시아 시민들에게」라는 성명서는 다음과 같이 적고 있다. "즉각적인 민주주의적 강화제의, 지주제적 토지소유의 폐지, 생산에 대한 노동자의 통제, 그리고 소비에트 권력의 수립 등 인민들이 지금까지 싸워온 대의가 이제야 성취되었다" V. I. Lenin (1966) Selected Works, Vol. II, Moscow: Progress Publishers, p. 417. 그리고 약 한달 뒤 레닌은 「빵과 평화를 위하여」라는 문서에서 "빵과 평화라는 두 가지의 문제가 지금 다른 어떤 정치적 현안보다 중요한 지위를 점하고 있다"(*ibid.*, p. 460)라고 썼다. 거장 에이젠슈타인의 대표작 '전함포템킨'이라는 영화에서 수병들이 선상반란을 일으킨 직접적 계기란 부패한 음식물의 지급과 장교들의 비인간적이고, 폭력적 대우에 대한 분노였다.

자본주의 일반 시민들의 상품거래관계라고 단순 비교하며, 노동-자본간의 모순에 기인한 자본주의적 착취체계라는 근대부르주아 사회에 대한 심층의 문제설정을 바로 정치-사회적 혁명으로 표출시키는 형태의 이론적 접근방식을 취할 경우 복잡하게 얽혀있는 사회적 관계의 제 연관구조와 그로부터 전개되는 다양한 정치동학을 사상시킬 수 있다는 의미에서 자칫 경제적 파국론이라는 단선적 결정론으로 흐를 위험성이 있다. 이러한 의미에서 엥겔스 사후의 독일 사민당 혹은 현대 사민주의의 역사란 그러한 파국론이 카우츠키, 베른슈타인류의 개량주의나 사회적 배외주의 등으로 변질될 수 있었다는 점에서 경제주의적 파국론의 또 다른 얼굴이라 할 수 있다.

〔보론 2〕 T. H. Marshall의 진화적 시민권론 비판: 『시민권과 사회계급 Citizenship and Social Class』을 중심으로

지금까지 사회과학, 특히 정치학에서 논의되어온 권리이론은 대부분이 주로 시민권이론의 연장선상에 있는 것이다. 그러나 시민권이론은 '부르주아 정치경제학'과 마찬가지로 근대부르주아 사회이전의 권리와 근대부르주아 사회의 권리인 시민권사이의 갈등만 볼 뿐 그들이 시민권이라고 총칭하는 권리의 요소들, 즉 사적 시민의 권리, 정치적 권리, 그리고 사회적 권리들 사이의 내적 갈등양상에 대해서는 파악하지 못하는 난점이 있다.

사회과학 혹은 정치학내에서 통용되어온 권리이론 가운데 가장 많이 알려진 것은 T. H. 마샬의 시민권 이론이다. 현대의 비교정치이론, 그 가운데 특히 민주주의 이행론에서는 마샬의 시민권이론을 별다른 비판적 분석없이 일반화하여 받아들인다. 예를 들면 시민적, 정치적, 사회적 권리의 진화적 발전이라는 식37)으로 말이다. 그러나 마샬의 권리이론을 면밀히 분석해보

---

37) 마샬의 시민권 논의를 민주주의 이행이론과 연관시키는 대표적인 정치적 논의로는 G. O'Donnell & P. C. Schmitter (1986) *Transition from Authoritarian Rule;Tantative Conclusions about Uncertain Democracies*, The Johns Hopkins University Press. 참조.

면 그의 시민권이론은 이론 그 자체로 모순점을 지니고 있음을 알 수 있다. 이하에서는 마샬의 시민권이론이 지닌 내적 모순을 중심으로 그러한 모순이 어디에서 기인하였는지를 마르크스의 권리이론과의 차이를 중심으로 고찰해 보도록 하겠다.

마샬의 시민권이론의 가장 큰 문제점은 그가 말하는 19세기의 시민권과 20세기의 시민권의 내용이 그 발전동학에 있어서 질적으로 상이한 것임을 파악하지 못한데서 발생한다. 제 권리들의 사회적 특성의 차이가 제대로 파악된다면 상이한 사회적 근거를 갖는 권리의 목록을 시민권이라는 단일한 개념으로 총칭할 수 없다는 점이 확인될 것이다.

19세기까지 시민권이란 주로 사적 소유나 사인(私人)의 자유에 대한 권리[38]를 지칭하였으며, 이는 마샬의 글을 통해서도 잘 확인된다. 그러나 그가 노동조합의 권리 등 "2차적인 산업적 시민권 체계(a secondary system of industrial citizenship)의 창출"[39]이라고 부른 20세기의 시민권인 사회적 권리는 19세기의 '시민적 권리'(civil rights)인 사적 자유의 권리목록들과는 질적으로 다른 것이다. 따라서 노동조합과 단체교섭의 합법화 등 20세기에 들어서 확립된 사회적 권리체계를 "시민적 권리의 경제적 영역으로의 확장"[40]이 이루어 진 것이라고 규정하는 것은 잘못된 개념화이다.

마샬이 시민권(citizenship) 가운데 '시민적 권리'로 요약하는 권리목록에는 "개인의 자유를 위해 필요한 권리, 즉 인신의 자유, 언론, 사상, 신념의 자유, 재산을 소유하고 합법적인 계약을 체결할 수 있는 권리, 그리고 재판을 받을 수 있는 권리"[41]등이 포함된다. 그러나 시민적 권리목록을 구성하고 있는 개별적 권리들이 동일한 역사적 비중을 지니고 있는 것은 아니다.

---

38) 대표적 근대법 체계인 'civil law'는 우리말로 '민법(民法)' 또는 '사법(私法)'등으로 번역된다.

39) T. H. Marshall (1992) "Citizenship and Social Class," in Marshall and Bottomore, *Citizenship and Social Class*, London: Pluto Press, p. 26.

40) T. H. Marshall, *ibid.*, p. 26.

41) T. H. Marshall, *ibid.*, p. 8.

마샬 역시 인정하듯이 이러한 권리들 가운데 '재산을 소유하고 합법적인 계약을 체결할 수 있는 권리'인 소위 '노동의 자유에 기초한 사적재산권체계'야말로 근대부르주아 사회의 여명을 밝힌 핵심적 권리였다 할 수 있다.

그러나 '사적재산권' 또는 '사적소유권'이라는 시민권은 자연발생적으로 생겨난 것이 아니다. 사적 소유에 입각한 부르주아지들의 자유계약의 권리는 전(前)근대적 사회내에서 주로 생존권 형태로 존재해왔던 관습적 형태의 권리들과 정면으로 충돌했다. 마샬은 권리충돌의 대표적 사례로 "구빈법과 임금규제안"의 역사를 꼽는다. 마샬은 이러한 권리충돌 사태를 "구체제의 편에 선 사회적 권리와 신체제의 편에 선 시민적 권리의 투쟁"42)으로 정확히 요약하지만, 그 권리충돌이 함의하는 정치적, 역사적 의미에 대해서는 이론적으로 올바르게 분석하지 못한다.

마샬은 촌락공동체 및 도시, 길드의 구성원이었다는 사실에서 연유된 전(前)근대사회에 있어서의 사회적 권리들이 자본주의 경제의 발전에 따라 해체되기에 이르렀으며, 결국 '구빈법'이라는 제도로밖에 그 흔적이 남지 않게 된 것으로 규정한다.43) 그런데 여기서 결정적으로 중요한 것은 구(舊)사회의 사회적 권리를 공격한 권리의 요소가 바로 먀샬이 시민권의 신개념이라고 불렀던 사적 개인들의 '시민적 권리'(civil rights)였다는 사실이다.

> 구체제내에 존재했던 사회적 권리의 최초의 원천은 지역공동체와 기능적 결사체의 구성원 자격이었다. 이 원천은 보강되었으며 전국적인 차원에서 계획되어 지역적으로 실행한 구빈법과 임금규제체계로 점차 대체되었다. 이중 임금규제체계는 18세기에 급속하게 퇴조하였는데, 그 이유는 산업적 변화가 그것을 운용하는 것을 불가능하게 했을 뿐 아니라, 경제적 영역에서 자기 스스로가 체결한 계약에 따라 자기가 만족하는 것 그리고 원하는 장소에서 노동할 권리를 강조하는 시민권의 신개념과 양립 할 수 없었기 때문이다. 임금규제체계는 고용의 자유계약이라는 사적, 개인주의적 원리를 침식했다.44)

---

42) T. H. Marshall, *ibid.*, p. 14.
43) T. H. Marshall, *ibid.*, p. 9.

구체제의 사회적 권리와 새롭게 등장한 부르주아 사회의 시민적 권리라는 두 가지 형태의 권리체계가 충돌하는 사태란 결국 양자가 지향하는 목표가 달랐기 때문이다. 따라서 구빈법 역시 임금규제체계와 마찬가지로 사적 소유권 및 시장적 원리에 의해서 침식되어 사라질 운명에 처하게 되었다.

> 자유시장적 경쟁경제의 타격에 의해 구질서의 일정한 유형이 해체되고 계획이 파기됨에 따라 구빈법은 좌초되어 사회적 권리의 이념이 점차 사라진 고립된 생존자가 되었다. 그런데 18세기의 바로 마지막 국면에 낡은 것과 새로운 것 사이의, 즉 정형화된 사회와 경쟁경제 사이의 최종적 투쟁이 발생했다. 이 전투에서 시민권은 분할되어 그 자신에 대해 대립했다. 사회적 권리는 낡은 것의 편에, 시민적 권리는 새로운 것의 편에 섰다(……)역사의 이 짧막한 막간극을 통해 우리는 구빈법이 시민권 가운데 사회적 권리를 위한 공격적 투사였음을 알게 된다. 이어지는 국면에서 우리는 공격자가 그의 원래의 위치보다도 훨씬 후퇴해버렸음을 알 수 있다. 1834년의 법령에 의해 구빈법은 임금체계의 영역이나 자유시장의 힘들에 대해 간섭하지 못하게 된다.[45]

마샬은 자기도 모르는 사이에 사멸하는 구체제와 새로이 부상하는 신체제사이의 정치적 충돌은 적대적 권리사이의 현상한다는 이 글의 핵심 논거를 확인시켜 주고 있다. 이러한 권리충돌을 통해 사적 소유권을 지닌 새로운 경제주체, 즉 근대 상공계급은 모든 정치-사회적 제약으로부터 노동을 자유롭게 하는 시민혁명(市民革命)[46]을 진행시켰으며, 바로 이러한 자유노동을 기초로 시장경제가 활성화되고, 사적 개인들의 '시민적 권리'가 사회적으로 보편화되기에 이른 것이다.

---

44) T. H. Marshall, *ibid.*, p. 14,

45) T. H. Marshall, *ibid.*, pp. 14f.

46) "경제적 영역에서 기본적인 시민적 권리는 노동할 권리이다(……)예속노동으로부터 자유노동으로의 이러한 변화는 토니 교수에 의해 '경제, 정치사회 양자의 발전에 있어 대단히 획기적인 사건'이자 지난 4세기동안 배제되어왔던 영역에서 '영국불문법이 획득한 최후의 결정적 승리'라고 묘사되었다." T. H. Marshall, *ibid.*, pp. 10-13.

마샬의 시민권 이론의 문제점은 권리정치이론의 비일관성, 다시 말해서 마샬 스스로 인정한 구빈법이라는 구체제의 사회적 권리와 자유노동에 입각한 사적 소유권이라는 시민권의 신개념사이에 전개된 권리충돌의 관점을 이후에도 일관성있게 전개하지 못한 데서 비롯된 것이다. 따라서 근대부르주아 사회 및 전(前) 근대사회내에서 전개된 모든 권리의 원리를 시민권의 발전이라는 요소로 환원하려는 마샬의 시도는 매우 불합리한 것이라 할 수 있다.

근대부르주아 사회와 그 이전 사회는 사회를 구성하는 원리에 있어서 상이(相異)할뿐 더러, 같은 이유에서 '시민적 권리'란 이전 사회에서는 존재치 않았던 철저히 근대적 기원을 지닌 정치적 개념이라 할 것이다. 마샬의 다음 주장은 시민권의 근대적 성격을 그가 올바르게 인식하고 있지 못하다는 것을 보여준다.

> 구사회에서 하나로 통합되어 있었던 시민권의 세 가지 벗들이 헤어지게 되자마자, 그들은 그러한 동료라는 용어로 거의 불려질 수 없게 되었다. 이러한 요소들의 결별이 워낙 철저했기 때문에 역사적 정확성이라는 문제에 방해받는 일 없이도 우리는 각각의 요소가 형성되는 시기를 다른 세기에, 즉 시민적 권리는 18세기에, 정치적 권리는 19세기에, 그리고 사회적 권리는 20세기에 배당하는 것이 가능하다.47)

이러한 이론적 혼동으로 인해서 마샬은 근대 부르주아사회 자체의 모순에 의해서 발생한 '공장입법'의 역사가 지니는 정치적 의미를 올바르게 인식하지 못했다. 마샬은 19세기 중반의 '공장입법' 제정의 역사적 의미를 권리향유를 오히려 수치스럽게 생각했던 '구빈법'과 같은 기준에서 취급한다.

> 구빈법이 사회적 권리와 시민의 신분사이의 분리를 보여주는 유일한 사례는 아니다. 초기 공장법들도 동일한 경향을 보여준다. 공장법들이 노동조건

---

47) T. H. Marshall, *ibid.*, p. 10.

의 개선과 노동시간의 단축을 통해 그것이 적용된 산업들에 고용된 모든 노동자에게 실제로 도움을 주었지만, 이러한 보호를 직접 성인남자--바로 이들이 시민이다--에게까지 적용하는 것은 매우 주의깊게 회피되고 있었다. 이는 성인남자들의 시민신분에 대한 고려에서 비롯된 것이었다. 강제적인 보호조치는 자유로운 고용계약을 체결할 시민적 권리를 축소시킨다고 생각했기 때문이다. 보호는 여성과 아이들에게 한정되었으며 여성의 권리에 대한 옹호자들은 곧 이것이 의미하는 모욕을 파악할 수 있었다. 여성들은 시민이 아니었기 때문에 보호받는 것이었다. 19세기말에는 이러한 논의들이 낡은(obsolete) 것이 되어 버렸고 공장법은 사회적 권리라는 건축물을 떠받치는 기둥들 중 하나가 되었다.[48]

공장법에 대한 이러한 식의 분석은 이미 살펴본바 있는 마르크스의 공장입법에 관한 분석과는 명백히 다름을 알 수 있다. 공장법에 대한 초기 논의가 사회적 권리와 시민의 신분사이의 분리라는 관점에서 성인남자에게도 그러한 법을 적용할 것인가의 여부를 결정하는 식으로 전개되었다 하더라도, 이러한 논의가 19세기말에는, 마샬의 언급대로 '낡은 것'이 되었다면, 이는 결국 그러한 논의를 낡게 만든 공장법에 대한 새로운 논의가 등장했다는 얘기일 것이다. 그리고 이러한 새로운 논의만이 공장법을 마샬이 언급한 대로 '사회적 권리라는 건축물을 떠받치는 기둥들 중 하나'로 만들 수 있었을 것이다. 그렇다면 낡은 논의와 대비되는 의미에서의 공장법에 대한 새로운 논의란 무엇인가?

마샬에게는 공장법과 관련하여 초기의 논의를 낡게 만든 새로운 논의가 부재한 반면 마르크스에게는 공장법 등과 관련된 새로운 논의가 존재한다. 마샬 이론의 맹점은 부르주아사회내에서 새롭게 발생한 '사회적 권리'(social rights)가 실은 그가 '시민적 권리'(civil rights)'라고 말한 것과 적대적 관계를 통해 발생한 것임에도 불구하고, 사회적 권리와 시민적 권리라는 두 가지 형태의 권리를 하나의 시민권 개념속에 진화적 발전으로

---

48) T. H. Marshall, *ibid.*, p. 15.

254

위치지웠다는데 있다. 따라서 "20세기 들어 시민권과 자본주의 사회계급체제가 전쟁을 치르고 있다"[49]는 마샬의 주장은 근대사회내부에서 발생했을 뿐 아니라 그것을 넘어서고자 의도하는 노동자 계급의 권리정치의 내용에 대해서 올바르게 파악할 수 없다.[50]

마샬이 언급한 세 가지 시민권 가운데 두 가지 권리체계, 즉 시민적 권리와 그가 '2차적 산업적 시민권'이라고 정의내린 사회적 권리는 상호 적대적 양상을 띠고 발전해온 상이한 권리계보에 속한 것들이다. 이러한 두 가지의 권리형태는 자본주의 사회계급체제내에 자신들의 특정한 위치를 갖는다. 시민적 권리는 부르주아의 권리로, 그리고 사회적 권리는 노동자계급을 위시한 피지배적 인민의 권리로 말이다. 20세기 들어서 전쟁을 치른 것은 마샬의 주장처럼 시민권과 사회계급이 아니라, 각각의 사회계급에 속한 서로 다른 권리들이었다. 시민권과 계급체제가 갈등관계에 있는 것은 아니다. 어떤 측면에서 이 둘은 동의어라고 할 수 있다. 마샬의 시민권 논의에서 이러한 문제가 제대로 다루어지지 못한 이유는 마샬이 권리와 사회계급체계간의 관련성에 대해 별다른 주의를 기울이지 않았기 때문이다. 실제로 그의 논의에서는 계급문제가 그다지 중요한 변수로 취급되고 있지 않다.[51]

마샬 또한 사회계급의 문제가 자기글의 비중에 있어서 '부차적 지위' (secondary position)를 차지하고 있음을 인정한다. 그는 사회계급의 구성요

---

49) T. H. Marshall, *ibid.*, p. 40.
50) 뤼시마이어, 스티븐스 부처 등은 마샬의 시민권 연구에서 부르주아의 재산권 보장을 대가로 획득된 시민권 확대가 '행위자 없는 과정(actorless process)'으로 나타나는 것을 기이하게 여기며, 자신들의 주장이 민주주의를 자본주의 모순의 산물로 보고, 민주화과정을 주로 피지배계급의 행위의 산물로 보는 써어본(Therborn)의 견해에 가까운 것임을 강조한다. D. Rueschemeyer, E. B. Stephens and J. D. Stephens (1992) *Capitalist Development & Democracy*, Chicago: Polity Press, p. 47. 써어본의 견해로는 G. Therbon (1977) "The Rule of Capital and the Rise of Democracy," New Left Review, No.103. 참조.
51) 마샬이 범한 권리에 대한 진화론적 관점의 혼란을 반복하고 있는 글로는 B. Turner (1997) 『시민권과 자본주의』, 서용석, 박철현 譯, 일신사, 참조.

소와 그 특성을 분석하는 것은 시간이 많이 소요되는 어려운 과제이며 "그
러한 가공할(formidable) 주제에 대한 연구에 자신이 착수하기에는 강연시
간이 너무 제한되어 있다"[52]는 점을 털어놓으며 다음과 같이 말한다.

> 나의 일차적 관심사는 시민권에 관한 것이며, 나의 별도의 관심은 사회적
> 불평등에 관한 시민권의 충격에 관한 것이다. 나는 이러한 특정한 관심사를
> 추적하는데 있어서 오직 필요로 하는 한에서만 사회계급의 특성과 같은 문
> 제를 토의할 것이다.[53]

이러한 이유에서 필자는 마샬이 자신의 시민권 논의에 있어 실제로는
별로 비중있게 다루지도 않았으면서, 마치 사회계급의 문제를 독립적인 변
수인 양 별도의 이론적 천착없이 설정하고 20세기 들어 시민권과 사회계급
체계가 전쟁 중에 있다는 식으로 규정한 것은 올바르지 않다고 주장하는
것이다.

마르크스의 권리의 정치이론은 마샬이 역설로 취급한 문제점을 이해하
게 해준다. 왜냐하면 마르크스 권리이론의 출발점은 근대부르주아 사회에
대한 문제설정을 통해서 제기된 것이었기 때문이다. 마르크스는 영국 공장
법의 역사를 마샬과는 전혀 다른 각도에서 파악했는데, 마르크스는 영국에
서 표준노동시간 등 공장입법 제정의 역사를 시민권 체계의 진화적 발달이
아니라 노동자 계급과 자본사이의 내전의 산물로 간주했다.

마르크스의 정치이론은 사회적 노동의 축적을 통해 형상화되는 자본의
사적 소유의 권리를 다루고 있는 정치경제학비판과 자본에 저항하는 노동
자의 생존 - 생활권 기획이라는 사회적 권리이론과의 유기적 동학을 통해서
형성된 것이다. 정치경제학 비판을 정치이론화 할 수 있음으로 해서, 마르
크스는 마샬 등 근대사회내의 권리체계가 자유권 - 정치권 - 사회권의 순차
성을 띠고 진화 - 누적되어온 것으로 파악하는 단선적 시민권 이론이나 프

---

52) T. H. Marshall, *ibid.*, p. 17.
53) T. H. Marshall, *ibid.*, pp. 17-18.

랑스 혁명의 인권선언에 등장한 자유, 평등, 박애라는 부르주아 계급의 권
리체계이외에는 노동자를 위시한 피지배 민중의 독자적 권리 프로젝트를
고려치 않는 발리바르나 스티븐 룩스[54]등 추상적 인권이론과는 질적으로
다른 역동적 권리정치이론을 구성할 수 있었다.

---

54) 룩스는 마르크스가 권리에 대해서 '부르주아의 계급적 이익을 은폐하는 자기이
   해의 가면'으로 '편협'하게 이해한 것으로 파악한다. 그러나 본 연구에 따르면,
   마르크스야말로 근대사회내에서 작동한 권리의 내용이 기존의 '인권' 형식을
   빌어서는 제대로 해석될 수 없다는 판단하에 사회-경제적 적대와 갈등의 정
   치적 형식이라는 관점에서 사회적 권리의 문제를 재해석하는 가운데, 권리투
   쟁을 통한 새로운 사회로의 이행의 기초를 발견하는 방식으로 권리정치이론의
   지평을 확장하고 풍부히 한 것으로 간주될 수 있다. S. Lukes (1985)
   Marxism and Morality, Oxford: Clarendon Press, pp. 61ff. 참조.

결 론

제7장 결 론

마르크스는 자신의 역사관을 피력한 「정치경제학 비판 서문」에서 일견 상반되어 보이는 두 가지의 정식을 함께 제시했다. 그중 하나는 '발전(發展)명제'라고 할 수 있다. 그것의 핵심은 하나의 사회구성체는 그 사회가 충분히 포용하고 있는 생산력들 모두가 발전하기 전에는 몰락하지 않는다는 것이다.

같은 글에서 마르크스는 사회의 물질적 생산력들이 기존의 생산관계들과의 모순에 빠짐에 따라 사회혁명의 시기가 도래한다는 식의 '단절(斷絕)명제'를 제시한다. 마르크스가 생산력과 생산관계의 모순적 동학을 통해 제기한 발전과 단절의 정식은 논리적으로 쉽게 융합될 수 없는 것처럼 보인다. 우리는 언제, 어떻게, 그리고 얼마만큼의 생산력이 발전해야 생산관계와의 모순을 확정지울 수 있고 기존 사회로부터 새로운 사회로의 단절을 추론할 수 있을까. 바로 이러한 발전과 단절 정식사이의 이론적 공백과 모순은 다양한 형태로 서구 마르크스주의자들에게 소위 마르크스 이론의 아포리 또는 난점으로 지적되어 왔다.[1] 하지만 마르크스는 같은 글에서 이러한 공백을 해결해 줄 수 있는 이론적 방향을 제시하려고 했던 것으로 여겨진다. 그것은 바로 사회적 '적대(敵對)명제'[2]이다. 여기서 중요한 것은 마

---

1) 마르크스의 사상 내부의 공백과 난점에 대해서 언급하고 있는 대표적 글로는 E. Balibar (1996) "Structural Causality, Overdetermination, and Antagonism," in A. Callari & D.F. Ruccio(eds.), *Postmodern Materialism and the Future of Marxist Theory*, Hanover and London: Wesleyan University Press, 참조.

2) "부르주아적 생산관계들은 사회적 생산관계의 마지막 적대의 형태인데, 여기서 적대적이라고 말하는 것은 개인적 적대라는 의미에서가 아니라 개인들의 사회적 존재조건으로부터 싹터 온 적대라는 의미에서이다. 그러나 부르주아 사회의 태내에서 발전하는 생산력들은 동시에 이러한 적대의 해결을 위한 물질적 조건들을 창출한다"(*CW*29:263-264).

르크스가 말하는 사회적 적대란 개인적 적대가 아니라 '개인들의 사회적 존재조건에서 비롯된 적대'라는 언급이다.

본 연구는 바로 마르크스가 언급한, 적대가 싹터나오는 '사회적 존재조건'이 구체적으로 무엇인지를 규명하는 작업이 마르크스의 사상을 재구성할 수 있는 중요한 계기라는 문제설정하에서 마르크스의 정치이론이 구성되는 지점을 노동과 사회적 시간, 그리고 권리라는 세 개념의 유기적 동학을 통해 발견하고자 했다. 물론 마르크스의 정치이론을 구성하는 노동과 시간, 그리고 사회적 권리 사이의 동학이 마르크스의 사상 초기부터 일관되게 구상되고 진화적 발전을 거쳐 완성된 것이라고 보는 것은 무리가 있다. 마르크스의 사상형성에 있어 초기 저작의 지위는 전기와 후기의 기계적 대립이나 거꾸로 단순히 진화적 발전으로 이해돼서는 안되고, 그 연속성과 단절성의 계기는 무엇인가, 그리고 그 연속과 단절사이에 놓여진 이론적 긴장이 어떤 것인가를 마르크스의 최대 연구성과라 할 수 있는『자본』과의 연관속에서 구체적으로 파악할때만 초기 저작의 지위가 올바르게 자리매김 될 수 있을 것이다.

마르크스는 자신의 독자적인 정치이론을 구성하는 과정에서 초기의 노동의 인간학을 통한 소외론으로부터 근대부르주아 사회라는 역사－특수적 사회에서의 노동자 계급이라는 주체적 관점으로의 이론적 전환이라는 계기를 통해 자신의 연구주제를 크게 변화시켰다. 마르크스가 노동의 인간학에 대한 비판적 검토를 통해서 얻은 결론이란 인간의 다양한 삶의 양식을 구성하는 사회적 실천과정에 있어서 노동활동만을 특권화하고, 주제화하는 사회란 궁극적으로 근대부르주아 사회 이상일 수 없다는 것이다. 이러한 견지에서 마르크스의 정치경제학 연구의 의의는 대상적 물질적 생산활동의 산물인 사적 소유제 일반, 즉 자본이 직접적 생산자들을 지배하는 사회적 권력으로 전도되었다는 사실을 확인하는 정치적 독해의 관점에서 찾아져야 할 것이다.

마르크스에게 근대사회를 새롭게 문제설정하는 구체적인 이론적 계기란 개인들의 생활조건으로 비롯된 사회적 적대가 '사회적 시간'을 어떠한 실천형태로 구성할 것인가의 차이로 현실화된다는 사실의 발견에 있다. 사회적 시간을 통해 조직되는 인간의 다양한 사회적 실천양식을 탐구함으로써 마르크스의 정치경제학 비판은 단순히 새로운 경제학이 아니라 근대사회 또는 자본주의 경제체제 그 자체에 대한 정치적 독해라는 새로운 관점을 획득하게 된다.

마르크스는 근대부르주아사회의 핵심적 원리를 자연적 시공간을 사회적 노동시간으로 미분화하는 시간의 주제화라는 관점에서 발견했다. 이러한 형태의 시간의 주제화가 상공계급인 근대부르주아지의 사회적 시간기획의 형태로 표출되는 현상이 정치경제학적 의미에서의 '가치법칙'인 것이다. 이처럼 경제현상을 정치적으로 독해할 경우 근대사회에서 "인간은 시간의 '육화(肉化)' 형태일 뿐"(*CW*6:127)이며, 자본의 부, 즉 가치란 타인의 노동시간을 훔치는 것에 기반한다(*CW*29:91). 따라서 마르크스가 근대부르주아 정치경제학의 최대 성과이자 부르주아 경제학을 총괄하는 핵심적 개념으로 규정한 '가치법칙'은 경제적 생산영역에서의 생산관계라는 의미로만이 아니라 부르주아 계급이 물질적인 대상적 실천으로서의 노동생산활동을 통해 여타의 인간적인 사회적 삶과 활동을 지배규율하려 한다는 식의 자본의 사회적 시간기획이라는 정치적 의미를 구성할 수 있다.

마르크스는 착취의 문제설정, 즉 부르주아적 권리의 핵심이 사회적 시간 내에서 노동일을 얼마만큼 확보하는가의 문제, 더 정확하게 노동일내에서 잉여노동시간을 얼마나 더 확보할 것인가라는 착취의 시간에 집중되어 있는 반면 노동자계급의 시간기획은 사회적 시간 전체를 대상으로 하며 자신의 생존과 생활을 위해서 부르주아적 시간기획인 사회적 노동과정에 참여하는 것이지, 그 역은 아니라는 사실을 정치경제학 비판 형식을 빌어 고찰했다. 시간기획의 적대성, 즉 노동과 생활이 포함된 사회적 시간을 어떤 형태와 방법으로 규정할 것인가를 둘러싸고 노동자와 자본간에는 격렬한 권리투쟁이 전개된다. 이때 노동자계급의 권리정치의 내용을 이루는 생존

생활권 기획은 부르주아사회의 그 자체의 발전양상, 특히 사회적 노동생산력의 발전을 통해 규정되고, 그것이 거꾸로 근대사회의 발전양상을 역규정하는 식의 역동적 구성과정을 경험한다.

상술한 관점을 근거로 이 글의 핵심주장을 간략하게 정리하자면, 자본의 노동시간에 대한 지배를 통해 관철되는 착취권 기획과 이에 맞선 노동자계급의 사회적 권리기획간의 투쟁에 대한 과학적 규명이 마르크스 정치이론의 요체라는 것이다. 이때 노동자 계급의 사회적 권리가 작동하는 논거는 정확히 근대부르주아 사회의 시민권과는 전혀 다른 맥락의, 상이한 기원과 근거를 갖는 것으로 그것은 부르주아 사회의 사적 소유의 권리들과는 양립할 수 없는 생존-생활의 권리들로 구성된다. 이런 한에서 우리는 근대부르주아 사회에서 발생한 진보적 형태의 사회변동이 주요하게는 노동자계급 스스로 권리투쟁을 통해 자신의 사회-정치적 영토를 끊임없이, 그리고 역동적으로 확정하고 변경하려는 권리정치적 실천에서 비롯되었음을 알게 된다.

"노동자계급의 해방은 노동자계급 자신에 의해 쟁취되어야 한다"
(That the emancipation of the working classes must be
conquered by the working classes themselves.)
- 국제노동자협회 잠정규약 (Provisional Rules of the Association) -

■ 참고문헌 (Bibliography)

1. 마르크스 저작 1차자료: 전집류, 단행본, 선집류

Marx, K & Engels, F. *Collected Works*(=*CW*), Moscow: Progress Publishers

MECW vol.1. 1835-43

Reflection of Young Man on the Choice of a Profession, pp. 3-9

Letter from Marx to His Father in Trier, pp. 10-21

Difference Between the Democretian and Epicurean Philosophy of Nature, pp. 25-105

Comments on the Latest Prussian Censorship Instruction, pp. 109-131

Proceedings of the Sixth Rheine Province Assembly: First Article. Debates on Freedom of the Press and Publication of the Proceedings of the Assembly of the Estates, pp. 132-181

The Question of Centralization in Itself and with Regard to the Supplement to No. 137 of the *Rheinische Zeitung*, pp. 182-183

The Leading Article in No. 179 of the *Kölnische Zeitung*, pp. 184-202

The Philosophical Manifesto of the Historical School of Law, pp. 203-210

Yet Another Word on *Bruno Bauer und die Academische Lehrfreiheit* by Dr. O. F. Gruppe, Berlin, 1842, pp. 211-214

Communism and the Augsburg *Allgemeine Zeitung*, pp. 215-221

Polemical Articles Against the *Allgemeine Zeitung*, pp. 359-360

Marginal Note to the Accusations the Ministrial Rescript, pp. 361-365

The Local Election of Deputies to the Provincial Assembly, pp. 366-369

The *Rhein-und Mosel-Zeitung* as Grand Inquisitor, pp. 370-372

Stylistic Exercises of the *Rhein-und Mosel-Zeitung*, pp. 373-375

Announcement, March 17, 1843, p. 376

Letters, pp. 379-400

MECW vol. 3. 1843-44

Contribution to the Critique of Hegel's Philosophy of Law, pp. 3-129

Letters from the Dutsch-Frazosische Jahrbucher, pp. 133-146

On the Jewish Question, pp. 146-174

Contribution to the Critique of Hegel's Philosophy of Law. Introduction, pp. 175-187

Critical Marginal Notes on the Article "The King of Prussia and Social Reform. By a Prussian, pp. 189-206

Comments on James Mill, Elemens D'Economie Politique, pp. 211-228

Economic and Philosophic Manuscripts of 1844, pp. 229-346

MECW vol. 4. 1844-1845

Holly Family(Marx/Engels= 이하 M/E로 표기), pp. 5-211

The Condition of the Working Class in England (Engels=이하 E로 표기), pp. 295-596

MECW vol. 5. 1845-1847

Theses on Feuerbach, pp. 3-6

The German Ideology (M/E)

MECW vol. 6. 1845-1848

The Poverty of Philosophy, pp. 105-212

Principles of Communism (E), pp. 341-357

Manifesto of the Communist Party, pp. 477-519

Wages, pp. 415-437

Speech on the Question of Free Trade, pp. 451-465

MECW vol. 7. 1848

Demands of the Communist Party in Germany, pp. 3-7

Patow's Redemption Memorandum, pp. 117-118

The June Revolution, pp. 144-149

Legal Proceedings against the Neue Rheinishe Zeitung, pp. 208-211

The Prussian Press Bill, pp. 250-252

The Bill Proposing the Abolition of Feudal Obligations, pp. 290-295

Proudhon's Speech against Thiers, pp. 321-324

The "Model State" of Belgium, pp. 333-336

The Crisis and the Counter-Revolution, pp. 427-433

Theirs' Speech Concerning a General Mortgage Bank with A Legal

Rate, pp. 467-471

Public Prosecutor "Hecker" and the Rheinishe Zeitung, pp. 485-489

MECW vol. 8. 1848-49

The Crisis in Berlin, pp. 2-4

Counter-Revolution in Berlin, pp. 14-19

Decision of the Berlin National Assembly, pp. 20-21

Impeachment of the Government, pp. 25-26

Confessions of a Noble Soul, pp. 30-34

No More Taxes!!!, p. 36

A Decree of Eichmann's, pp. 37-38

Tax Refusal and the Countryside, pp. 39-40

Appeal, p. 41

On the Proclamation of the Brandenburg Manteuffel Ministry about
Tax Refusal, p. 47

The Chief Public Prosecutor and the Neue Rheinishe Zeitung, pp. 48-49

The Frankfurt Assembly, pp. 51-52

State of Siege Everywhere, p. 53

The Bourgeoisie and the Counter-Revolution, pp. 154-178

The Trial of Gottschalk and His Comrades, pp. 188-196

The Prussian Counter-Revolution and the Prussian Judiciary, pp.
197-203

Wage Labour and Capital, pp. 197-228

The New Prussian Constitution, pp. 430-431

The New Martial-Law Charter, pp. 440-446

The Summary Suppression of the Neue Rheinische Zeitung, pp. 451-454

To the Workers of Cologne, p. 467

MECW vol. 10. 1849-51

The Class Struggles in France, 1848 to 1850, pp. 45-146

Address of the Central Authority to the League, pp. 277-287

The Peasant War in Germany (E), pp. 397-482

Meeting of the Central Authority, September 15, 1850, pp. 625-629

MECW vol. 11. 1851-53

Revolution and Counter-Revolution in Germany (E), pp. 3-96

The Eighteenth Brumaire of Louis Bonaparte, pp. 99-197

The Elections in England.-Tories and Whigs, pp. 327-332

The Chartists, pp. 333-341

Corruption at Elections, pp. 342-347

Pauperism and Free Trade.-The Approach Commercial Crisis, pp. 357-363

Political Consequences of the Commercial Excitement, pp. 364-368

Layard's Motion.-Struggle Over the Ten Hours' Bill. pp. 185-191

The Future Results of British Rule in India. pp. 217-222

Financial Failure of Government.-Cabs.-Ireland.-The Russian Question. pp. 223-232

In The House of Commons.-The Press on the Eastern Question. -The Czar's Manifesto.-Denmark. pp. 233-238

Panic on the London Stock Exchange.-Strikes. pp. 329-334

Lord Palmerston. pp. 341-406

The War Question.-Financial Matters.-Strikes. pp. 407-415

War.-Strikes.-Dearth. pp. 435-443

Wigan Colliers. pp. 446-449

The Labor Question. pp. 460-463

Prosperity.-The Labor Question. pp. 464-470

Labor Parliament. pp. 512-515

MECW vol. 13. 1854-55

Opening of the Labour Parliament. pp. 50-51

Letter to the Labour Parliament. pp. 57-58

The Labour Parliament. pp. 61-64

British Finances.-The Troubles at Preston. pp. 117-122

Clearing of Estate in Scotland. pp. 196-200

The Chartists. pp. 354-356

MECW vol. 15. 1856-58

The Economic Crisis in Europe, pp. 109-112

The Monetary Crisis in Europe, pp. 113-116

The Causes of the Monetary Crisis in Europe, pp. 117-122

The Monetary Crisis in Europe.-From the History of Money Circulation, pp. 123-129

The Economic Crisis in France, pp. 131-135

The European Crisis, pp. 136-138

Condition of Factory Laborers, pp. 251-254

The English Factory System, pp. 255-261

Credit Mobilier, pp. 270-277

The Revolt in the Indian Army, pp. 297-308

Investigation of Tortures in India, pp. 336-341

The Increase of Lunacy in Great Britain, pp. 602-606

MECW vol. 16. 1858-60

A New French Revolutionary Manifesto, pp. 41-45

The Question of the Abolition of Serfdom in Russia, pp. 51-53

The King of Prussia's Insanity, pp. 54-58

Affairs in Prussia, pp. 74-77

The Excitement in Ireland, pp. 134-138

The Emancipation Question, pp. 139-147

274

The State of British Manufactures, pp. 190-196

The State of British Manufactures, pp. 206-210

Karl Marx, A Contribution to the Critique of Political Economy (E),
pp. 465-477

British Commerce, pp. 478-481

Population, Crime, and Pauperism, pp. 487-491

Manufactures and Commerce, pp. 492-496

Electoral Corruption in England, pp. 526-531

The Invasion Panic in England, pp. 545-547

On the Division of Labour, pp. 617-618

MECW vol. 17. 1859-60

Herr Vogt, pp. 21-329

British Commerce, pp. 406-409

The State of British Manufacturing Industry, pp. 410-420

British Commerce, pp. 479-483

MECW vol. 19. 1861-64

The Civil War in the United States, pp. 43-52

The Crisis in England, pp. 53-56

British Commerce, pp. 57-61

Economic Notes, pp. 62-65

The Option of the Newspapers and the Opinion of the People, pp. 127-130

A London Worker's Meeting, pp. 153-156

English, pp. 163-166

Abolitionist Demonstrations in America, pp. 233-235

Workers' Distress in England, pp. 239-242

A Note on the Amnesty, pp. 243-244

Bread Manufacture, pp. 252-255

Proclamation on Poland by the Germany Workers' Educational Society in London, pp. 296-297

MECW vol. 20. 1864-68

Inaugural Address of the Working Men's International Association, pp. 5-13

Provisional Rules of the Association, pp. 14-16

On Proudhon[Letter to J. B. Schweitzer], pp. 26-33

Herr Tidmann, Old Danish Folk Song (E), pp. 34-35

A Correction, pp. 97-98

Value, Price, And Profit, pp. 101-149

Instructions for the Delegates of the Provisional General Council. The different Questions, pp. 185-194

Speech at the Polish Meeting in London, pp. 196-201

Resolution Concerning the Agenda of the Lausanne Congress, pp.

203-204

Plagiarism, pp. 219-223

Synopsis of Volume One of Capital by Karl Marx (E), pp. 263-308

MECW vol. 21. 1867-70

The Fourth Annual Report of the General Council of the International Working Men's Association, pp. 12-17

Connections between the International Working Men's Association and English Working Men's Organization, pp. 25-27

Mr. Gladstone's Bank Letter of 1866, pp. 28-30

The Belgian Massacres, pp. 47-52

Address to the National Labour Union of the United States, pp. 53-55

Preface, To The Second Edition of the Eighteenth Brumaire of Louis Bonaparte, pp. 56-58

Karl Marx (E), pp. 59-64

Report of The General Council on the Right of Inheritance, pp. 65-67

Report of the General Council to the Fourth Congress of the Fourth Congress of the IWMA, pp. 68-82

Draft Resolution of the General Council on The Polish of the British Governance nt towards the Irish Prisoners, p. 83

The English Government and the Fenian Prisoners, pp. 101-107

Confidential Communication, pp. 112-124

Record of Marx's Speech on the Consequences of Using Machinery

Under Capitalism, pp. 382-384

Record of Marx's Speeches on Landed Property, pp. 392-393

Record of Marx's Speeches on General Education, pp. 398-400

MECW vol. 22. 1870-71

On the Freedom of the Press and Meeting in Germany, pp. 274-276

The Civil War in France, Address of the General Council of the Int'l
    Working Men's Association, pp. 307-335

Mr. Washburne, The American Ambassador, in Paris, pp. 379-382

Resolution of the Conference of Delegates of the International Working
    Men's Association, pp. 423-431

Record of Marx's International with the World Correspondent, pp.
    600-606

MECW vol. 23. 1871-74

General Rules and Administrative Regulations of the Inter- national
    Working Men's Association, pp. 3-20

Fictitious Spilits in the General Council of the International Working
    Men's International (M/E), pp. 79-123

The Nationalization of the Land, pp. 131-136

Declaration of the General Council of the Working Men's Association
    Concerning Cochrane's Speech in the House of Commons, pp.
    140-145

Preface to the 1872 German Edition of the Manifesto of the Communist

Party, pp. 174-175

To the Striking Miners of the Ruhr Valley, pp. 185-187

Amendments to the General Rules and Administrative Regu- lations of the International Working Men's Association Adopted by the General Council in the Summer of 1872, pp. 198-204

Report of the General Council to the Fifth Annual Congress of the International Working Men's Association, pp. 219-227

Resolution of the General Congress held at the Hague (M/E), pp. 243-253

On the Hague Congress, pp. 254-256

The Housing Question (E), pp. 317-391

Political Indifferentism, pp. 392-397

On Authority (E), pp. 422-425

MECW vol. 24, 1874-83

Critique of the Gotta Programme, pp. 75-99

Letter to *Otechestvenniye Zapiski*, pp. 196-201

Mr. George Howell's History of the I.W.M.A, pp. 234-239

The Parliamentary Debate on the Anti-Socialist Law, pp. 240-250

Circular Letter to August Bebel, Wilhelm Liebknecht, Wilhelm Bracke and Others, pp. 253-269

Socialism: Utopian and Scientific(E), pp. 281-325

Note on the Poverty of Philosophy, pp. 326-327

Workers' Questionaire, pp. 328-334

Introduction to the French Edition of Engels' *Socialism: Utopian and Science*, pp. 335-339

Preamble to the Programme of the French Worker's Party, pp. 340-342

Drafts of the Letter to Vera Zasulich, pp. 346-369

Letter to Vera Zasulich, pp. 370-371

Preface to the Second Russian Edition of *the Manifesto of the Communist Party*, pp. 425-426

The Mark (E), pp. 439-456

Karl Marx's funeral(E), pp. 467-471

Marginal Notes on Adolph Wagner's *Lehrbuch Der Politischen Oekonomie*, pp. 531-559

Account of Karl Marx's Interview with *THE CHICAGO TRIBUNE* Correspondent, pp. 568-579

MECW vol. 25.

Anti-Duhring (E)

MECW vol. 26. 1882-1889

The Origin of the Family, Private Property and the State (E), pp. 129-276

Ludwig Feuerbach and the End of Classical German Philosophy (E), pp. 353-398

MECW vol. 27. 1890-1895

Introduction to Karl Marx's Wage Labour and Capital(1891 edition)(E), pp. 194-202

A Critique of the Draft Social-Democratic Programme of 1891 (E), pp. 217-232

Introduction to Karl Marx's The Class Struggles in France, 1848 to 1850 (E), pp. 506-524

MECW vol. 28. 1857-1861

Outlines of the Critique of Political Economy(=Grundrisse)

MECW vol. 29. 1857-1861

Outlines of the Critique of Political Economy(=Grundrisse), pp. 5-256

A Contribution to the Critique of Political Economy, pp. 257-420

MECW vol. 30, 31, 32, 33. 1861-1863

Theories of Surplus Value,

MECW vol. 35.

Capital I: A Critique of Political Economy

MECW vol. 36.

Capital II: A Critique of Political Economy

MECW vol. 37.

    Capital Ⅲ: A Critique of Political Economy

MECW vol. 38. 1844-1851 Letters

MECW vol. 39. 1852-1855 Letters

MECW vol. 40. 1856-1859 Letters

MECW vol. 41. 1860-1864 Letters

MECW vol. 42. 1864-1868 Letters

MECW vol. 43. 1818-1870 Letters

MECW vol. 44. 1870-1873 Letters

Marx, K (1975) *Early Writings*, New York: Vintage Books

Marx, K. (1991) 『1844년의 경제학 철학초고』, 최인호 譯, 박종철 출판사

Marx, K & Engels, F. (1988) 『맑스, 엥겔스의 노동조합이론』, 이경숙 譯, 새길

Marx, K & Engels, F. 『칼 맑스, 프리드리히 엥겔스 저작선집』 김세균 감수,
    Vol.1-6, 박종철출판사

2. 2차자료

1) 국 내

강석재/이호창 編譯 (1993) 『생산혁신과 노동의 변화: 포스트 포드주의 논
    쟁』, 새길

강수돌 (1997) 『경영과 노동: 사회생태적 경영을 위한 밑그림』, 한울 아카데미

구갑우, 김영순 編 (1992) 『마르크스주의 국가이론은 존재하는가: 보비오

논쟁』, 의암출판

김대환 (1984)『자본주의 이행논쟁』, 동녘

김세균 (1989)「마르크스의 국가관」,『哲學』제31집, 한국철학회

______ (1990)「사회주의의 발전논리에 대한 일반이론적 고찰」,『동향과 전망』, 여름 - 가을호

______ (1992a)「국가, 대중 그리고 마르크스주의적 정치」,『이론』, 여름

______ (1992b)「시민사회론의 이데올로기적 함의 비판」,『이론』, 가을

______ (1993)「자본주의와 민주주의: 전후 유럽에서의 '케인즈주의적 복지국가'의 발전과 위기」, 한국정치연구소 編,『21세기 한국의 정치와 경제』, 서울대학교 출판부

______ (1997a)「오늘의 마르크스주의 - 재구성을 위한 하나의 시도」,『이론』제17호 여름

김수행 (1988)『'자본론' 연구 I』, 한길사

김수행 編 (1998)『청년을 위한 경제학 강의』, 한겨레 신문사

김창호 (1991)『마르크스의 역사적 유물론과 인간관』, 죽산

김호기 (1995)『현대 자본주의와 한국사회』, 사회비평사

김홍우 (1984)「마르크시즘과 현상학」, 이홍구 編, 1984

박노영 (1987)「자본주의의 전개와 공동체의 해체과정」, 서울대학교 사회학 연구회 編,『현대자본주의와 공동체 이론』, 한길사

박영도 (1994)『현대 사회이론에서의 비판패러다임의 구조변동: 칸트, 헤겔, 마르크스, 하버마스를 중심으로』, 서울대학교 사회학과 박사논문

박형준 (1992)「서장 - 시민사회론의 복원과 비판적 재구성」, 이병천, 박형준 編, 1992b

문성원 (1991)「알뛰세르와 마르크스주의 위기론」,「시대와 철학』 제3호

서관모 (1992)「마르크스주의 계급이론의 현재성」,『이론』 제1호 여름

______ (1994)「'계급이론'에 대한 옹호」, 한국산업사회연구회 編, 1994

______ (1996)「시민성 개념의 새로운 구축을 위하여: 에티엔 발리바르의
      '인권의 정치'의 문제설정」,『경제와 사회』 제31호, 가을

서규환 (1993)「시민사회와 민주주의에 관한 최근 논쟁」,『이론』, 제5호, 여름

송호근 (1996)「하버마스에 대한 비판적 독해: 노동과 정치」,『사회비평』
      제 16호

양운덕 (1994)「총체적 역사이성에 대한 부정-카스토리아디스의 마르크스
      주의 비판」, 한국철학사상연구회,『시대와 철학』, 제8호

유팔무 (1990)「유물론적 과학과 변증법적 방법」, 한국사회사 연구회 編,『
      중국, 소련의 사회사상』, 문학과 지성사

윤형식 (1993)「마르크스의 총체적 실천으로서의 역사적 유물론」,『이론』 봄

윤혜준 (1996)「《자본론》과 자유, 그리고 주체」,『사회비평』 제 16호

윤도현 (1994)「계급패러다임의 종말」, 한국산업사회연구회 編, 1994

이기홍 (1992)『마르크스의 역사적 유물론의 과학적 방법과 구조에 관한
      일고찰』, 서울대학교 사회학과 박사논문

이병천 (1992)「서장-민주주의론의 새로운 발전을 위하여; 프롤레타리아
      독재론을 비판한다」, 이병천 박형준 編, 1992a

이병천, 박형준 編 (1992a)『마르크스주의의 위기와 포스트 마르크스주의 Ⅰ』,
      의암출판

이병천, 박형준 編 (1992b) 마르크스주의의 위기와 포스트 마르크스주의
      Ⅱ: 시민사회론과 민주주의론』, 의암출판

이병천, 박형준 編 (1993) 『마르크스주의의 위기와 포스트 마르크스주의
Ⅲ: 후기자본주의와 사회운동의 전망』, 의암출판

이삼성 (1984) 「루이 알뛰세르의 반역사주의적 마르크시즘 해석」, 이홍구
編, 1984

이상훈 (1994) 「실천적 역사유물론의 옹호」, 한국철학사상 연구회, 『시대와
철학』 제8호

이성백 (1997) 「칼마르크스의 사회주의 이념의 사회철학적 재조명」, 한국
노동이론정책연구소, 『현장에서 미래를』 5월, 제 21호

이진경 (1998) 『맑스주의와 근대성 – 주체생산의 역사이론을 위하여』, 문화
과학사

이해영 (1992) 「그람시의 시민사회론」, 『이론』, 제 3호, 겨울

_____ (1997) 「'포스트모더니즘 시대'에 보는 그람시의 역사주의」, 『역사
비평』, 제36호, 봄

_____ (1998) 「A. 그람시와 C. 슈미트: 2개의 '정치적인 것'의 개념」, 정
치사상연구위원회 編, 『'98 연례학술회'의 논문집』, 한국 정치학회

이홍구 編 (1984) 『마르크시즘 100년: 사상과 흐름』, 문학과 지성사

이홍구 (1984) 「마르크스와 정치이론」, 이홍구 編, 1984

임석진 (1990) 『헤겔의 노동의 개념』, 지식산업사

장춘익 (1994) 「역사유물론과 역사유물론의 재구성 – 마르크스와 하버마스
를 비교하는 한 관점」, 『시대와 철학』, 제8호

정문길 (1984) 「마르크스의 초기사상형성에 미친 청년헤겔파의 영향」, 이
홍구 編, 1984

_____ (1987) 『에피고넨의 시대』, 문학과 지성사

조현수 (1997) 「사회비판으로서의 '자본'」, 『이론』, 1997, 제16호

진석용 (1984) 「사적유물론과 분업」, 이홍구 編, 1984

______ (1991) 『칼 마르크스의 역사이론: 사적 유물론의 형성과정과 이론 구조』, 서울대학교 정치학박사 논문

최형익 (1998) 「신자유주의공세와 사민주의」, 김성구, 김세균외 지음, 『자본의 세계화와 신자유주의』, 문화과학사

한국산업사회연구회 編 (1994), 『계급과 한국사회』, 한울아카데미

한국정치연구회 정치이론분과 編譯 (1993) 『국가와 시민사회: 조절이론의 국가론과 사회주의 시민사회론』, 녹두

한국철학사상 연구회 (1992) 『현대사회와 마르크스주의 철학』, 동녘

한상진 編 (1989) 『마르크스주의와 민주주의』, 사회문화연구소

황태연/엄명숙 (1992) 『포스트 사회론과 비판이론』, 푸른산

高橋幸八郎 (1984a) 「돕-스위지 논쟁에 부쳐」, 김대환 編譯

__________ (1984b) 「이행논쟁의 구체적 내용」, 김대환 編譯

戸木田嘉久 (1993) 「극소전자혁명과 노동자 계급의 상태」, 강석재/이호창 編譯, 『생산혁신과 노동의 변화: 포스트 포드주의 논쟁』, 새길, 1993

2) 외 국

Abendroth, W. (1982) 「계획과 평등사회」, in Fromm, E.(ed), 1982

Adorno & Horkheimer (1994) *Dialectic of Enlightment*, New York: Continumm

Albers, D. (1984) "Thinking Marxism Historically," in S. Hänninen & L. Paldan (eds.) *Rethinking Marx*, Berlin: Argument-Verlag, 1984

Alexander, J. (1991) "Habermas and Critical Dilemma? in Axel Honneth, Hans Joas (eds), *Communicative Action: Essays on Jürgen Habermas's The Theory of Communicative Action*, Cambridge: Polity Press, 1991

Althusser, L. (1971) *Lenin and Philosophy and Other Essays*, New York: Monthly Review Press

___________ (1977) *For Marx*, London: NLB

___________ (1990) "Marxism Today," *Philosophy and the Spontaneous Philosophy of the Scientists*, London: Verso

___________ (1992a) 「마침내 마르크스주의의 위기가」, 이병천, 박형준 編譯, 1992a

___________ (1992b) 「제한된 이론으로서의 마르크스주의」, 이병천, 박형준 編譯, 1992a

Althusser, L. & Balibar, E. (1970) *Reading Capital*, London: NLB

Anderson, P. (1979) *Considerations on Western Marxism*, London: Verso

___________ (1983) *In the Tracks of Historical Materialism*, London: Verso

___________ (1992) 「자유주의와 사회주의」, 구갑우, 김영순 編, 1992

Angelidis, M. (1995) "The Dialectics of Rights: Transitions and Emancipatory Claims in Marxian Tradition," in W. Bonefeld, R. Gunn, J. Holloway & K. Psychopedis, *Emancipating Marxism: Open Marxism Vol. III*, London: Pluto Press, 1995

Arato, A. (1989) "Civil Society, History, and Socialism: Replay to John Kean," *Praxis International*, No. 9, April/July

Arendt, H. (1996) 『인간의 조건』, 이진우/태정우 譯, 한길사

Aristotle (1952) *The Politics of Aristotle*, ed. and trans., Ernest Barker, London: Oxford University Press

__________ (1982) *Nicomachen Ethics*, trans., W.D. Ross, in The Selected Works of Aristotle, Revised Edition, Seoul: Seo Kwang Sa

Arther, C.J. (1986) *Dialectics of Labour: Marx and his Relation to Hegel*, Oxford: Basil Blackwell

Avineri, S. (1971) *The Social and Political Thought of Karl Marx*, Cambridge: Cambridge University Press

__________ (1981) 『헤겔의 정치사상』, 김장권 譯, 한벗

Balibar, E. (1989) 『역사유물론 연구』, 이해민 譯, 푸른산

__________ (1991a) "From Class Struggle to Classless Struggle," in Wallerstein & Balibar, *Race, Nation, Class*, London: Verso

__________ (1991b) 「마르크스라는 이름의 자코뱅」, 윤소영 編, 『루이 알 뛰세르 1918~1990』, 민맥

__________ (1993a) 「마르크스의 계급정치 사상」, 서관모 編, 『역사유물론의 전화』, 민맥

__________ (1993b) 「육체노동과 지적 노동의 분할에 대하여」, 서관모 編, 『역사유물론의 전화』, 민맥

__________ (1993c) 『알뛰세르와 마르크스주의의 전화』, 윤소영 編, 도서출판 이론

__________ (1994a) "'Rights of Man' and 'Rights of the Citizen': The Modern Dialectic of Equality and Freedom," in E. Balibar, *Masses, Classes, Ideas*, New York & London: Routledge

_________ (1994b) "In Search of the Proletariat: The Notion of Class Politics in Marx," in E. Balibar, *Masses, Classes, Ideas*, New York & London: Routledge

_________ (1994c) "What Is a Politics of the Rights of Man," in E. Balibar, *Masses, Classes, Ideas*, New York & London: Routledge

_________ (1995) 『마르크스의 철학, 마르크스의 정치』, 윤소영 譯, 문화과학사

_________ (1996) "Structural Causality, Overdetermination, and Antagonism," in A. Callari & D. F. Ruccio(eds.), *Postmodern Materialism and the Future of Marxist Theory*, Hanover and London: Wesleyan University Press

Barbalet, J. M. (1993) "Citizenship, Class Inequality, and Resentment," in Turner(ed.) 1993

Behagg, C. (1988) "Controlling the Product: Work, Time, and the Early Industrial Workforce", in Britain, 1800-1850', in Cross, G.(ed.) 1988

Bekker, K. (1984) 『헤겔과 마르크스』, 황태연 譯, 중원문화

Berggren, C. (1989) "New Production Concept in Final Assembly the Swedish Experience," in Wood, S. (ed.) 1989

Berki, R. M. (1979) "On the Nature and Origin of Marx's Concept of Labor," *Political Theory*, Vol. 7, No.1

Bettelheim, C. (1985) "Reflections on Concepts of Class and Class Struggle in Marx's Work," in S. A. Resnick & R. D. Wolff (eds.) *Rethinking Marxism*, New York: Autonomedia, 1985

Bidet, J. (1984) "Labour-Value a Political Category," in S. Hänninen & L. Paldan (eds.) *Rethinking Marx*, Berlin: Argument- Verlag, 1984

_________ (1995) 『'자본'의 경제학, 철학 이데올로기』, 박창렬, 김석진 譯, 새날

Blackburrn, R. (ed.) (1991) *After the Fall: The Failure of Communism and the Future of Socialism*, London: Verso

Blackburn, P., Coombs, R. & Green, K. (1985) *Technology, Economic Growth and the Labor Process*, London: Macmillan Press

Bloch, E. (1982) 「마르크스에 따른 인간과 시민」, in Fromm, E. (ed) 1982

Bobbio, N. (1992a) 「그람시와 시민사회의 개념」, Mouffe, C. (ed.) 1992

_________ (1992b) 「사회주의적 민주주의」, 구갑우, 김영순 編, 1992

_________ (1992c) 「마르크스주의 국가이론은 존재하는가」, 구갑우, 김영순 編, 1992

_________ (1992d) 「마르크스와 정치사상사의 고전들」, 구갑우, 김영순 編, 1992

Bodemann, Y. M. (1984) "The Naked Proletarian and Organicity of Classes," in S. Hänninen & L. Paldan (eds.) *Rethinking Marx*, Berlin: Argument-Verlag, 1984

Bonefeld, W. (et al) (1992) "Introduction," in W. Bonefeld, R. Gunn & K. Psychopedis(eds.), *Open Marxism Vol. II : Theory and Practice*, London: Pluto Press, 1992

_________ (et al) (1995a) "Introduction: Emancipating Marxism," in W. Bonefeld, R. Gunn, J. Holloway & K. Psychopedis (eds.), *Emancipating Marxism: Open Marxism Vol. III*, London: Pluto Press, 1995

_________ (1995b) "Capital as Subject and the Existence of Labour," in W. Bonefeld, R. Gunn, J. Holloway & K. Psychopedis (eds.),

Emancipating Marxism: Open Marxism Vol. Ⅲ, London: Pluto Press, 1995

Booth, W. J. (1991) "Economies of Time: On the Idea of Time in Marx's Political Economy," *Political Theory*, Vol. 19 No.1

Bottomore, T. B. (1982) 「산업, 노동 및 사회주의」, in Fromm, E. (ed) 1982

_______________(1992) "Citizenship and Social Class: Forty Years On," in Marshall and Bottomore, 1992

Bowles, S. & Gintis, H. (1985) "The Labor Theory of Value and the Specificity of Marxian Economics," in S. A. Resnick & R.D. Wolff(eds.) *Rethinking Marxism*, New York: Autonomedia, 1985

Braverman, H. (1974) *Labor and Monopoly Capital*, New York: Monthly Review Press

Brie, M. (1990) *Wer ist Eigentümer im Sozialismus?* Berlin: Dietz Verlag

Brunhoff, De S. (1992) 『국가와 자본』, 신현준 譯, 새길

Brighton Labor Process Group (1977) "The Capitalist Labor Process," *Capital & Class*, No.1

Buci-Glucksmann, C. (1985) 「국가, 이행, 수동적 혁명」, 임영일 編著, 1985

Burawoy, M. (1979) *Manufacturing Consent*, Chicago: Chicago University Press

_____________ (1990) "Marxism as Science: Historical Challenges and Theoretical Growth," *American Sociology Review*, No. 55, Dec.

Burrell, G. (1990) "Fragmented Labour," in Knights & Willmott (eds.)

1990

Callari, A. & Ruccio, D. F. (1996) "Introduction," in A. Callari & D.F. Ruccio(eds.), *Postmodern Materialism and the Future of Marxist Theory*, Hanover and London: Wesleyan University Press, 1996

Cambell, J. (1989) *Joy in Work, German Work: The National Debate, 1800-1945*, New Jersey: Princeton University Press

Cavestro, W (1989) "Automation, new technology and work content," in Wood, S.(ed.), 1989

Cerroni, U. (1992a) 「마르크스주의 정치학은 존재하는가」, 구갑우, 김영순 編, 1992

__________ (1992b) 「민주주의와 사회주의」, 구갑우, 김영순 編, 1992

Cerutti, F. (1984) "The 〈Living〉 and the 〈Dead〉 in Karl Marx's Theory," in S. Hänninen & L. Paldan (eds.) *Rethinking Marx*, Berlin: Argument-Verlag, 1984

Chase, W. & Siegelbaum (1988) "Worktime and Industrialization in the U.S.S.R., 1917-1941," in G. Cross (ed.) 1988

Clarke, S. (1992) "What in the F--'s name is Fordism," in Gilbert, N. Burrows, R. & Pollert, A. (eds.) 1992

Cleaver, H. (1986) 『자본론의 정치적 해석』, 권만학 譯, 풀빛

__________ (1992) "The Inversion of Class Perspective in Marxian Theory: From Valorisation to Self-Valorisation," in W. Bonefeld, R. Gunn & K. Psychopedis(eds.), *Open Marxism Vol. II : Theory and Practice*, London: Pluto Press, 1992

Clegg, S. & Wilson, F. (1991) *A Sociology of Monsters: Essays on Power, Technology and Domination*, London: Routledge & Kegan Paul

Cohen, G. A. (1978) *Karl Marx's Theory of History: A Defense*, London: Princeton University Press

Cohen, J. L. (1982) *Class and Society: The Limit of Marxian Critical Theory*, Amherst: The University of Massachusetts Press

Cohen & Arato (1991) 「새로운 정치와 시민사회의 재구성」, 한상진 編, 1991

____________ (1992) *Civil Society and Political Theory*, Cambridge: The MIT Press

Colletti, L. (1973) *Marxism and Hegel*, London: NLB

(1974) "A Political and Philosophical Interview," *New Left Review* No. 86

Conway, D. (1987) *A Farewell to Marx: An Outline and Appraisal of His Theories*, Harmondsworth: Penguin Books Ltd

Cross, G. (1988a) "Worktime and Industrialization: An Introduction," in Cross, G.(ed.), 1988

____________ (1988b) "Worktime in Industrial Discontinuity, 1886- 1940," in Cross, G.(ed.), 1988

Cross, G.(ed.) (1988) *Worktime and Industrialization: An International History*, Philadelphia: Temple University Press

Deppe, F. (1985) "Arbeiterbewegung in Westeuropa 1945-1985:Von der Bewegung zur Stagnation?," *Marxistisch Studien*, Jahr buch des IMSF 8, Frankfurt am Mein

____________ (1988) "Wissenshaftlich-technische Revolution und staatsmonopolistischer Kapitalismus der BRD: Aktuelle Widersprüche und Konflikte in den Klassenbeziehungen und im staatlichpolitischen System," in IMSF (Hrsg.) *Wissenshaftlich technische Revolution und Krise des staatsmonopolistischer Kapitalismus*, Frankfurt am Main, 1988

Diamond, L. (1994) "Rethinking Civil Society: Toward Democratic Consolidation," *Journal of Democracy*, Vol.5, No. 3

Dobb, M. (1946) *Studies in the Development of Capitalism*, New York: International Publishers

__________ (1984) 「봉건제로부터 자본주의로의 이행」, 김대환 編譯

Domenech, A. (1984) "What Marxism? A Propos Marx and Societal Evolution," in S. Hänninen & L. Paldan (eds.) (1984) *Rethinking Marx*, Berlin: Argument-Verlag

Dallmayr, F.R. (1987) *Critical Encounters: Between Philosophy and politics*, University of Norte Dam Press

Dunayevskaya, R. (1982) 「현대의 마르크스 휴머니즘」, in Fromm, E(ed)

Edwards, P.K. (1990) "Understanding Conflict in the Labor Process: The Logic and Autonomy of Struggle," in Knights & Willmott (eds.), 1990

Edwards, R. (1993) *Right at Work: Employment Relations in the Post-Union Era*, Washington, D.C: The Brookings Institution

Eggebrecht, E. (1982) 「초기의 고도(高度)문화: 고대 이집트의 경우」, H. Schneider (ed) 『노동의 역사: 고대 이집트에서 현대 산업사회까지 』, 한정숙 譯, 한길사, 1982

Elger, T. (1979) "Valorization and 'Deskilling': A Critique of Braverman," *Capital & Class*, No. 7

Fechner, G. (1988) *Politik als ökonomische Potenz: Methodologische*

Aspeckte der Marxschen Politikauffassung im 《*Kapital*》, Berlin: Dietz Verlag

Fedoseyev, P. N. (et als.) (1989) 『칼 마르크스 전기』, 김라합 譯, 소나무

Felice, F. D. (1984) 「혁명과 생산」, Sassoon, A. S. (ed.), 1984

Felix, D. (1983) *Marx as Politician*, Carbondale and Edwardsville: Southern Illinois University Press

Femia, J. (1985) 「그람시 사상에 있어서 헤게모니와 의식」, 임영일 編著, 1985

Fetscher, I. (1982) 「자유개념의 구체화」, in Fromm, E.(ed), 1982

Feuerbach, L. (1983a) 「미래철학의 근본원칙」, 강대석 譯

__________(1983b) 「철학의 개혁에 관한 예비명제」, 강대석 譯 (1983) 『미래철학의 근본원칙외』, 이문출판사

Fine, R. (1995) "Hegel's Philosophy of Rights: Transitions and Emancipatory Claims in Marxian Tradition," in W. Bonefeld, R. Gunn, J. Holloway & K. Psychopedis(eds.), *Emancipating Marxism: Open Marxism Vol.Ⅲ*, London: Pluto Press, 1995

Forrester, V (1997) 『경제적 공포』, 김주경 역(譯), 동문선

Fromm, E(ed). (1982) 『사회주의 인간론』, 사계절 번역실 譯, 사계절

__________ (1983) 「마르크스의 인간개념」, 김창호 譯, 『마르크스의 인간관』, 동녘, 1983

Gabaglio, E. (1995) 'Prospects for a European Working-time Policy', in Documentation of the Joint Conference of the European Trade Union Confederation(ETUC) and the European Trade Union Institute(ETUI), 1995

Giddens, A. (1981) *A Contemporary Critique of Historical Materialism*, London: Macmillan

Gilbert, A. (1979) "Social Theory and Revolutionary Activity in Marx," *American Political Science Review*, Vol. 73, No.2

Gilbert, N. Burrows, R. & Pollert, A. (1992) "Introduction: Fordism, Post-Fordism and Economic Flexibility," in Gilbert, N. Burrows, R. & Pollert, A. (eds.) 1992

Gilbert, N. Burrows, R. & Pollert, A. (eds.) (1992) *Fordism and Flexibility*, New York: St. Martin Press

Glucksmann, A. (1972) 'A Ventriloquist Structuralism', *New Left Review*, No.72.

Glucksmann, M. (1983) 『구조주의와 현대마르크시즘』, 정수복 譯, 한울

Gorz, A. (1982) *Farewell to the Working Class*, Boston: South End Press

________ (1985) *Paths to Paradise: On the Liberation From Work*, Boston: South End Press

________ (1993a) 「경제적 합리성 비판」, 이병천, 박형준 編

________ (1993b) 「노동사회에서 '문화사회'로의 이행: 노동시간의 단축 - 쟁점과 정책」, 이병천, 박형준 編, 1993

Gough, I. (1972) "Marx's Theory of Productive and Unproductive Labour," *New Left Review* No.76

Gough, J. (1992) "Where's the value in 'Post Fordism'?," in Gilbert, N. Burrows, R. & Pollert, A. (eds.), 1992

Gouldner, A. (1980) *The Two Marxisms: Contradictions and Anomalies in the Development of Theory*, New York: Oxford University Press

Gramsci, A. (1971) *Selections from the Prison Notebook*, New York: International Publishers

___________ (1977) *Selections from Political Writings 1910 – 1920*, New York: International Publishers

___________ (1978) *Selections from Political Writings 1921 – 1926*, New York: International Publishers

___________ (1985) *Selections from Cultural Writings*, New York: International Publishers

Grasnow, V. (1984) "Worktime? Leisure Time? Disposable Time!," in S. Hänninen & L. Paldan (eds.) *Rethinking Marx*, Berlin: Argument-Verlag, 1984

Gunn, R (1992) "Against Historical Materialism: Marxism as a First-order Discourse," in W. Bonefeld, R. Gunn & K. Psychopedis(eds.), *Open Marxism Vol. II : Theory and Practice*, London: Pluto Press, 1992

Habermas, J. (1979) "Toward a Reconstruction of Historical Materialism," in *Communication and the Evolution of Society*, Boston: Beacon Press, 1979

___________ (1981) *Knowledge and Human Interests*, London: Heinemann, Second Edition

___________ (1986) 『이론과 실천』, 홍윤기, 이정원 譯, 종로서적

___________ (1989) *The Structural Transformation of the Public Sphere*, Cambridge: The MIT Press

___________ (1991) "What does Socialism mean today? The Revolution of Recuperation and the need for New Thinking." in Blackburrn, R. (ed.) 1991

__________ (1993) 『이데올로기로서의 기술과 과학』, 하석용, 이유선 譯, 이성과 현실

__________ (1996) *Between Facts and Norms*, Cambridge: The MIT Press

Hall, S. (1989) "The Meaning of New Times." in Hall & Jacques (eds.), 1989

Hall & Jacques (eds.)(1989), *New Times: The Changing Face of Politics, in the 1990s*, London: Verso

Hall & Held (1989), "Citizens and Citizenship." in Hall & Jacques(eds.), 1989

Handy, C. (1985) *The Future of Work: A Guide to a Change Society*, Oxford: Basil Blackwell

Hänninen, S. (1984) "Rethinking Marx's Discourse on Democracy." in S. Hänninen & L. Paldan (eds.) *Rethinking Marx*, Berlin: Argument－Verlag, 1984

Hänninen, S & Paldan, L. (eds.) (1984) *Rethinking Marx*, Berlin: Argument－Verlag

Hardimon, M. O. (1994) *Hegel's Social Philosophy: The Project of Reconcilation*, Cambridge: Cambridge University Press

Haug, F. (1984) "Marx and Work: The Immiserization Discourse or the Logic of Ruptures and Contradictions." in S. Hänninen & L. Paldan (eds.) *Rethinking Marx*, Berlin: Argument－Verlag, 1984

Haug, W. F. (1984a) "An Introduction to 《Rethinking Marx》:100 Years

298

after his Death," in S. Hänninen & L. Paldan (eds.) *Rethinking Marx*, Berlin: Argument – Verlag, 1984

___________ (1984b) "Learning the Dialectics of Marxism," in S. Hänninen & L. Paldan (eds.) *Rethinking Marx*, Berlin: Argument – Verlag, 1984

Hegel, G.W.F. (1942) *Philosophy of Right*, Oxford: The Clarendon Press

___________ (1969a) *Jenenser Realphilosophie I*, hrsg. von J. Hoffmeister, Hamburg: Verlag von Felix Meiner

___________ (1969b) *Jenenser Realphilosophie II*, hrsg. von J. Hoffmeister, Hamburg: Verlag von Felix Meiner

___________ (1969c) *Science of Logic*, London: George Allen & Unwin

___________ (1977) *Phenomenology of Spirit*, Oxford: Oxford University Pres

___________ (1983) 『철학요강』, 서동익 譯, 을유문화사

Heller, A. (1990) 『마르크스에 있어서 필요의 이론』, 강정인 譯, 인간사랑

Hindess, B. (1993) "Citizenship in the Modern West," in Turner(ed.), 1993

Hirosh, U. (1995) 『마르크스의 '요강'과 헤겔의 '논리학'』, 김종기 譯, 문원

Hirschhorn, L. (1986) *Beyond Mechanization: Work and Technology in a Post-industrial Age*, Cambridge: The MIT Press

Hirst, P. (1989) "After Henry," in Hall & Jacques(eds.), 1989

Hobsbaum, E (1983) 『자본의 시대』, 정도영 譯, 한길사

___________ (1984) "Marx and History," *New Left Review*, Vol. 143

__________ (1988) 「해제」, 성낙선 譯, 『자본주의적 생산양식에 선행하는 제 형태』, 지평

Hoffman, J. (1975) *Marxism and the Theory of Praxis*, New York: International Publishers

Holloway, J. (1995) "From Scream of Refusal to Scream of Power," in W. Bonefeld, R. Gunn, J. Holloway & K. Psychopedis (eds.), *Emancipating Marxism: Open Marxism Vol.Ⅲ*, London: Pluto Press, 1995

Honneth, A. (1996) 『인정투쟁: 사회적 갈등의 도덕적 형식론』, 문성훈, 이현재 譯, 동녘

Howard, M. C. & King, J. E. (1985) *The Political Economy of Marx*, London: Longman

Hunnicutt, B. K. (1988) "The New Deal: The Salvation of Work and the End of the Shorter-Hour Movement," in Cross, G. (ed.), 1988

Hyman, R. (1987) "Strategy or Structure," *Work, Employment and Society*, Vol.1, No.1

__________ (1991) "Plusça change? The Theory of Production and the Production of Theory," in A. Pollert(ed.), *Farewell to Flexibility*, Oxford: Basil Blackwell

Ingrao, P. (1992) 「부르주아 민주주의인가, 스탈린주의인가? 아니다, 대중 민주주의이다」, 구갑우, 김영순 編, 1992

Jeras, N. (1978) "Althusser's Marxism: An Assessment," in NLR (ed.) *Western Marxism: A Critical Reader*, London: Verso, 1978

Kautsky, K. (1970) *The Dictatorship of the Proletariat*, Connecticut:

300

Greenwood Press, Publishers

__________ (1991) 『사회민주주의 기초: 에르프르트 강령에 대한 해설』, 이상돈 譯, 백의

Karabel, J. (1985) 「그람시와 지식인 문제」, 임영일 編著, 1985

Kean, J. (1988) *Democracy and Civil Society*, London: Verso

________ (1992) 「시민사회론의 역사와 포스트 마르크스주의」, 이병천 박형준 編, 1992b

________ (1993) 「독재와 민주주의: 1750-1850년 국가와 시민사회 구분의 기원과 발전」, 한국정치연구회 정치이론분과 編譯, 1989

Kebir, S. (1994) 『안토니오 그람시의 시민사회: 일상, 경제, 문화, 정치』, 이철규 譯, 백의

Kelley, M. R. (1989) "Alternative forms of work organization under programmable automation," in Wood, S.(ed.), 1989

Kern, H. & Schumann, M. (1984) *Das Ende der Arbeisteilung?*, Munich: Beck

_________________________ (1987) "Limits of the Division of Labour: New Production Concept in West German Industry," *Economic and Industrial Democracy*, No. 8

_________________________ (1992) "New Concepts of Production and the Emergence of the Systems Controller," in P. Adler (ed.) *Technology and the Future Work*, London: Oxford University Press, 1992

Kimmerle, H. (et al) 『유물변증법』, 심광현, 김경수 共譯, 문예출판사, 1992

Kitto, H.D.F. (1984) 『그리이스 문화사』, 김진경 譯, 탐구당

Knights, D. (1990) "Subjectivity, Power and the Labour Process," in Knights & Willmott (eds.), Labour Process Theory, London: Macmillan, 1990

Kolakowski, L. (1978) *Main Currents of Marxism: Its Rise, Growth, and Dissolution.* 3Volume, Oxford: Oxford University Press

Kosselleck, R. (1998) 『지나간 미래』, 한철 譯, 문학동네

Kosonen, P. (1984) "Capitalism: Dying or Becoming?," in S. Hänninen & L. Paldan (eds.) *Rethinking Marx*, Berlin: Argument- Verlag, 1984

Knights, D & Willmott, H.(eds.) (1990) *Labour Process Theory*, London: Macmillan Press

Korac, V. (1982) 「인간사회의 탐구」, in Fromm, E.(ed), 1992

Korsch, K. (1986) 『마르크시즘과 철학』, 송병헌 譯, 학민사

Kojeve, A. (1981) 『역사와 현실변증법』, 설헌영 譯, 한벗

Kumar, K. (1993) "Civil Society: an inquiry into the usefulness of an historical term," *British Journal of Sociology*, Vol. 44, No. 3

Lafargue, P. (1997) 「일할권리와 여유로울 권리: 1848년의 '노동의 권리'에 대한 반론」, 강수돌, 『경영과 노동: 사회생태적 경영을 위한 밑그림』, 한울 아카데미, 1997

Labica, G. (1984) "The Status of Marxist Philosophy," in S. Hänninen & L. Paldan (eds.) *Rethinking Marx*, Berlin: Argument- Verlag, 1984

Laclau, E. (1984) "The Controversy over Materialism," in S. Hänninen & L. Paldan (eds.) *Rethinking Marx*, Berlin: Argument- Verlag, 1984

Laclau, E. & Mouffe, C (1985) 『사회변혁과 헤게모니』, 김성기외 譯, 터

Lakatos, I. (1978) *The Methodology of Scientific Research Programmes,*

302

Cambridge: Cambridge University Press

Lane, C. (1988) "Industrial Change in Europe: The Pursuit of Flexible Specialization in Britain and West Germany," *Work, Employment and Society*, vol.2, no.2

Larrain, J. (1990) 『역사유물론의 재구성』, 정성철 譯, 인간사랑

LEE, Dong Soo (1998) *Praxis in Temporality: The Heideggerian interpretation of Praxis*, Vanderbilt University Ph. D. Dissertation

Lefort, C. (1992) 「시민사회와 민주주의」, 이병천, 박형준 編, 1992

Le Goff, J. (1992) 『서양중세문명』, 유희수 譯, 문학과 지성사

Lenin, V. I. (1966a) *Selected Works*, Vol. Ⅰ Ⅱ Ⅲ, Moscow: Progress Publishers

___________ (1966b) Philosophical Notebook, *collected books.38*, Moscow: Progress Publishers

___________ (1989a) 「마르크스주의의 희화화와 제국주의적 경제주의」, 편집부 譯, 『마르크스 – 레닌주의 민족이론』, 나라사랑

(1989b) 「사회주의혁명과 민족자결권」, 편집부 譯, 『마르크스 – 레닌주의 민족이론』, 나라사랑

Liedman, S-E. (1984) "Marxism and Modernization', in S. Hänninen & L. Paldan (eds.) *Rethinking Marx*, Berlin: Argument-Verlag, 1984

Lipietz, A. (1982) "Towards Global Fordism?," *New Left Review*, No.132

Littler, C. R. (1990) "The Labour Process Debate: A Theoretical Review 1974-1988," in Knights & Willmott (eds.), 1990

Lohmann, G. (1984) "〈Wealth〉 as an Aspect of the Critique of Capital," in S. Hänninen & L. Paldan (eds.) *Rethinking Marx*, Berlin: Argument-Verlag, 1984

Lukacs, G. (1971) *History and Class Consciousness*, Cambridge: The MIT Press

___________ (1986) 『청년헤겔 1』, 김재기 譯, 동녘

___________ (1987) 『청년헤겔 2』, 서유석, 이춘길 譯, 동녘

Lukes, S. (1985) *Marxism and Morality*, Oxford: Clarendon Press

Mader, N. (1986) *Philosophie als politischer Prozeß: Karl Marx und Friedrich Engels Ein Werk im Werden*, Köln: Pahl-Rugenstein

Manifeto for New Times (1989) "The New Times," in Hall & Jacques(eds.) 1989

Marcuse, H. (1982) 「사회주의 휴머니즘」 in Fromm, E.(ed), 1982

___________ (1984) 『이성과 혁명: 헤겔철학의 기초』, 김현일, 윤길순 譯, 중원문화

Marglin, S.A. (1978) 'What do bosses do?: The origins and functions of hierarchy in Capitalist production', in Gorz (ed.), *The Division of Labor: The Labor Process and Class Struggle in Modern Capitalism*, Brighton: The Harvester Press, 1978

Marquand, D. (1989) 'Beyond Left and Right: The Need for a New Politics', in Hall & Jacques(eds.), 1989

Marshall, T. H. (1992) "Citizenship and Social Class," in Marshall and Bottomore, *Citizenship and Social Class*, London: Pluto Press, 1992

McLellan, D. (1982) 『칼마르크스의 사상』, 신오현 譯, 민음사

McLoughlin, I. & Clark, J. (1994) *Technological Change at Work (Second*

304

Edition), Burkingham: Open University Press

McMurtry, J. (1978) *The Structure of Marx's World-View*, Princeton: Princeton University Press

Mercier-Josa, S. (1984) "Marx and Hegel," in S. Hänninen & L. Paldan (eds.) *Rethinking Marx*, Berlin: Argument-Verlag, 1984

Miliband, R. (1977) *Marxism and Politics*, Oxford: Oxford University Press

Mouffe, C. (1992) 「그람시에 있어서 헤게모니와 이데올로기」, Mouffe, C. (ed.) 1992

Mouffe, C. (ed.) (1992) 『그람시와 마르크스주의 이론』, 장상철, 이기웅 譯, 녹두

Mouzelis, N. P. (1990) *Post-Marxist Alternatives: The Construction of Social Orders*, London: Macmillan

Murphy, T. (1988) "Work, Leisure, and Moral Reform: The Ten Hour Movement in New England, 1830-1850," in Cross, G. (ed.), 1988

Mückenberger, U. (1995) "Working-time and a modernized trade union policy," in *Documentation of the Joint Conference of the European Trade Union Confederation(ETUC) and the European Trade Union Institute(ETUI)*, 1995

Müller, H-P. (1984) "Notes on Critical and Uncritical Materialism within Marx's Analysis of Industry," in S. Hänninen & L. Paldan (eds.) *Rethinking Marx*, Berlin: Argument-Verlag, 1984

Negri, A. (1981) *The Savage Anomaly: The Power of Spinoza's Metaphysics and Politics*, Minneapolis: University of Minnesota Press

__________ (1984) *Marx beyond Marx: Lessons on the Grundrisse*, Massachusetts: Bergin & Garvey Publishers

__________ (1992) 「마르크스주의 국가이론은 존재하는가」, 구갑우, 김영순 編, 1992

__________ (1995) 『자유의 새로운 공간』, 이원영 譯, 갈무리

__________ (1996) 『디오니소스의 노동: 국가형태 비판 I』, 이원영 譯, 갈무리

__________ (1997) 『디오니소스의 노동: 국가형태 비판 II』, 이원영 譯, 갈무리

Nyland, C. (1989) *Reduced Worktime and the Management of Production*, Cambridge: Cambridge University Press

O'Donnell, G & Schmitter, P. C. (1986) *Transition from Authoritarian Rule: Tantative Conclusions about Uncertain Democracies*, The Johns Hopkins University Press

Offe, C. (1992) 「노동은 사회학적 핵심범주인가」, 이병천, 박형준 編, 1992a

Oizerman, T. I. (1981) *The Making of The Marxist Philosophy*, Moscow: Progress Publishers

Paggi, L. (1992) 「그람시의 마르크스주의 일반이론」, Mouffe, C. (ed.) 1992

Parker, M & Slaughter, J. (1996) 『팀신화와 노동의 선택』, 강수돌 외 譯, 강

Pasquinelli, C. (1984) "Marxism in Crisis," in S. Hänninen & L. Paldan (eds.) *Rethinking Marx*, Berlin: Argument-Verlag, 1984

Paulinyi, A. (1982) 「산업혁명: 영국에 있어서 공장제의 성립」, Schneider, H(ed) 『노동의 역사: 고대 이집트에서 현대 산업사회까지』, 한정숙 譯, 한길사, 1982

Pietilä, V. (1984) "The Logical, and Historical and the Forms of Value," in

S. Hänninen & L. Paldan (eds.) *Rethinking Marx*, Berlin: Argument-Verlag, 1984

Piore, M. J. & Sabel, C.F. (1984) *The Second Industrial Divide: Possibility for Prosperity*, A Division of Harper Collins Publishers: Basic Books

Plasman, R. (1995) "Trade union strategies in Europe," in *Documentation of the Joint Conference of ETUC and the ETUI*, 1995

Plehanov, G. V. (1972) *The Development of the Monist Conception of History*, Moscow: Progress Publishers

_________________ (1987) 『맑스주의의 근본문제』, 민해철 譯, 거름

Popitz, H. (1983) 「사적 유물론의 철학적 기초」, 김창호 編譯, 『마르크스의 인간관』, 동녘, 1983

Przeworski, A. (1985) *Capitalism and Social Democracy*, Cambridge: Cambridge University Press

Rader, M. (1979) *Marx's Interpretation of History*, New York: Oxford University Press

Ranciere, J. (1989) *The Night of Labor: The Workers' Dream in Nineteenth-Century France*, Philadelphia: Temple University Press

Reichelt, H. (1995) "Why did Marx Conceal his Dialectical Method?," in W. Bonefeld, R. Gunn, J. Holloway & K. Psychopedis (eds.), *Emancipating Marxism: Open Marxism Vol. Ⅲ*, London: Pluto Press, 1995

Resnick, S. A & Wolff, R. D. (1985) "Introduction: Solutions and Problems," in S. A. Resnick & R. D. Wolff (eds.) *Rethinking Marxism*, New York: Autonomedia, 1985

_____________________________ (1987) *Knowledge and Class: A*

Marxian Critique of Political Economy, Chicago: University of Chicago Press

Riedel, M. (1983) 『헤겔의 사회철학』, 황태연 譯, 한울

Rifkin, J. (1996) 『노동의 종말』, 이영호 譯, 민음사

Rigby, S. H. (1987) *Marxism and History: A Critical Introduction*, Manchester: Manchester University Press

Ritter, J. (1983) 『헤겔과 프랑스 혁명』, 김재현 譯, 한울

Rock, H. (1988) "Independent Hours: Time and the Artisan in the New Republic," in Cross, G.(ed.), 1988

Roemer, J.E. (1982) *A General Theory of Exploitation and Class*, Mass: Cambridge Univ. Press

Rosental, M. M. (1990) 『마르크스주의 변증법의 역사』, 문성원외 譯, 한울림

Rotenstreich, N. (1983) 『청년 마르크스의 철학』, 정승현 譯, 한울

Russell, B. (1982) 「게으름의 찬미」, in Fromm, E.(ed), 1982

Rubin, I. I. (1989) 『마르크스의 가치론』, 함상호 譯, 이론과 실천

Rueschemeyer, D. (et. al.). 1992. *Capitalist Development & Demo- cracy*. Chicago: Polity Press.

Sabel, C.H. (1982) *Work and Politics: The Division of Labor in Industry*, Cambridge: Cambridge University Press

Sassoon, A. S. (ed.) (1984) 『그람시와 혁명전략』, 최우길 譯, 녹두

_________________ (1987) *Gramsci's Politics*, London: Hutchinson, 2nd ed.

Saunders, P. (1993) "Citizenship in a Liberal Society," in Turner (ed.), 1993

Schmied-Kowarzik, W. (1992) 『사회적 실천, 자연, 그리고 변증법』, 이부

현, 이찬훈 譯, 동녘

Schmitt, R. (1997) *Introduction to Marx and Engels: A Critical Reconstruction, Second Edition*, Oxford: Westview Press

Schneider, H(ed) (1982) 『노동의 역사: 고대 이집트에서 현대 산업사회까지』, 한정숙 譯, 한길사

Seligman, A. B. (1992) *The Idea of Civil Society*, New Jersey: Princeton University Press

___________ (1993) "The Fragile Ethical Vision of Civil Society," in Turner(ed.), 1993

Sempere, J. (1984) "The Growing Role of Subjectivity in Every Current Project of Socialism," in S. Hänninen & L. Paldan (eds.) *Rethinking Marx*, Berlin: Argument-Verlag, 1984

Sevrac, P. (1993) 「경제와 경제주의」, in E. Balibar, 『알뛰세르와 마르크스주의의 전화』, 윤소영 編, 도서출판 '이론', 1993

Shaw, W. H (1978) *Marx's Theory of History*, London: Hutchinson

Shaiken, H. (1984) *Work Transformed: Automation and Labor in the Computer Age*, New York: Holt, Rinehart and Winston

Sohn-Rethel (1986) 『정신노동과 육체노동: 철학적 인식론 비판』, 황태연, 윤길순 譯, 학민사

Stalin, J. V. (1976) "Dialectical and Historical Materialism," in *Problems of Leninism*, Peking: Foreign Language Press

Strinati, D. (1990) "A Ghost in the Machine?: The State and the Labour Process in Theory and Practice," in Knights & Willmott (eds.), 1990

Sweezy, P. M. (1984b) 「이행논쟁재론」, 김대환 編譯

Suchting, W. (1979) "Marx's Theses on Feuerbach: A New Translation and Notes Towards a Commentary," in John Mepham and David-Hillel Ruben(eds.), *Issues in Marxist Philosophy Volume II Materialism*, Sussex: The Harvester Press, 1979

Teeple, G. (1984) *Marx's Critique of Politics 1842-1847*, Toronto: University of Toronto Press

Telo, M. (1984) 「공장평의회」, Sassoon, A. S. (ed.) 1984

Therbon, G. (1977) "The Rule of Capital and the Rise of Democracy," *New Left Review*, No.103.

Texier, J. (1992) 「그람시, 상부구조의 이론가」, Mouffe, C. (ed.) 1992

Thompson, E. P. (1967) "Time, Work-Discipline and Industrial Capitalism," *Past and Present*, No. 38

Thompson, P. (1983) *The Nature of Work: An Introduction to Debate on the Labor Process Theory*, London: Macmillan

__________ (1989) "Toward a Core Theory," in *The Nature of Work: An Introduction to Debate on the Labor Process Theory (Second Edition)*, London: Macmillan, 1989

__________ (1990) "Crawling from the Wreckage: The Labour Process and the Politics of Production," in Knights & Willmott (eds.) Labour Process Theory, London: Macmillan, 1990

Tilgher, A. (1958) *Homo Faber: Work through the Ages*, Chicago: Henry Regnery Company

Tjaden, K. H. (1984) "What Does ⟨The Productive Forces Will Burst the Capitalist Relations of Production⟩ Mean," in S. Hänninen & L.

Paldan (eds.) *Rethinking Marx*, Berlin: Argument-Verlag, 1984

Togliatti, P. (1979) *On Grams치i and Other Writings*, London: Lawrence and Wishart

Tomaney, J. (1990) "The Reality of Workplace Flexibility," *Capital and Class*, No. 40

Turner, B (1993a) "Contemporary Problems in the Theory of Citizenship," in Turner(ed.), 1993

__________ (1993b) "Outline of the Theory of Human Rights," in Turner (ed.), *Citizenship and Social Theory*, London: Sage Publications, 1993

__________ (1997) 『시민권과 자본주의』, 서용석, 박철현 譯, 일신사

Therbon, G. (1977) "The Rule of Capital and the Rise of Democracy." *New Left Review*. No. 103.

Vacca, G. (1984) 「지식인과 맑시스트 국가이론」, Sassoon, A. S. (ed.) 1984

________ (1992) 「사회주의와 민주주의를 토론하면서」, 구갑우, 김영순 編, 1992

Vincent, J-M. (1991) *Abstract Labour: A Critique*, London: Macmillan Press

Walker, R. (1989) "Machinery, Labour and Location," in Wood, S.(ed.) 1989

Wallerstein, I. (1991a) "Marx and History," in Wallerstein & Balibar, 1991

__________ (1991b) "The Bourgeois(ie) as Concept and Reality," in Wallerstein & Balibar, *Race, Nation, Class*, London: Verso, 1991

Wardell, M. (1990) "Labour and Labour Process," in Knights & Willmott (eds.) 1990

Weaver, S. (1988) "The Political Ideology of Short Time," Cross, G.

__________ (1988a) "Worktime and Industrialization: An Introduction," in Cross, G.(ed.) (1988) *Worktime and Industrialization: An International History*, Philadelphia: Temple University Press

Whitrow, J. (1988) *Time in History: Views of time from prehistory to the present day*, Oxford: Oxford Univ. Press

Wilding, A. (1995) "The Complicity of Post-history," in W. Bonefeld, R. Gunn, J. Holloway & K. Psychopedis (eds.), *Emancipating Marxism: Open Marxism Vol.Ⅲ*, London: Pluto Press, 1995

Willmott, H. (1990) "Subjectivity and the Dialectics of Praxis: Opening up the Core of Labour Process Analysis," in Knights & Willmott (eds.) 1990

Windolf, P (1984) "Industrial Robots in West German Industry," *Politics and Society*, vol. 14, no. 4

Winkelmann, R. (1984) "The Concept of Machine and the Thesis of an Epoch of Manufacture in Marx's 〈Capital〉," in S. Hänninen & L. Paldan (eds.) *Rethinking Marx*, Berlin: Argument-Verlag, 1984

Wolf, F. O. (1984) "The Future of Marxist Politics," in S. Hänninen & L. Paldan (eds.) *Rethinking Marx*, Berlin: Argument- Verlag, 1984

Womack, J. P., Jones, D.T. & Roos, D. (1990) *The Machine that Change the World*, New York: Maxwell Macmillan International

Wood, E. M. (1981) "The Separation of the Economic and the Political in Capitalism," *New Left Review*, No. 127

_______________ (1984) "Marxism & the Course of History," *New Left Review*, No. 147

Wood, S. (1989) "The transformation of work?," in Wood, S.(ed.), 1989

Wood, S. (ed.) (1989) *The Transformation of Work? skill, flexibility and the labor process*, London: Unwin Hyman

Wulf, E. (1984) "Farewell to Marxist Eschatology," in S. Hänninen & L. Paldan(eds.) *Rethinking Marx*, Berlin: Argument- Verlag, 1984

Zeleny, J. (1989) 『마르크스의 방법론』, 이기홍 譯, 까치

• 저자 •

최형익　　**• 약력 •**
서울대학교 정치학 박사
성공회대학교 학술진흥재단 지원 post-doc.
한신대학교 학술진흥재단 지원 연구교수
현재 한신대학교 국제관계학부 교수
계간 『진보평론』 편집위원

• 주요논저 •
「한국 민주주의의 기원」
「IMF 경제위기와 한국의 민주주의」
「제국의 황혼」
「한국의 사회구조와 청년주체의 위기」
『자본의 세계화와 신자유주의』(공저)
『우리 것으로 학문하기』(공저)
『16대 대선의 선거과정과 의의』(공저)
『자본주의와 사회민주주의』(역서)
『기론에 선 자본주의』(공역)
『제3의 길과 비판자들』(공역)
외 다수

칼 마르크스의 노동과 권리의 정치이론

• 초판 인쇄	2005년 12월 30일
• 초판 발행	2005년 12월 30일
• 지 은 이	최형익
• 펴 낸 이	채종준
• 펴 낸 곳	한국학술정보㈜
	경기도 파주시 교하읍 문발리 526-2
	파주출판문화정보산업단지
	전화　031) 908-3181(대표) · 팩스　031) 908-3189
	홈페이지　http://www.kstudy.com
	e-mail(e-Book사업부)　ebook@kstudy.com
• 등　　록	제일산-115호(2000. 6. 19)
• 가　　격	30,000원

ISBN　89-534-4329-6　93340 (Paper Book)
　　　　89-534-4330-X　98340 (e-Book)